Peter A. Levine

Trauma-Heilung

Peter A. Levine
in Zusammenarbeit mit Ann Frederick

Trauma-Heilung

DAS ERWACHEN DES TIGERS

*Unsere Fähigkeit,
traumatische Erfahrungen
zu transformieren*

Aus dem Amerikanischen von Theo Kierdorf
in Zusammenarbeit mit Hildegard Höhr

SYNTHESIS

Titel der amerikanischen Originalausgabe:
WAKING THE TIGER: HEALING TRAUMA

Synthesis Verlag, Postfach 143206, 45262 Essen
Info@Synthesis-Verlag.com
www.Synthesis-Verlag.com

Cover: Dragon Design, GB, und Mischka Gerken, USA,
unter Verwendung eines Gemäldes von Guy Coheleach
Satz und Gestaltung: Dragon Design, GB
Gesetzt aus der Goudy
Lektorat: Christian Andreas Hofer

ISBN 978-3-922026-91-4

INHALT

TEIL IV: ERSTE HILFE BEI TRAUMATA

Danksagung

Meinen Eltern Morris und Helen möchte ich danken für das Geschenk des Lebens, das Vehikel für den Ausdruck meiner Arbeit, und für die unablässige Unterstützung von beiden Seiten der physischen Ebene. Pouncer, dem Dingo-Hund, danke ich, weil er mein Führer in die Welt der Tiere war und mir auch noch im Alter von siebzehn Jahren die Freude des körperlichen Lebens täglich offenbart.

Ich möchte vielen Ethologen, darunter Nikolas Tinbergen, Konrad Lorenz, H. von Holst, Paul Leyhausen und Irenäus Eibl-Eibelsfeldt, für ihre naturalistische Sicht des menschlichen Tiers, ihre wissenschaftlichen Schriften, die Korrespondenz mit ihnen und die Ermutigung, die sie mir gegeben haben, danken.

Ich fühle mich dem Erbe von Wilhelm Reich zutiefst verpflichtet, dessen monumentaler Beitrag zum Verständnis der Energie mir durch Philip Curcurruto eröffnet wurde, ein Mann von einfacher Weisheit und mit einem großen Herzen.

Richard Olney und Richard Price gilt mein Dank, weil sie mir zeigten, wie wenig ich über das Sich-selbst-Akzeptieren wußte. Ida Rolf danke ich für ihre Inspiration und ihre katalytische Wirkung bei der Formung meiner Identität als Wissenschaftler und Heiler. Dr. Virginia Johnson möchte ich für ihr kritisches Verständnis veränderter Bewußtseinszustände danken.

Zu meinen Theorielehrern zählen Ernst Gellhorn, der mich in der neurophysiologischen Sichtweise unterrichtete, und Akhter Ahsen, der mir half, meine Vision der »undifferenzierten und verschmolzenen Einheit von Körper und Geist« zu konsolidieren.

Ich danke auch den vielen Freunden, insbesondere Amy Graybeal und Lorin Hager, die mich beim Schreiben dieses Buches unterstützten.

Guy Coheleach gilt mein Dank, weil er mir gestattet hat, seine meisterhaften Tierdarstellungen zu verwenden.

Schließlich möchte ich noch bescheiden Medusa, Perseus und den anderen machtvollen Kräften des körperlichen Unbewußten Dank sagen, daß sie mein archetypisches Sein geformt haben.

EINLEITUNG

Wenn du das hervorbringst, was in dir ist,
wird das, was in dir ist,
deine Rettung sein.
Wenn du das, was in dir ist, nicht hervorbringst,
wird das, was in dir ist,
dich vernichten.
GNOSTISCHE EVANGELIEN[1]

Seit mehr als einem Vierteljahrhundert – die Hälfte meines Lebens – beschäftige ich mich mit den Mysterien des Traumas. Kollegen und Studenten fragen mich immer wieder, wie ich mich mit einer derart morbiden Thematik so lange beschäftigen kann, ohne mich völlig zu erschöpfen. Obwohl die Auseinandersetzung mit dem Trauma eine Konfrontation mit unsäglichen Qualen und »schrecklichem Wissen« war, wurde mein leidenschaftliches Interesse geweckt, und ich habe davon ungemein profitiert. Die Erforschung und Heilung des Traumas in seinen vielen Formen entwickelte sich zur Lebensaufgabe. Am häufigsten sind zweifellos Traumata infolge von Unfällen jeder Art, weiterhin sind schwere Krankheiten, Operationen und andere invasive medizinische Behandlungen Auslöser, außerdem werden sie durch das Erleben oder Beobachten von Gewalttätigkeiten sowie Naturkatastrophen hervorgerufen.

Das Trauma und seine komplizierte Beziehung zu den Naturwissenschaften, zur Philosophie, zur Mythologie und zu den Künsten fasziniert mich ungeheuer. Die Auseinandersetzung damit hat mir geholfen, den Sinn des Leidens zu verstehen und das Rätsel des menschlichen Geistes zu ergründen. Für diese einzigartige Gelegenheit zu lernen und für das Privileg, passiv und aktiv jene tiefgreifende Metamorphose miterleben zu können, zu der es bei der Heilung eines Traumas kommen kann, bin ich unendlich dankbar.

Daß es Traumata gibt, ist eine Tatsache des Lebens. Sie müssen jedoch nicht zur lebenslänglichen Strafe werden. Traumata sind nicht nur heilbar, sondern können auch transformierend wirken. Traumata zählen zu den wichtigsten Kräften der menschlichen Entwicklung, des psychischen, sozialen und spirituellen Erwachens. Der Umgang mit diesem Phänomen beeinflußt unsere Lebensqualität entscheidend. Letztlich bestimmt dies, wie und sogar ob wir als Spezies überleben werden.

Traumata werden traditionell als Störungen geistiger Prozesse verstanden. Medizin und Psychologie beteuern zwar immer wieder, wie wichtig die Beziehung zwischen Geist und Körper sei, doch wird ihre Bedeutung bei der Heilung von Traumata stark unterschätzt. Die enge Verbindung von Körper und Geist, die zu allen Zeiten eine der wichtigsten Grundlagen traditioneller Heilsysteme auf der ganzen Welt war, findet in unserem modernen Verständnis des Traumas und seiner Behandlung leider fast keine Beachtung.

Seit Tausenden von Jahren wissen orientalische Heiler und Schamanen anderer Kulturen nicht nur, daß der Geist den Körper beeinflußt, wie es auch die westliche psychosomatische Medizin lehrt, sondern daß außerdem jedes Organsystem seinen festen Platz in der Struktur unseres Geistes hat. Nach den neuesten revolutionären Erkenntnissen auf dem Gebiet der Neurowissenschaft, insbesondere der Psychoneuroimmunologie, findet zwischen Geist und Körper eine äußerst komplizierte wechselseitige Kommunikation statt. Durch die Entdeckung komplexer »Neuropeptid-Botenstoffe« haben Forscher wie Candice Pert eine Vielzahl von Verbindungswegen gefunden, über die Geist und Körper miteinander kommunizieren. Diese Forschungsergebnisse spiegeln, was die uralte Weisheit stets gewußt hat: daß jedes Organ des Körpers, einschließlich des Gehirns, eigene »Gedanken«, »Gefühle« und »Eingebungen« hat und zudem die entsprechenden Phänomene der jeweiligen anderen zur Kenntnis nimmt.

Die meisten Traumatherapien wenden sich mit sprachlichen Mitteln an den Geist und beeinflussen mit Medikamenten dessen Moleküle. Beide Ansätze können nützlich sein. Doch wird die vollständige Heilung eines Traumas niemals gelingen, wenn nicht gleichzeitig die wichtige Rolle, die der Körper selbst bei der Entstehung dieser Störung spielt, gesehen und in die Betrachtung einbezogen wird. Wir müssen herausfinden, was bei der Entstehung eines Traumas mit unserem Körper geschieht, und wir müssen seine zentrale Bedeutung bei der Heilung der Traumafolgen erkennen. Ohne diese Basis werden alle unsere Versuche, ein Trauma zu überwinden, begrenzt und einseitig bleiben.

Jenseits der heute so verbreiteten mechanistischen und reduktionistischen Sicht des Lebens existiert ein wahrnehmender, fühlender, wissender und lebender Organismus. Dieser lebende Körper, der uns mit allen fühlenden Wesen verbindet, informiert uns über unsere angeborene Fähigkeit, von den Auswirkungen eines Traumas zu genesen. Das vorliegende Buch beschäftigt sich mit der Weisheitsgabe, die wir empfangen, wenn wir lernen, die ehrwürdigen, ursprünglichen und intelligenten Energien unseres Körpers zu nutzen und zu transformieren. Gelingt es uns, die zerstörerische Kraft des Traumas zu überwinden, erhebt unser angeborenes Potential uns in neue Höhen der Meisterschaft und des Wissens.

PETER LEVINE

PROLOG
DEM KÖRPER SEIN RECHT GEBEN

Körper und Geist

Alles, was die Handlungsfähigkeit des Körpers steigert, verringert, einschränkt oder erweitert, steigert, verringert, beschränkt oder erweitert auch die Handlungsfähigkeit des Geistes. Und alles, was die Handlungsfähigkeit des Geistes steigert, verringert, beschränkt oder erweitert, steigert, verringert, beschränkt oder erweitert auch die Handlungsfähigkeit des Körpers.
BARUCH SPINOZA (1632-1677)

Falls Sie unter merkwürdigen Symptomen leiden, die niemand zu erklären vermag, könnte die Ursache eine traumatische Reaktion auf ein in ferner Vergangenheit liegendes Ereignis sein, an das Sie sich vielleicht nicht einmal mehr erinnern. Sie sind aber nicht der einzige Mensch, dem das so geht. Und Sie sind auch nicht verrückt. Es gibt eine rationale Erklärung für das, was mit Ihnen vor sich geht. Sie sind keineswegs unwiderruflich geschädigt, und Ihre Symptome lassen sich durchaus lindern oder sogar völlig auflösen. Wir wissen, daß der Geist durch traumatische Erlebnisse tiefgreifend verändert wird. Beispielsweise wird ein Mensch, der einen schweren Autounfall miterlebt, anfänglich vor einer emotionalen Reaktion auf das Geschehen und sogar vor einer klaren Erinnerung daran – beziehungsweise vor dem Gefühl, daß der Unfall tatsächlich passiert ist – geschützt. Erstaunliche Mechanismen wie Dissoziation und Leugnen ermöglichen es uns, mit so schwierigen Situationen umzugehen und darauf zu hoffen, daß sich diese veränderten Zustände später einmal allmählich auflösen werden.

Wie der Geist reagiert auch der Körper stark auf traumatische Situationen. Er ist bereit, aktiv zu werden, wechselt in einen Zustand angstvoller Anspannung und erstarrt und kollabiert in hilflosem Schrecken. So wie die Schutzreaktion des Geistes auf überwältigende Erlebnisse nach deren Ende abflaut und sich der Normalzustand wieder einstellt, sollte sich eigentlich auch die Reaktion des Körpers nach dem Ende des Ereignisses wieder normalisieren. Wird dieser Normalisierungsprozeß jedoch gestört, so werden die Auswirkungen des traumatischen Erlebens fixiert, und bei der betreffenden Person entsteht ein Trauma.

Die Psychologie interessiert bei diesem Phänomen gemeinhin seine Auswirkungen auf den Geist. Doch das ist bestenfalls die Hälfte der Geschichte und führt zu einer völlig unzulänglichen Beschreibung des Traumageschehens. Wenn wir Körper und Geist nicht als Einheit begreifen und uns dementsprechend damit beschäftigen, werden wir nie in der Lage sein, das Trauma wirklich zu begreifen oder gar zu heilen.

Die Suche nach einer Methode

In diesem Buch geht es um die Auflösung von Traumasymptomen mit Hilfe eines naturgemäßen Ansatzes, den ich im Laufe der letzten 25 Jahre entwikkelt habe. Aus meiner Sicht ist die posttraumatische Belastungsstörung (PTBS) keine Pathologie, mit der man umzugehen lernen, die man unterdrücken oder in die man sich fügen muß. Meiner Meinung nach ist PTBS das Resultat eines natürlichen Prozesses, bei dem etwas schiefgegangen ist.

Die Traumaheilung erfordert eine direkte Erfahrung des lebenden, fühlenden, wissenden Organismus. Die Prinzipien, die ich Ihnen hier vorstellen möchte, sind das Resultat meiner Arbeit mit Klienten sowie des Verfolgens von Spuren, die mich zu den Ursprüngen des Traumas geführt haben. Im Rahmen dieser Studien habe ich mich mit Physiologie, Neurowissenschaft, tierischem Verhalten, Mathematik, Psychologie und Philosophie beschäftigt, um nur einige Bereiche zu nennen. Anfangs basierten meine Erfolge weitgehend auf Zufällen und reinem Glück. Indem ich meine Arbeit mit Klienten fortsetzte, hinterfragte, was ich gelernt und erfahren hatte, und so immer weiter in das Mysterium des Traumas vordrang, wurden meine Erfolge allmählich zuverlässiger. In mir festigte sich die Überzeugung, daß das Repertoir instinktiver Verhaltensweisen des menschlichen Organismus ein großes biologisches Wissen birgt, das den Heilungsprozeß traumatischer Erfahrungen selbst steuern kann und dies auch tut, sofern es die Möglichkeit dazu erhält.

Die zunehmende Konzentration auf die instinktiven Reaktionen der Klienten wirkte sich offensichtlich günstig auf die Heilung ihrer Traumata aus, und meine Neugier verhalf mir allmählich zu einem umfassenderen Verständnis der Zusammenhänge. Viele Betroffene waren ungeheuer erleichtert darüber, daß sie endlich verstanden, wie sich ihre Symptome entwickelt hatten, und sie die Aktivität ihres eigenen Instinktes erkennen und erleben konnten.

»Somatisches Erleben« ist eine neu entwickelte Behandlungsmethode, die zur Zeit noch nicht gründlichen wissenschaftlichen Untersuchungen unterzogen wird. Für die Stimmigkeit dieses neuen Ansatzes sprechen jedoch mehrere hundert Einzelfälle, in denen Menschen bestätigt haben, daß jene Symptome, die einmal ihre Fähigkeit, ein erfülltes und befriedigendes Leben zu führen, stark beeinträchtigt hatten, verschwunden sind oder zumindest erheblich nachgelassen haben.

Gewöhnlich arbeite ich in Einzelsitzungen und benutze die neue Methode oft in Verbindung mit anderen Behandlungsverfahren. Natürlich kann das vor Ihnen liegende Buch nicht die individuelle Arbeit mit einem erfahrenen Therapeuten ersetzen. Doch glaube ich, daß viele der hier beschriebenen Prinzipien und ein großer Teil der vorgestellten Information die Heilung traumatischer Erfahrungen und ihrer Folgen fördern kann. Falls Sie sich in Behandlung befinden, könnten Sie dieses Buch zusammen mit Ihrem Therapeuten lesen oder durcharbeiten. Andernfalls können Sie versuchen, sich mit dem Buch selbst zu helfen. Dies ist natürlich nur innerhalb gewisser Grenzen möglich. Unter Umständen wird sich im Laufe Ihrer Bemühungen herausstellen, daß Sie die Hilfe eines qualifizierten Therapeuten benötigen.

Der Körper als Heiler

Der Körper ist der Strand vom Meer des Seins.
SUFI-WEISHEIT

Im ersten Teil dieses Buches wird das Phänomen Trauma vorgestellt und erklärt, wie die Symptome einer posttraumatischen Belastungsstörung entstehen, wie sie sich weiterentwickeln und warum sie so schwer zu beseitigen sind. Dies ermöglicht es, das auf den ersten Blick undurchdringlich wirkende Netz von Mythen über das Trauma zu zerstören und durch eine einfache, zusammenhängende Beschreibung der grundlegenden physiologischen Prozesse zu ersetzen, durch die Traumata entstehen. Obgleich unser Intellekt unsere natürlichen Instinkte oft außer Kraft setzt, verursacht er nicht die traumatische Reaktion. Wir sind darin unseren vierbeinigen Freunden ähnlicher, als wir es vielleicht gern wahrhaben möchten.

Wenn ich von unserem »Organismus« spreche, beziehe ich mich auf die Definition des *Webster's Dictionary*, der schreibt, der Organismus sei »eine komplexe Struktur voneinander abhängiger und einander untergeordneter Elemente, deren Beziehungen und Eigenschaften weitgehend durch ihre Funktion im Rahmen des Ganzen bestimmt wird«. Der Begriff »Organismus« ist eine Bezeichnung für unsere Ganzheit, die sich nicht aus der Summe ihrer Einzelteile herleiten läßt, z. B. den Knochen, chemischen Grundstoffen, Muskeln, Organen. Die Ganzheit ergibt sich vielmehr aus der dynamischen, komplexen Wechselbeziehung der einzelnen Elemente. Körper und Geist, primitive Instinkte, Emotionen, Intellekt und Spiritualität, alle diese Faktoren müssen bei der Untersuchung des Organismus einbezogen werden. Das Werkzeug, mit dessen Hilfe wir uns als Organismus erfahren können, ist das »ganzheitliche innere Empfinden« *(felt sense)*. Mit seiner Hilfe können wir die Gesamtheit aller Empfindungen und allen Wissens über uns selbst erleben. Wenn Sie dieses Buch lesen und einige der darin beschriebenen Übungen ausführen, werden Sie neu eingeführte Begriffe wie den des ganzheitlichen inneren Empfindens besser verstehen.

In *Teil I: Der Körper als Heiler* wird das Trauma und der Prozeß, durch den man es heilen kann, als ein Naturphänomen beschrieben. Dabei wird auf das uns allen angeborene Wissen über das Heilen Bezug genommen. Wir werden einigen der primitivsten biologischen Reaktionen begegnen. Nach dem ersten Teil des Buches werden Sie besser verstehen, wie Ihr Organismus funktioniert und wie Sie ihn auf eine Weise nutzen können, die Ihrer Vitalität, Ihrem Wohlbefinden und Ihrer Lebensfreude zugute kommt, ganz gleich, ob Sie unter Traumasymptomen leiden oder nicht.

In diesem ersten Teil beschreibe ich zudem Übungen, die Ihnen helfen werden, das ganzheitliche innere Empfinden kennenzulernen. Diese Übungen sind überaus wichtig. Im Grunde kann nur mit ihrer Hilfe vermittelt werden, wie dieser faszinierende Aspekt des menschlichen Seins beschaffen ist. Der Eintritt in das Reich des ganzheitlichen inneren Empfindens ist für viele Menschen so, als würden sie ein fremdartiges neues Land betreten – ein Land, das sie oft besucht haben, ohne daß sie sich die Szenerie dort jemals genauer angeschaut hätten. Beim Lesen und Erleben dieses ersten Teils werden Sie feststellen, daß Ihnen einiges, was darin über die Funktionsweise Ihres Körpers gesagt wird, seit langem bekannt ist.

In *Teil II: Traumasymptome* werden die zentralen Elemente einer traumatischen Reaktion, ihre Symptome und die Realität, in der ein traumatisierter Mensch lebt, ausführlicher beschrieben.

In *Teil III: Traumatransformation* wird der Prozeß beschrieben, durch den wir die persönlichen wie die gesellschaftlichen Traumata transformieren können.

In *Teil IV: Erste Hilfe bei Traumata* wird detailliert erläutert, wie nach einem Unfall die Entstehung eines Traumas verhindert werden kann. Außerdem enthält dieser Teil eine kurze Abhandlung über Kindheitstraumata. (Mit diesem Thema werde ich mich in einem später erscheinenden Buch ausführlicher beschäftigen.)

Die in diesem Buch vermittelten Informationen helfen uns, den Prozeß der Traumaheilung zu verstehen und das Gefühl zu entwickeln, daß wir uns auf unseren Organismus verlassen können. Außerdem bin ich der Meinung, daß diese Information nicht nur auf der persönlichen, sondern auch auf gesellschaftlicher Ebene von Bedeutung ist. Ereignisse, die durch ihre gewaltigen Dimensionen ganze Völker oder sogar die gesamte Welt beeinflussen, fordern von Familien, gewachsenen Lebensgemeinschaften und ganzen Bevölkerungen ihren Tribut. Traumata können sich selbst perpetuieren. Aus ihnen entstehen immer neue Traumata, ein Prozeß, der nie endet und der sich über die Generationen hinweg in Familien, Gemeinschaften und Ländern fortsetzt, bis wir etwas unternehmen, um diese unerwünschte Entwicklung zum Stillstand zu bringen. Transformationsmethoden für Gruppen befinden sich noch in den Anfängen. In Teil III dieses Buches habe ich einen Ansatz für die Traumaheilung in Gruppen beschrieben, den ich zusammen mit einigen Kollegen in Norwegen entwickle.

Weil ich einzelnen, die therapeutisch arbeiten wollen, oft die Hilfe ausgebildeter Fachleute empfehle, hoffe ich, daß das vorliegende Buch auch für die Fachwelt von Nutzen ist. Nur wenige Psychologen verfügen über ausreichendes Grundlagenwissen auf dem Gebiet der Physiologie, um jene Störungen erkennen und in ihrem Wesen verstehen zu können, die durch Behinderungen des natürlichen Verlaufs physiologischer Prozesse entstehen.

Im Idealfall könnte der Inhalt dieses Buchs einen neuen Weg der Traumabehandlung weisen. Nach meinen Erfahrungen in der therapeutischen Praxis verschaffen viele populäre Ansätze zur Traumaheilung bestenfalls zeitweilige Erleichterung. Einige kathartische Methoden, die das intensive emotionale Wiedererleben von Traumata befürworten, können sogar schädlich sein. Meiner Meinung nach erzeugen sie auf längere Sicht Abhängigkeit von einer ständigen Wiederholung der Katharsis und begünstigen das Auftauchen sogenannter »falscher Erinnerungen«. Das Wesen des Traumas macht es sogar wahrscheinlich, daß das kathartische Wiedererleben einer solchen Erfahrung eher zu einer erneuten Traumatisierung als zu einer Heilung führt.

Die Psychotherapie befaßt sich mit einem breiten Spektrum von Themen und Problemen, die weit über die spezifische Thematik dieses Buches, die des Schocktraumas, hinausgehen. Schocktraumata entstehen, wenn wir lebensbedrohliche Situationen erleben, in denen unsere Fähigkeit, adäquat und effektiv zu reagieren, verlorengeht. Im Gegensatz dazu können Menschen, die durch permanente Mißhandlung oder entsprechenden Mißbrauch in ihrer Kindheit traumatisiert worden sind – insbesondere wenn sie diese

Erfahrungen im Kontext ihrer Ursprungsfamilie gemacht haben – unter einem »Entwicklungstrauma« *(developmental trauma)* leiden. Bei einem Entwicklungstrauma geht es in erster Linie um psychologische Probleme, die infolge inadäquater Förderung während wichtiger Entwicklungsperioden in der Kindheit entstanden sind. Obgleich die Dynamik, durch die diese Traumata entstehen, eine andere ist, können durch Grausamkeit und Vernachlässigung Symptome entstehen, die denen des Schocktraumas ähneln und oft auch damit verflochten sind. Deshalb sollten Menschen, die unter einem Entwicklungstrauma leiden, gemeinsam mit einem Therapeuten ihre Probleme durcharbeiten.

Wenn ein Schocktrauma infolge eines einzelnen Ereignisses oder einer Serie von Ereignissen entstanden ist und keine vorherigen traumatischen Erlebnisse festzustellen sind, haben die Betreffenden meiner Meinung nach gute Chancen, sich in Zusammenarbeit mit ihrer Familie und ihren Freunden selbst zu heilen, und ich möchte diese Möglichkeit an dieser Stelle sehr empfehlen. Ich habe versucht, das vorliegende Buch in einer möglichst allgemeinverständlichen Sprache zu schreiben. Für Eltern, Lehrer und Kindererzieher kann dieses Buch von unschätzbarem Wert sein, wenn sie bei traumatischen Ereignissen sofort Maßnahmen ergreifen müssen. Auch Ärzten, Krankenpflegern, Heilpraktikern, Polizisten, Feuerwehrleuten, Rettungshelfern und anderen, die regelmäßig mit den Opfern von Unfällen und Naturkatastrophen zu tun haben, könnte dieses Buch eine große Hilfe sein, und zwar nicht nur bei ihrem Umgang mit Traumatisierten, sondern auch für sie selbst. Das Miterleben von Situationen, in denen andere Menschen schreckliche Verletzungen erleiden – und insbesondere das berufsbedingte regelmäßige Erleben solcher Situationen – ist für die Betroffenen äußerst belastend und hat oft eine ebenso traumatisierende Wirkung wie die Erfahrung am eigenen Leibe.

Über die Nutzung dieses Buches

Lassen Sie sich genügend Zeit, das, was Sie in diesem Buch lesen, wirklich aufzunehmen. Und probieren Sie auch die im Laufe des Textes angegebenen Übungen aus. Gehen Sie ruhig und ohne Hast an die Lektüre und die Arbeit mit dem beschriebenen Material heran. Traumata sind das Resultat der stärksten Kräfte, die der menschliche Körper aufzubieten vermag. Man sollte ihnen mit Respekt begegnen. Sie werden sich zwar vermutlich keinen Schaden zufügen, wenn Sie sich oberflächlich mit dem Inhalt des Buches beschäftigen, aber Sie profitieren sicher nicht im gleichen Maße davon, als wenn Sie sich die Zeit nehmen, das Gelesene gründlich zu verdauen.

Wenn Sie irgend etwas von dem, was Sie lesen, beunruhigt, halten Sie inne, und warten Sie, bis sich Ihr Zustand wieder normalisiert hat. Bleiben Sie bei dem, was Sie erleben, und schauen Sie, was sich daraus entwickelt. Viele falsche Vorstellungen über das Trauma sind erstaunlich tief in uns verankert, und sie können die Art, wie Sie sich selbst erfahren, ebenso beeinflussen wie Ihre Einstellung sich selbst gegenüber. Dies zu erkennen ist ungeheuer wichtig. Wenn Sie einen Teil Ihrer Aufmerksamkeit auf die Reaktionen konzentrieren, die das hier präsentierte Material in Ihnen hervorruft, wird Ihr Organismus Ihnen sagen, welche Geschwindigkeit des Vorgehens für Sie richtig ist.

Nicht intensive Emotionen, sondern das körperliche Empfinden ist der Schlüssel zur Traumaheilung. Registrieren Sie jede emotionale Reaktion, die in Ihnen aufwallt, und seien Sie sich bewußt, wie Ihr Körper diese Emotionen in Form von Empfindungen und Gedanken erlebt. Wenn Sie das Gefühl haben, daß Ihre Emotionen zu stark werden – beispielsweise starke Wutgefühle, Schrecken oder tiefe Gefühle der Hilflosigkeit –, sollten Sie sich an einen kompetenten Therapeuten wenden.

Ein Trauma braucht keine lebenslängliche Strafe zu sein. Unter all den Störungen, die den Organismus des Menschen befallen, könnte das Trauma sich letztlich als nützlich erweisen. Die Heilung eines Traumas bewirkt eine Transformation, die die Lebensqualität verbessern kann. Zur Traumaheilung sind nicht unbedingt raffinierte Medikamente, komplizierte Prozeduren oder eine lange Therapie erforderlich. Wenn Sie verstehen, wie ein Trauma entsteht, und die Mechanismen erkennen lernen, die seine Auflösung verhindern, wird Ihnen klar werden, wie Ihr Organismus sich selbst zu heilen versucht. Durch Anwendung einiger einfacher Ideen und Techniken können Sie diese angeborene Heilungsfähigkeit unterstützen. Die in diesem Buch vorgestellten Hilfsmittel werden Ihnen ermöglichen, durch das Trauma hindurchzugehen und Ihren Weg mit einem ganzheitlichen Seinsempfinden und mit größerer Selbstsicherheit fortzusetzen. Zwar kann ein Trauma die Hölle auf Erden sein, doch ist ein aufgelöstes Trauma ein Geschenk der Götter – eine Heldenreise, von der wir alle profitieren.

TEIL I

DER KÖRPER ALS HEILER

Ganz gleich, wo wir sind, der Schatten, der hinter uns her trottet, ist mit Sicherheit vierfüßig.
CLARISSA PINKOLA ESTES, aus *Die Wolfsfrau*

1
Schatten aus einer vergessenen Vergangenheit

... unser Geist hat immer noch seine dunkelsten Afrikas, seine nicht kartographierten Borneos und Amazonas-Becken.
ALDOUS HUXLEY

Der Plan der Natur

Eine Antilopenherde grast friedlich in einem saftigen Wadi. Plötzlich dreht sich der Wind und bringt einen neuen, aber bekannten Geruch mit sich. Die Antilopen spüren, daß Gefahr droht, und sind augenblicklich hellwach. Sie schnuppern, schauen um sich und lauschen ein paar Augenblicke angespannt, doch da sie nichts Bedrohliches erkennen, entspannen sie sich ein wenig und beginnen wieder zu grasen, bleiben aber dennoch wachsam.

Diesen Augenblick nutzt ein pirschender Gepard und springt aus seinem Versteck im dichten Unterholz. Wie ein einziger großer Organismus jagt die Antilopenherde blitzschnell auf ein schützendes Dickicht am Rande des Wadi zu. Eine junge Antilope stolpert für den Bruchteil einer Sekunde, fängt sich wieder – doch es ist schon zu spät. Blitzschnell schießt der Gepard auf sein Opfer zu, und es beginnt eine Verfolgungsjagd, bei der beide Tiere eine Geschwindigkeit von 100 Stundenkilometern erreichen.

Als der Gepard die junge Antilope erreicht, fällt diese in Erwartung ihres nahen Todes zu Boden. Vielleicht ist sie nicht einmal verletzt. Das völlig erstarrte Tier täuscht nicht vor, daß es tot ist, sondern ist instinktiv in einen veränderten Bewußtseinszustand eingetreten, so wie es alle Säugetiere tun, wenn sie ihren unmittelbar bevorstehenden Tod erwarten. Viele

Eingeborenenvölker sehen in diesem Verhalten die Unterwerfung der Seele des Beutetiers gegenüber dem Raubtier, was es in gewisser Hinsicht auch ist.

Physiologen nennen diesen veränderten Zustand die »Immobilitäts-« oder »Erstarrungsreaktion«. Dabei handelt es sich um eine der drei primären Reaktionsarten, mit denen Reptilien und Säugetiere übermächtigen Bedrohungen entgegentreten. Doch während die meisten von uns schon einmal von der Kampf- und der Fluchtreaktion gehört haben, ist die Bedeutung des Erstarrens bisher nur wenigen bekannt. Durch meine Arbeit in den letzten 25 Jahren bin ich zu der Ansicht gelangt, daß genau diese Reaktionsweise der Schlüssel zum Geheimnis des menschlichen Traumas ist.

Die Natur hat die Immobilitätsreaktion aus zwei guten Gründen entwickelt. Einerseits ist sie eine allerletzte Überlebensstrategie, die Ihnen vielleicht besser als Sich-tot-Stellen bekannt ist. So besteht beispielsweise im Fall der jungen Antilope die Möglichkeit, daß der Gepard seine »tote« Beute an einen Ort schleifen will, wo andere Raubtiere sie ihm nicht streitig machen können, oder daß er sie zu seinen Jungen bringt, um sie später mit ihnen zusammen zu verzehren. In dieser Zeitspanne könnte die Antilope aus ihrer Erstarrung erwachen und in einem unbeobachteten Augenblick blitzschnell fliehen. Sobald sie außer Gefahr ist, schüttelt sie die Nachwirkungen der Immobilitätsreaktion buchstäblich ab und erlangt die Kontrolle über ihren Körper vollständig zurück. Danach nimmt sie ihre normale Lebensweise wieder auf, als sei nichts geschehen.

Der zweite Aspekt des Erstarrens ist, daß die Antilope (und auch der Mensch) dabei in einen veränderten Bewußtseinszustand eintritt, in dem sie (oder er) keinen Schmerz spürt. Das bedeutet für die Antilope, daß sie nicht leidet, wenn die scharfen Zähne und Klauen des Geparden sie zerreißen.

Die meisten modernen Kulturen deuten diese instinktive Unterwerfung angesichts einer übermächtigen Bedrohung als eine Schwäche, die gleichbedeutend mit Feigheit ist. Doch in dieser Einschätzung verbirgt sich eine tiefe Angst des Menschen vor dem Zustand der Immobilität. Weil er dem Tod sehr ähnlich ist, versuchen wir ihn zu vermeiden. Daß wir dieses Erlebnis ausklammern wollen, ist zwar verständlich, doch zahlen wir einen hohen Preis dafür. Aus physiologischer Perspektive ist die Fähigkeit, in diesen natürlichen Zustand einzutreten und sich wieder daraus zu lösen, der Schlüssel, mit dessen Hilfe wir die dauerhaft belastende Wirkung eines Traumas vermeiden können. Die Erstarrungsreaktion ist ein Geschenk der Wildnis an uns.

Warum in die Wildnis schauen? Das Trauma als physiologisches Phänomen

So sicher, wie wir das Blut in unseren Ohren hören, haben die Echos millionenfacher nächtlicher Schreie von Affen, die im letzten Augenblick ihres Lebens in die Augen eines Panthers schauten, Spuren in unserem Nervensystem hinterlassen.

PAUL SHEPARD
aus *The Others – How Animals Made Us Human*,
Island Press, 1996

Der Schlüssel zur Heilung von Traumasymptomen bei Menschen liegt in unserer Physiologie. Menschen und Tiere, die mit übermächtigen Bedrohungen konfrontiert werden, verfallen in den Zustand der Erstarrung. Der wichtigste Aspekt dieser Reaktion ist, daß sie unwillkürlich erfolgt. Dies bedeutet, daß sich der physiologische Mechanismus, der sie steuert, in den primitiven, instinktiven Teilen unseres Gehirns und Nervensystems befindet und daß er nicht der Kontrolle unseres Bewußtseins unterliegt. Deshalb halte ich die Beobachtung des Verhaltens wildlebender Tiere als entscheidend für das Verständnis und die Heilung menschlicher Traumata.

Die unwillkürlichen, instinktiven Bereiche des menschlichen Gehirns und Nervensystems sind praktisch identisch mit den betreffenden Arealen bei anderen Säugetieren und sogar bei Reptilien. Unser Gehirn besteht aus drei Systemen, die in einer engen Verbindung zueinander stehen, weshalb oft von einem »dreieinigen Gehirn« gesprochen wird. Üblicherweise werden diese drei Teile Reptiliengehirn (instinktiver Teil), Säugetiergehirn oder limbisches System (emotionaler Teil) und menschliches Gehirn oder

Neokortex (rationaler Teil) genannt. Da die Gehirnareale, die beim Menschen in lebensbedrohlich empfundenen Situationen aktiviert werden, erstaunlicherweise den Gehirnbereichen bei Tieren entsprechen, ist es aufschlußreich, zu untersuchen, wie bestimmte Tiere, in unserem Falle die Antilope, eine Traumatisierung vermeiden. Ich möchte diesen Gedankengang noch etwas ausführlicher darstellen: Der Schlüssel zur Heilung von Traumasymptomen bei Menschen liegt meines Erachtens darin, daß wir lernen, jene fließende Anpassung wildlebender Tiere nachzuvollziehen, die nach dem Abklingen des akuten Geschehens die Immobilitätsreaktion von sich abschütteln und ihre volle Bewegungs- und Funktionsfähigkeit wiedererlangen.

Im Gegensatz zu wildlebenden Tieren ist es den Menschen in bedrohlichen Situationen nie leichtgefallen, sich für den Kampf oder die Flucht zu entscheiden. Einer der Gründe für dieses Dilemma ist, daß unsere Spezies seit Beginn ihrer Existenz sowohl die Rolle des Raubtiers als auch die des Beutetiers gespielt hat. Obwohl die Menschen der Prähistorie Jäger waren, verbrachten sie viele Stunden täglich zusammengekauert in kalten Höhlen, wohl wissend, daß sie jederzeit gepackt und in Stücke gerissen werden konnten.

Unsere Überlebenschancen wurden besser, als wir uns zu größeren Gruppen zusammentaten, das Feuer entdeckten und Werkzeuge erfanden, darunter viele Waffen für die Jagd und die Selbstverteidigung. Doch die genetische Erinnerung, daß wir einmal leichte Beute waren, ist in unserem Gehirn und Nervensystem erhalten geblieben. Da wir weder die Schnelligkeit einer Antilope noch die todbringenden Fangzähne und Krallen eines Geparden haben, behindert unser menschliches Gehirn aufgrund seiner Komplexität oft unsere instinktiven Überlebensreaktionen. Die dadurch bedingte Unsicherheit macht uns besonders anfällig für die Nachwirkungen traumatischer Erlebnisse. Tiere wie die pfeilschnelle Antilope wissen, daß sie stets vor Feinden auf der Hut sein müssen, und sind mit ihren Überlebensmöglichkeiten bestens vertraut. Sie spüren, was sie tun müssen, und tun es. Ebenso ist der Gepard mit seiner enormen Sprintfähigkeit und seinen heimtückischen Fangzähnen und Krallen in seiner Rolle als Raubtier völlig sicher.

Bei den menschlichen Tieren ist die Situation nicht so klar. Wenn wir mit einer lebensbedrohlichen Situation konfrontiert werden, verfällt der rationale Teil unseres Gehirns leicht in Verwirrung und setzt unsere instinktiven Impulse außer Funktion. So gut die Gründe für dieses Außer-Kraft-Setzen unseres instinktiven Verhaltens auch sein mögen, die damit einhergehende Verwirrung bereitet dem, wie ich es nenne, »Medusa-Komplex« den Weg – jenem dramatischen Geschehen, das als Trauma bezeichnet wird.

Wie im griechischen Mythos über Medusa können auch wir angesichts des Todes versteinern. Wir erstarren vor Angst, und dadurch entstehen die Traumasymptome.

Das Phänomen Trauma ist im modernen Leben allgegenwärtig. Wir sind fast alle irgendwann einmal traumatisiert worden, nicht nur, wenn wir Soldaten waren oder Opfer von sexuellem Mißbrauch, von körperlichen Mißhandlungen oder Überfällen. Die Ursachen von Traumata sind ebenso vielfältig wie ihre Folgen, und oft bleiben sie unserem Bewußtsein gleichermaßen verborgen. Gründe für die Entstehung von Traumata können Naturkatastrophen wie Erdbeben, Wirbelstürme, Überschwemmungen und Feuer, Gewalterfahrungen, Unfälle, Fallerlebnisse, schwere Krankheiten, plötzliche Verlusterlebnisse, chirurgische Eingriffe und andere notwendige medizinische Behandlungen, schwierige Geburten und sogar starke Streßerlebnisse während der Entwicklungszeit im Mutterleib sein.

Da wir jedoch glücklicherweise über einen Instinkt verfügen und in der Lage sind, zu fühlen, zu reagieren und zu reflektieren, haben wir die Möglichkeit, traumatische Verletzungen zu heilen, so belastend diese für uns auch sein mögen. Ich bin sogar davon überzeugt, daß wir als globale menschliche Gemeinschaft die Auswirkungen überpersönlicher Traumata wie jene von Kriegen und Naturkatastrophen heilen können.

Alles dreht sich um Energie

Traumasymptome entstehen nicht durch das traumatische Erlebnis, sondern durch erstarrte Energie, die nach dem Abklingen des traumatischen

Erlebnisses nicht aufgelöst worden ist. Solche Energierückstände bleiben im Nervensystem gebunden und können verheerend auf Körper und Geist wirken. Die langfristigen, beängstigenden, behindernden und oft bizarren Symptome der posttraumatischen Belastungsstörung (PTBS) entwickeln sich, wenn wir das Eintreten in den Zustand der Immobilität oder des Erstarrens, das Verweilen darin und das spätere Wiederaustreten nicht zu einem natürlichen Abschluß bringen können. Wir können das »Auftauen« unterstützen, indem wir unser angeborenes Bestreben, zu einem Zustand dynamischen Gleichgewichts zurückzukehren, durch bewußte Aktivität fördern.

Kommen wir noch einmal auf die am Anfang dieses Kapitels beschriebene Verfolgungsjagd zurück. Das Nervensystem der jungen Antilope, die vor dem Geparden flieht, ist so stark erregt, daß das Tier mit 100 Stundenkilometern rennen kann. Doch sobald der Gepard sein Opfer erreicht, bricht die Antilope zusammen und regt sich nicht mehr. Äußerlich wirkt sie wie tot, doch befindet sich ihr Nervensystem noch immer in jenem Erregungszustand, der erforderlich ist, damit sie die hohe Geschwindigkeit laufen kann. Was sich im Nervensystem des Tiers abspielt, ähnelt dem, was mit Ihrem Auto passieren würde, wenn Sie gleichzeitig das Gaspedal bis zum Anschlag durchtreten und die Bremse betätigen. Durch die Diskrepanz zwischen dem auf Hochtouren laufenden Nervensystem (Motor) und der äußeren Regungslosigkeit (Bremse) entsteht im Inneren des Körpers eine gewaltige Unruhe, die mit der Energie eines Tornados vergleichbar ist.

In diesem Energietornado entstehen die Symptome, die für traumatischen Streß charakteristisch sind. Die Kraft dieser Energie ist vergleichbar mit der Situation beim Liebesakt kurz vor dem Klimax, wenn Sie sich plötzlich durch irgendein äußeres Geschehen gezwungen sehen, ihre Aktivität zu unterbrechen. Wenn Sie dieses Gefühl, dem Drang der Energie plötzlich entgegenwirken zu müssen, mit hundert multiplizieren, kommt das Ergebnis der Energiestärke nahe, die in einer lebensbedrohlichen Situation mobilisiert wird.

Ein bedrohter Mensch muß (ebenso wie eine bedrohte Antilope) nach Abklingen der Gefahr die gesamte mobilisierte Energie wieder auflösen, um den Zustand der Bedrohung zu überwinden, denn sonst entsteht ein dauerhaftes Trauma. Die verbliebene Energie entlädt sich nicht einfach von selbst, sondern verbleibt im Körper, und es entwickeln sich verschiedene Symptome wie Angst, Depression, psychosomatische Störungen und Verhaltensprobleme. Der Organismus schafft diese Symptome, um die verbliebene akkumulierte Energie in feste Bahnen zu lenken und einzugrenzen.

Wildlebende Tiere befreien sich nach lebensbedrohlichen Situationen von der gesamten komprimierten Energie, die sie für den Überlebenskampf mobilisiert haben, und deshalb entwickeln sie nur selten Symptome, die schädlich auf den Gesamtorganismus wirken. Uns Menschen fällt dies wesentlich schwerer. Wenn es uns nicht gelingt, die gewaltigen Kräfte zu zerstreuen, entsteht in uns ein dauerhaftes Trauma. Bei unseren oft erfolglosen Versuchen, diese Energien aufzulösen, können wir uns auf dieselben fixieren. Wie eine Motte, die von einer Flamme angezogen wird, schaffen wir, ohne uns dessen bewußt zu sein, immer wieder Situationen, in denen wir zwar die Möglichkeit haben, uns aus der Falle des Traumas zu befreien, wir aber meist versagen, weil uns die zum Erreichen dieses Ziels erforderlichen Werkzeuge und Ressourcen nicht zur Verfügung stehen. Die traurige Folge dieses Umstands ist, daß viele Menschen ständig von Ängsten geplagt werden und sich weder im Umgang mit sich selbst noch im Kontakt mit ihrer Umgebung jemals völlig wohl fühlen.

Viele Kriegsveteranen und Vergewaltigungsopfer kennen dieses Szenario nur zu gut. Manchmal bemühen sie sich viele Jahre lang, über ihre Erfahrungen zu reden, sie wiederzuerleben, ihre Wut, ihre Angst und ihren Schmerz zum Ausdruck zu bringen. Doch da es ihnen nicht gelingt, vollständig durch die instinkt-induzierte »Immobilitätsreaktion« hindurchzugehen, sie zum Abschluß zu bringen und die vom Überlebenskampf zurückgebliebene Energie zu entladen, bleiben sie oft im Labyrinth des Traumas gefangen und leiden weiter unter dem Erlebten.

Zum Glück lassen sich die ungeheuren Energien, durch welche die Traumasymptome entstehen, zur Transformierung des Traumas nutzen und können uns darüber hinaus zur Heilung und sogar in neue Höhen der Meisterschaft und der Weisheit befördern. Ein aufgelöstes Trauma ist ein großes

Geschenk, das uns zur natürlichen Welt von Ebbe und Flut, zu Harmonie, Liebe und Mitgefühl zurückführt. Nachdem ich nun 25 Jahre mit Klienten gearbeitet habe, die auf jede nur erdenkliche Weise traumatisiert worden waren, glaube ich, daß wir Menschen über die angeborene Fähigkeit verfügen, nicht nur uns selbst, sondern auch die Welt von den hinderlichen und belastenden Auswirkungen traumatischer Erlebnisse zu befreien.

2
DAS MYSTERIUM DES TRAUMAS

Was ist ein Trauma?

Als ich kürzlich einem Geschäftsmann meine Arbeit erklärte, rief dieser plötzlich: »Dann muß meine Tochter ein Trauma gehabt haben, als sie im Schlaf diese Schreianfälle bekam. Der Psychologe, zu dem ich damals mit ihr gegangen bin, sagte, es seien ›nur Alpträume.‹ Ich wußte, daß es nicht einfach Alpträume waren.« Dieser Mann hatte recht. Bei seiner Tochter waren nach einer Routinebehandlung in einer Notfallambulanz extreme Angstzustände aufgetreten, und noch Wochen später hatte sie im Schlaf geschrien und geweint. Dabei war ihr Körper fast völlig erstarrt. Den besorgten Eltern war es nicht gelungen, ihre Tochter aus diesem Zustand aufzuwecken. Mit hoher Wahrscheinlichkeit war diese traumatische Reaktion durch den Krankenhausaufenthalt entstanden.

Wie in diesem Fall haben viele Menschen irgendwann in ihrem Leben etwas Unerklärliches erlebt oder derartiges bei einem nahestehenden Menschen beobachtet. Nun sind zwar nicht alle unerklärlichen Vorfälle Anzeichen für das Bestehen eines Traumas, doch trifft dies sehr häufig zu. In den »helfenden« Berufen besteht die Tendenz, bei der Beschreibung eines Traumas das verursachende Ereignis in den Vordergrund zu stellen, statt das Trauma als eigenständiges Phänomen zu verstehen. Da wir das Phänomen Trauma nicht genau definieren können, kann es schwierig sein, es zu erkennen.

Nach der offiziellen Definition, die Psychologen und Psychiater zur Traumadiagnose benutzen, wird ein Trauma durch streßerzeugende Ereignisse verursacht, »die sich außerhalb normaler menschlicher Erfahrung bewegen und die auf fast jeden Menschen stark belastend wirken.«[2] Diese Definition schließt die folgenden ungewöhnlichen Erfahrungen ein: »massive Bedrohungen des Lebens oder der körperlichen Integrität; schwerwiegende Bedrohungen oder Schädigungen der eigenen Kinder, des Ehepartners, anderer naher Verwandter oder Freunde; plötzliche Zerstörung der eigenen Wohnung oder der erweiterten Lebensgemeinschaft; der Anblick eines Menschen, der durch einen Unfall oder durch körperliche Gewalt schwer verletzt oder getötet worden ist«.

Diese Beschreibung ist für den Anfang durchaus nützlich, doch ist sie andererseits auch vage und irreführend. Wer könnte definitiv sagen, was »außerhalb des Spektrums normaler menschlicher Erfahrung« liegt? Oder was eine »schwerwiegende Belastung für fast jeden Menschen« ist? Die Beispiele, die in der Definition aufgeführt werden, liefern zwar hilfreiche Hinweise, was gemeint ist, doch gibt es abgesehen davon noch viele andere Ereignisse, die Traumata verursachen können, obwohl sie sich nicht in die genannten Kategorien einordnen lassen. Unfälle, Krankheiten und chirurgische Eingriffe, die der Körper unbewußt als bedrohlich erlebt, sehen Menschen oft nicht als außerhalb normaler menschlicher Erfahrung liegend an. Dennoch wirken sie häufig traumatisierend. Außerdem kommen heutzutage Vergewaltigungen, Schießereien und andere Tragödien keineswegs selten vor. Man könnte also durchaus sagen, daß sie »innerhalb normaler menschlicher Erfahrungen liegen«, was allerdings nichts daran ändert, daß Vergewaltigungen und Schießereien *immer* traumatisieren.

Traumata lassen sich nur heilen, wenn die Symptome, die auf ihr Bestehen hinweisen, beachtet werden. Da Traumasymptome größtenteils durch instinktive Reaktionen entstehen, sind sie häufig schwer zu erkennen. Letztendlich entscheidet nicht die hieb- und stichfeste Definition, was ein Trauma ist, über den Behandlungserfolg, sondern daß wir wissen, wie sich ein Trauma anfühlt. Eine meiner Klientinnen beschrieb folgendes Erlebnis:

> Ich spielte mit meinem fünfjährigen Sohn Joey in einem Park mit dem Ball, als das Kind den Ball plötzlich weit wegwarf. Während ich

ihn holte, lief der Junge auf einer stark befahrenen Straße hinter einem anderen Ball her. Als ich unseren Ball erreicht hatte, hörte ich die Reifen eines Autos lange und laut quietschen. Mir war sofort klar, daß das Auto Joey erwischt hatte. Ich hatte das Gefühl, mein Herz würde in die Magengrube fallen. Es war, als würde das gesamte Blut in meinem Körper erstarren und in meine Füße sinken. Ich fühlte mich so bleich wie ein Geist, während ich auf die Menschenmenge zu rannte, die sich mittlerweile an der Straße gebildet hatte. Meine Beine waren so schwer wie Blei. Joey war nirgendwo zu sehen, doch da ich mir völlig sicher war, daß er an diesem Unfall beteiligt sein mußte, krampfte sich mein Herz zusammen, bevor es sich ausdehnte und meine Brust mit Schrecken erfüllte. Ich drängte mich durch die Menge und brach über Joeys reglos daliegendem Körper zusammen. Das Auto hatte ihn ein Stück mitgeschleift, bevor es zum Stillstand gekommen war. Sein Körper war aufgeschürft und blutig, und er war so beängstigend still. In meiner Panik und Hilflosigkeit versuchte ich, das Blut abzuwischen, wodurch ich es jedoch nur noch mehr verteilte. Ich versuchte auch, seine zerrissenen Kleider glattzuziehen. Bei alldem dachte ich unablässig: »Nein, das alles ist nicht wahr. Atme, Joey, atme!« Als ob ich mit meiner Lebenskraft seinem reglosen Körper wieder Leben einflößen könnte, legte ich mich immer wieder auf ihn und preßte mein Herz gegen das seine. Dann überkam mich eine Taubheit, und ich spürte, wie ich mich von der Szene löste. Alle Bewegungen, die ich ausführte, waren nur noch mechanisch. Ich fühlte nichts mehr.

Menschen, die ein Trauma dieser Intensität erlebt haben, wissen wirklich, was ein Trauma ist, und ihre Reaktionen auf ein solches Erlebnis sind nicht durch Erwägungen des Intellekts mitgeprägt, sondern ganz ursprünglich. Bei der unglücklichen Frau in unserem Beispiel waren die Symptome von brutaler Deutlichkeit. In anderen Fällen sind sie wesentlich subtiler. Wir können lernen, eine traumatische Erfahrung zu erkennen, indem wir unsere eigenen Reaktionen untersuchen. Ein Trauma erzeugt eine unverwechselbare

Empfindung, die man, wenn man sie einmal kennengelernt hat, nie mehr vergißt. Wir werden uns nun mit einem Ereignis befassen, das eindeutig außerhalb des Spektrums normaler menschlicher Erfahrungen liegt.

Chowchilla, Kalifornien

An einem sengendheißen Sommertag im Jahre 1976 wurden 26 Kinder im Alter zwischen fünf und fünfzehn Jahren in der Nähe einer kleinen kalifornischen Stadt aus ihrem Schulbus gekidnappt, in zwei dunkle Lieferwagen gestoßen, zu einem stillgelegten Steinbruch gefahren und dort ungefähr 30 Stunden lang in einem unterirdischen Raum eingesperrt. Schließlich gelang ihnen die Flucht, und nachdem sie gefunden worden waren, wurden sie sofort in ein nahegelegenes Krankenhaus gebracht. Dort wurden ihre physischen Verletzungen behandelt, doch es wurde nicht einmal eine oberflächliche psychologische Untersuchung mit ihnen durchgeführt. Nach dem Eindruck der beiden Ärzte des Krankenhauses »ging es den Kindern gut«. Diese Ärzte hatten ganz einfach nicht erkannt, daß irgend etwas mit den Kindern nicht stimmte oder daß sie in der Folgezeit genau beobachtet werden mußten. Ein paar Tage später wurde ein ortsansässiger Psychiater gebeten, mit den Eltern der Kinder zu sprechen. Dieser betonte nachdrücklich, daß erfahrungsgemäß höchstens bei einem der 26 Kinder ein psychisches Problem auftrete. Dies entsprach der psychiatrischen Lehrmeinung jener Zeit.

Acht Monate nach jenem Ereignis begann eine andere Psychiaterin, Lenore Terr, mit einer der ersten wissenschaftlichen Untersuchungen von Kindern nach einem traumatischen Erlebnis. Auch die Kinder aus Chowchilla wurden im Rahmen dieser Studie untersucht. Frau Terr stellte nicht nur bei einem der 26 Kinder Nachwirkungen fest. Vielmehr waren bei fast allen Kindern schwerwiegende psychische und körperliche Störungen sowie Verhaltensstörungen aufgetreten. Bei vielen der Kinder hatten zum Zeitpunkt der Untersuchung gerade erst Alpträume eingesetzt. Sie litten unter wiederkehrenden Alpträumen, hatten eine Tendenz zur Gewalttätigkeit entwickelt, und waren in persönlichen und sozialen Beziehungen gestört. Die Nachwirkungen des traumatischen Geschehens traten so gravierend auf, daß das Leben und die familiären Strukturen dieser Kinder in den folgenden Jahren nahezu vollständig zerstört wurden. Das einzige Kind, bei dem das Erlebnis weniger katastrophale Nachwirkungen hatte, war der vierzehnjährige Bob Barklay. Es folgt eine kurze Zusammenfassung dessen, wie es ihm während des traumatischen Erlebnisses erging.

Die Kinder waren schon länger als einen Tag in »dem Loch« (einem Wohnwagen, der unter großen Mengen von Gestein und Müll in einem verlassenen Steinbruch vergraben lag) eingesperrt, als eins von ihnen sich gegen einen Holzpfahl lehnte, mit dem das Dach abgestützt war. Da rutschte die notdürftige Stütze weg, die Decke brach ein und fiel auf die Kinder herab. Zu diesem Zeitpunkt befanden sich die meisten in einem schweren Schockzustand. Sie waren erstarrt, apathisch und fast bewegungsunfähig. Diejenigen unter ihnen, die die Gefährlichkeit der Situation erkannten, fingen an zu brüllen. Diesen Kindern war klar, daß sie alle sterben würden, wenn ihnen nicht schnell die Flucht gelingen würde. In dieser Krisensituation forderte Bob Barklay einen anderen Jungen auf, ihm zu helfen, einen Weg in die Freiheit zu graben. Unter Bobs Anleitung gelang es mehreren Jungen, soviel von dem Müll wegzuschaffen, daß schließlich ein kleiner Tunnel freigeräumt war.

Bob war in der Lage, auf die Krise zu reagieren, und er blieb während der ganzen Flucht in einem Zustand mobilisierter Aktivität. Obgleich mit ihm zusammen auch den anderen Kindern die Flucht aus der gefährlichen Situation gelang, hatten viele von ihnen bei der Flucht aus dem unterirdischen Verlies, das fast ihr Grab geworden wäre, mehr Angst empfunden als er. Wären sie nicht zur Flucht gedrängt worden, hätten sie sich wohl in ihr scheinbar unvermeidliches Schicksal gefügt und wären unter der Erde geblieben. Sie mußten regelrecht genötigt werden, ihr Gefängnis zu verlassen, und hatten sich dabei wie Zombies verhalten. Diese Passivität ähnelt dem Verhalten, das Anti-Terror- Spezialeinheiten immer wieder bei Geiselbefreiungen beobachten. Es wird »Stockholm-Syndrom« genannt. Oft bewegen sich Geiseln nicht von der Stelle, wenn sie nicht wiederholt dazu aufgefordert werden.

Indem Bob Barklay die übrigen Kinder in die Freiheit führte, stellte er sich einer außergewöhnlichen Herausforderung. An jenem Tag war er zweifellos ein Held. Doch signifikanter für sein eigenes Leben wie auch für jeden, der sich für das Phänomen Trauma interessiert, ist, daß bei ihm die belastenden Nachwirkungen des traumatischen Erlebnisses wesentlich schwächer waren als bei den übrigen 25 Kindern. Ihm gelang es, in Bewegung zu bleiben und durch die Immobilitätsreaktion hindurchzugehen, die die übrigen Kinder völlig überwältigt und handlungsunfähig gemacht hatte. Einige von ihnen wurden dadurch so verängstigt, daß sie noch lange nach dem Ende der realen Gefahr von Angstgefühlen verfolgt wurden und im Zustand der Erstarrung blieben.

Dies ist bei allen Traumatisierten so. Es gelingt ihnen nicht, die Angst zu überwinden, die durch das traumatische Erlebnis entstanden ist. Der Schock des Erlebnisses lähmt sie weiterhin und hindert sie, in ihr normales Leben zurückzukehren. Bei anderen wiederum, die ähnliche Situationen erleben, bleiben keine dauerhaften Traumasymptome zurück. Die Wirkung eines Traumas ist bei jedem Menschen anders und immer wieder mysteriös. Das letzte Beispiel veranschaulicht eine der möglichen Wirkungen. So beängstigend ein Ereignis auch erscheinen mag, nicht jeder, der es erlebt, wird dadurch traumatisiert. Warum gelingt es Menschen wie Bob Barklay, mit solchen Situationen fertig zu werden, während andere, die kaum weniger intelligent sind, völlig unter der Last des Erlebten zusammenbrechen? Und noch wichtiger: Was bedeutet all dies für diejenigen unter uns, die bereits durch ein erlebtes Trauma in ihrer normalen Lebensweise beeinträchtigt sind?

Den Tiger wecken – eine erste Ahnung

Als ich anfing, mich mit dem Phänomen Trauma zu beschäftigen, war es mir ein völliges Rätsel. Den ersten wichtigen Durchbruch in meinem Verständnis des Traumas erlebte ich ziemlich unerwartet im Jahre 1969, als ich gebeten wurde, ein Gespräch mit einer Frau zu führen, die unter starken Panikanfällen litt. Diese Anfälle waren so stark, daß sie ihre Wohnung nicht mehr verlassen konnte. Ein Psychiater, der wußte, daß ich mich für psychosomatische Heilmethoden interessierte (damals ein noch ziemlich neues und unerforschtes Gebiet), hatte mich der Patientin empfohlen, weil er hoffte, daß irgendeine Art von Entspannungstraining sich bei ihrer Behandlung als hilfreich erweisen könnte.

Doch Entspannung half ihr nicht. Als ich während der ersten Sitzung naiv und mit den besten Absichten versuchte, ihr zu helfen, sich zu entspannen, verfiel sie in einen starken Angstzustand. Sie wirkte wie gelähmt und konnte kaum atmen. Ihr Herz pochte heftig, und irgendwann schien es fast stillzustehen. Ich bekam selbst Angst. Hatte ich ihr etwa das Tor zur Hölle geöffnet? Wir verfielen beide ihrem Alptraum.

Während ich meiner eigenen intensiven Angst nachgab und es dabei trotzdem schaffte, auf irgendeine Weise präsent zu bleiben, kam mir die flüchtige Vision eines Tigers, der auf uns zusprang. Ich ließ mich von dieser inneren Erfahrung mitreißen und rief laut aus: »Sie werden von einem großen Tiger angegriffen! Schauen Sie, wie der Tiger auf Sie zukommt! Laufen Sie zu dem Baum dort, und klettern Sie darauf!« Zu meiner Überraschung setzten sich daraufhin ihre Beine in Bewegung und vollführten zittrige Laufbewegungen. Sie stieß einen haarsträubenden Schrei aus, woraufhin ein auf der Straße vorübergehender Polizist besorgt in die Praxis stürzte. (Zum Glück gelang es meinem Kollegen, mit dem ich die Praxis teilte, die Situation verständlich zu machen.) Die Klientin begann zu zittern, sich zu schütteln und zu schluchzen, während ihr ganzer Körper von Zuckungen erfaßt wurde.

Nancy schüttelte sich fast eine Stunde lang. Plötzlich erinnerte sie sich an eine schreckliche Situation aus ihrer Kindheit. Als sie drei Jahre alt gewesen war, war sie wegen einer Mandeloperation auf einem Operationstisch festgebunden und mit Äther betäubt worden. Sie hatte sich nicht bewegen können und das Gefühl gehabt, zu ersticken (beide Gefühle treten bei einer Narkose mit Äther häufig auf), und sie hatte schreckliche Halluzinationen gehabt. Dieses frühe Erlebnis hatte eine tiefe Wirkung bei ihr hinterlassen. Ebenso wie die traumatisierten Kinder von Chowchilla hatte sich Nancy bedroht und machtlos gefühlt und war infolgedessen physiologisch in der Immobilitätsreaktion stecken geblieben. Mit anderen Worten:

Ihr Körper hatte sich in einen Zustand zurückgezogen, aus dem ein Entfliehen unmöglich war. In Verbindung mit dieser resignativen Haltung erlebte sie einen generellen Verlust ihrer realen und vitalen Existenz sowie des Gefühls der eigenen Sicherheit und der spontanen Ausdrucksmöglichkeit. 20 Jahre nach dem traumatischen Erlebnis traten die subtilen und verborgenen Auswirkungen jener Situation zutage. Nancy befand sich in einem überfüllten Raum und nahm an einer schriftlichen Aufnahmeprüfung für die Graduate School teil, als sie einen schweren Panikanfall erlebte. Später entwickelte sie eine Agoraphobie (Angst davor, ihre Wohnung allein zu verlassen). Durch diese extreme und absolut irrationale Erfahrung wurde ihr klar, daß sie Hilfe suchen mußte.

Nach dem Durchbruch, zu dem es während ihrer ersten Behandlung bei mir kam, verließ Nancy den Behandlungsraum mit den Worten: »Als wäre ich wieder ich selbst«. Obwohl wir noch einige Sitzungen lang weiterarbeiteten, in denen sie manchmal leicht zitterte und sich schüttelte, war der Panikanfall, den sie während unserer ersten Sitzung erlebt hatte, der letzte, der überhaupt bei ihr auftrat. Sie nahm daraufhin keine Medikamente zur Kontrolle ihrer Anfälle mehr ein und kam später auch in die Graduate School, wo sie ohne jeden Rückfall promoviert wurde.

Als ich Nancy kennenlernte, beschäftigte ich mich gerade mit dem Räuber-Beute-Verhalten bei Tieren. Ich war verblüfft über die Ähnlichkeit zwischen Nancys Lähmungszustand zu Beginn ihres Panikanfalls und dem Verhalten der jungen Antilope, das ich im vorigen Kapitel beschrieben habe. Wenn Tiere von einem größeren Raubtier angegriffen werden, dem sie nicht entfliehen können, verfallen sie meist in den Zustand der Immobilität. Ich bin mir ziemlich sicher, daß die Studien, die ich damals trieb, die plötzlich auftauchende Vision von dem imaginären Tiger ausgelöst haben. Mehrere Jahre nach jener Behandlungssitzung mit Nancy war ich immer noch damit beschäftigt, die Bedeutung von Nancys Angstanfall und ihre Reaktion auf das Bild des Tigers zu verstehen. Im Laufe dieser Auseinandersetzung bin ich viele Umwege und Irrwege gegangen.

Heute weiß ich, daß nicht die dramatische emotionale Katharsis und auch nicht das erneute Durchleben der Mandeloperation zu Nancys Heilung geführt haben, sondern die energetische Entladungsreaktion, die sie erlebte, als sie aus ihrer passiven Erstarrung zu einer aktiven und erfolgreichen Flucht wechselte. Das Bild des Tigers hatte den instinktiv reagierenden Teil von ihr wieder geweckt. Die andere tiefe und wichtige Erkenntnis, zu der mich die Arbeit mit Nancy führte, war, daß sich die Ressourcen, die einem Menschen angesichts einer Bedrohung das Überleben ermöglichen, für Heilzwecke nutzen lassen. Und dies ist nicht nur zum Zeitpunkt des Erlebnisses möglich, sondern auch noch Jahre danach.

Ich fand heraus, daß es nicht erforderlich ist, zur Heilung eines Traumas alte Erinnerungen zu durchwühlen und den mit ihnen verbundenen emotionalen Schmerz erneut zu durchleben. Starker emotionaler Schmerz kann sogar eine erneute Traumatisierung zur Folge haben. Um von unseren Symptomen und Ängsten befreit zu werden, müssen wir unsere physiologischen Möglichkeiten aktivieren und sie bewußt einsetzen. Wenn uns nicht bewußt wird, wie wir unsere instinktiven Reaktionen in Aktionen verwandeln können, werden wir weiterhin im Zustand der Unfreiheit bleiben und unter Schmerzen leiden.

Bob Barklay gelang es, die traumatisierende Wirkung seiner Erfahrung zu minimieren, indem er nicht nachließ in seinem Bemühen, sich selbst und die anderen Kinder aus dem unterirdischen Verlies zu befreien. Da er seine Energie auf das Erreichen dieses Ziels zu fokussieren vermochte, wurde er in jener Situation weniger stark traumatisiert als die übrigen Kinder. Er wurde nicht nur zum Helden, der die ganze Gruppe rettete, sondern bewahrte auch sein Nervensystem vor einer Überlastung durch aufgestaute Energie. Dadurch blieb es ihm erspart, jahrelang unter Ängsten zu leiden.

Nancy wurde erst 20 Jahre nach ihrem Trauma zur Heldin. Als ihre Beine auf den eingebildeten Tiger mit Laufbewegungen reagierten, erreichte sie das gleiche wie Bob Barklay durch seine beherzte Aktivität. Durch diese Reaktion befreite sich Nancys Nervensystem von der überschüssigen Energie, die zur Bewältigung der Bedrohung vor der Mandeloperation mobilisiert worden war. Erst viele Jahre nach dem traumatischen Erlebnis schaffte sie es, ihre Fähigkeit zur Flucht zu aktivieren. Nachdem Bob und Nancy sich von den belastenden Folgeerscheinungen befreit hatten, die so viele Traumaopfer plagen, konnten beide unbeschwert ihr normales Leben fortsetzen. Im Laufe meiner weiteren Arbeit merkte ich, daß der Heilungsprozeß effektiver verlief, wenn er weniger dramatisch war und allmählicher vonstatten ging. Die wichtigste Lektion, die ich während dieser Auseinandersetzung gelernt habe, ist, daß wir alle über eine angeborene Fähigkeit verfügen, unsere Traumata zu heilen.

Wenn die normalen instinktiven Reaktionen auf ein Trauma nicht vollständig zum Abschluß kommen, unterminieren diese unvollständigen Prozesse häufig das ganze Leben. Unaufgelöste Traumata machen uns übertrieben vorsichtig oder sogar gehemmt, oder sie bewirken, daß wir die betreffende Situation in einer Kreisbewegung immer wieder neu durchleben. Auf diese Weise werden wir zu ewigen Opfern oder zu ewigen Klienten. Ein Trauma kann die Qualität unserer Beziehungen und unserer sexuellen Erfahrungen stark beeinträchtigen. Zwanghaftes, perverses, promiskuitives und gehemmtes Verhalten in der Sexualität sind oft Anzeichen für das Bestehen eines Traumas und müssen nicht unbedingt durch sexuellen Mißbrauch hervorgerufen worden sein. Ein Trauma kann das ganze Leben eines Menschen prägen, es kann sich aber auch subtil und schwer faßbar äußern. Wenn es uns nicht gelingt, unsere Traumata aufzulösen, entwickeln wir leicht das Gefühl, versagt zu haben oder daß jene uns verraten haben, von denen wir gehofft haben, daß sie uns helfen würden. Wir brauchen dies weder uns selbst noch anderen anzulasten. Die Lösung des Problems besteht darin, daß wir unser Wissen über die Möglichkeiten, Traumata zu heilen, erweitern.

Solange wir nicht begreifen, daß Traumasymptomen sowohl physiologische als auch psychologische Faktoren zugrunde liegen, werden alle unsere Versuche unzulänglich bleiben. Entscheidend bei diesem Bemühen ist die Erkenntnis, daß ein Trauma entsteht, wenn das tierisch-instinktive Verhalten nicht zu einem ihm entsprechenden Abschluß kommt. Gelingt es uns jedoch, diese instinktiven Kräfte nutzbar zu machen, kann unser Bewußtsein mit ihrer Hilfe die Traumasymptome transformieren und uns zum Wohlergehen verhelfen.

3
WUNDEN, DIE HEILEN KÖNNEN

Handlungen müssen zum Abschluß gebracht werden. Was auch immer der Ausgangspunkt sein mag, das Ende wird schön sein. Nur weil eine Handlung nicht zum Abschluß gebracht worden ist, ist sie scheußlich.
JEAN GENET, *Tagebuch eines Diebes*

Wenn ein junger Baum verletzt wird, wächst er um die Verletzung herum weiter. Im weiteren Verlauf seiner Entwicklung wird die Wunde im Verhältnis zu seiner Größe immer kleiner. Knorrige Auswüchse und unförmige Äste deuten auf Verletzungen und Hindernisse hin, denen ein Baum im Laufe der Zeit ausgesetzt war und die er überwunden hat. Die Art, wie ein Baum um seine Vergangenheit herumwächst, trägt zu seinem Charakter und zu seiner Schönheit bei. Damit will ich sicher nicht dafür eintreten, daß die Traumatisierung als wichtiges Element der Charakterentwicklung angesehen werden sollte, doch da jeder Mensch irgendwann in seinem Leben einmal ein Trauma erlebt, kann uns das Bild des Baumes helfen, mit einer solchen Situation fertig zu werden.

Obwohl die Menschen seit Tausenden von Jahren traumatische Erfahrungen machen, findet dieses Problem erst seit etwa zehn Jahren in Fachkreisen und in der breiten Öffentlichkeit Beachtung. Das Wort Trauma gehört bis heute nicht zur Alltagssprache, und es erscheinen bislang auch noch keine Bekenntnisse von Stars zu diesem Thema. Obwohl sich Fachleute mittlerweile zunehmend für das Phänomen Trauma interessieren und trotz des sensationslüsternen Interesses der Medien an diesem Thema ist wenig von Traumaheilung zu hören.

Nach den vorliegenden Statistiken ist eine von drei Frauen und einer von fünf Männern als Kind sexuell mißbraucht worden. Trotz des erheblich gewachsenen Bewußtseins für diese Problematik ist immer noch wenig darüber bekannt, wie man Menschen von den Nachwirkungen derartiger Erlebnisse heilen kann. Viele Traumatisierte identifizieren sich mit ihrer Opferrolle und tun sich mit anderen, die das gleiche erlebt haben, zusammen. Dies kann ein nützlicher erster Schritt auf dem Weg zur Heilung sein. Wird ein solches Verhalten jedoch über längere Zeit fortgesetzt, kann es die Genesung behindern.

Wie auch immer ein Trauma entstanden sein mag, die Wahrscheinlichkeit, daß wir von seinen Folgen genesen, wird wesentlich höher, wenn wir einen positiven Rahmen schaffen. Das Bild des ausgewachsenen Baumes, der einen eigenständigen Charakter und eine ganz besondere Schönheit entwickelt hat, ist hilfreicher für uns, als das Erlebnis zu leugnen oder uns dauerhaft als Opfer oder Überlebende zu fühlen.

Die Wurzeln des Traumas liegen im instinktiven Teil unserer Existenz, der stark an unseren Körper gebunden ist. Deshalb finden wir den Schlüssel zur Traumaheilung sowohl in unserem Körper als auch in unserem Geist. Jeder von uns muß erkennen, daß wir eine Entscheidung treffen können – vielleicht eine der größten in unserem Leben. Die Heilung eines Traumas ist ein natürlicher Prozeß, der durch ein inneres Gewahrsein des Körpers initiiert werden kann. Eine jahrelange psychotherapeutische Behandlung, ein wiederholtes Reaktivieren von Erinnerungen oder die Tilgung derselben aus dem Unbewußten – all dies ist dabei nicht erforderlich. Wir werden sehen, daß die endlose Suche nach sogenannten »traumatischen Erinnerungen« und deren Reaktivierung oft die unserem Körper angeborenen Heilfähigkeiten behindern kann.

Meine Beobachtungen bei einer großen Zahl von Traumatisierten haben mich zu dem Schluß gebracht, daß posttraumatische Symptome im Grunde durch Angst unterbrochene physiologische Reaktionen sind. Symptome, die als Reaktionen auf lebensbedrohliche Situationen entstanden sind, bleiben so lange bestehen, bis die Prozesse, durch die sie sich entwickelt haben, zum Abschluß gebracht werden. Ein Beispiel hierfür ist posttraumatischer Streß. Symptome dieser Art bleiben bestehen, bis die Reaktionen abgeschlossen sind. Wie wir anhand der Fälle von Bob Barklay und Nancy in Kapitel 2 sehen, kann Energie, die im Zustand der Immobilität gebunden ist, transformiert werden. Beide aktivierten den biologisch-instinktiven Prozeß und entluden die Energie, die sie in der traumatischen Situation für den Überlebenskampf mobilisiert hatten, wodurch sie wieder in den Vollbesitz ihrer Vitalität gelangten.

Ein Vogel, der gegen ein Fenster fliegt, weil er es mit dem offenen Himmel verwechselt hat, wirkt danach, als sei er bewußtlos oder sogar tot. Oft heben Kinder, die einen solchen Zusammenstoß miterleben, den leblos wirkenden Vogel aus Neugier oder Besorgnis auf. Die Wärme der Kinderhände kann dem Vogel helfen, seine normale Körperfunktion zu reaktivieren. Dann zittert er und beginnt, seine Umgebung wahrzunehmen. Vielleicht torkelt er ein wenig umher, versucht, das Gleichgewicht wiederzufinden, und schaut um sich. Wenn der Vogel nicht verletzt ist und ungestört bleibt, kann er die Erstarrungsreaktion normal durchlaufen und ist danach in der Lage, wegzufliegen, ohne daß ein dauerhaftes Trauma entsteht. Wird er jedoch in der Phase des Zitterns gestört, kann der Zusammenstoß für ihn schwerwiegende und dauerhafte Folgen haben. Versucht das Kind den Vogel zu streicheln, sobald er erste Lebenszeichen erkennen läßt, kann die Reorientierung unterbrochen und der Vogel erneut in einen Schockzustand versetzt werden. Kommt es mehrmals zu Unterbrechungen der Energieentladung, dauert jeder nachfolgende Schock länger als der vorherige. Im schlimmsten Fall kann der Vogel an seiner Angst sterben – überwältigt von der eigenen Hilflosigkeit.

Obwohl wir Menschen nur selten an derartigen Erlebnissen sterben, leiden wir doch unter ihnen, wenn wir nicht in der Lage sind, die durch die Erstarrungsreaktion gebundene Energie abzubauen. Der traumatisierte Kriegsveteran, das Vergewaltigungsopfer, das mißhandelte Kind, die Antilope und der Vogel – sie alle sind mit überwältigenden Situationen konfrontiert worden. Wenn sie nicht in der Lage sind, sich zu orientieren und zwischen Kampf und Flucht zu wählen, erstarren oder kollabieren sie. Im Gegensatz zu Tieren, die die Erstarrungsreaktion gewöhnlich überwinden, geraten Menschen in solchen Situationen meist in einen Teufelskreis, durch den es zu einer fortwährenden Verschlimmerung der Symptome kommt. Um durch ein Trauma hindurchgehen und es auflösen zu können, benötigen wir Ruhe, Geborgenheit und Sicherheit, so wie ein Vogel sie in der sanften Wärme der Kinderhand empfindet. Wir brauchen die Unterstützung unserer Freunde und Verwandten sowie der Natur. Erst mit dieser Verbundenheit können wir jenem natürlichen Prozeß vertrauen, der uns Erfüllung und Ganzheit vermittelt und schließlich zum Frieden führt.

Oliver Sacks, der Autor von *Awakenings – Zeit des Erwachens, Der Mann, der seine Frau mit einem Hut verwechselte* und *Migräne*, beschreibt im zuletzt genannten Buch die heftigen Migräneanfälle mehrerer Patienten. Migräne ist eine Streßreaktion des Nervensystems, die posttraumatischen (Erstarrungs-)Reaktionen sehr ähnlich ist und oft damit in Zusammenhang steht. Sacks beschreibt die Geschichte eines Mathematikers, der jede Woche von heftigen Migräneanfällen heimgesucht wurde. Jeden Mittwoch wurde dieser Mann nervös und gereizt. Am Donnerstag oder Freitag wurde der Streß so stark, daß er nicht mehr arbeiten konnte. Am Samstag baute sich ein starker Erregungszustand bei ihm auf, und am Sonntag überfiel ihn ein heftiger Migräneanfall. Am Nachmittag dieses Tages klang die Migräne allmählich ab und verschwand schließlich völlig. Danach erlebte der Mann eine kreative, von hoffnungsvollen Gefühlen begleitete Phase des Neubeginns. Montags und dienstags fühlte er sich erfrischt und verjüngt. Er konnte in dieser Zeit ruhig und kreativ arbeiten. Am Mittwoch setzte die Gereiztheit wieder ein, und der Zyklus begann von vorn.

Sacks versuchte, die Migränesymptome des Mannes mit Hilfe von Medikamenten zu lindern, wodurch jedoch auch die Quelle seiner Kreativität blockiert wurde. Der Autor klagt: »Als ich diesen Mann von seiner Migräne ›heilte‹, ›heilte‹ ich ihn auch von seiner mathematischen Genialität ... Mit der Pathologie verschwand auch seine Kreativität.« Sacks erklärt, daß manche Patienten nach Migräneanfällen zu schwitzen anfangen und große Mengen Urin ausscheiden. Dies bezeichnet er als »eine physiologische Katharsis«. Derartige Reaktionen blieben nach Beginn der medikamentösen Behandlung des Mannes aus.

Bei der Auflösung und Heilung von Traumata kann es auch zu leichten Schweißausbrüchen kommen. Indem die angstinduzierten Kälteschauer zunehmender Erregung und Wellen von feuchter, prickelnder Wärme weichen, läßt unsere angeborene Heilfähigkeit den Eisberg schmelzen, der durch die Körperstarre des Traumas entstanden ist. Wenn wir bereit sind, die von Traumasymptomen herrührenden körperlichen Empfindungen wie Zittern zu erleben, können Angst und Verzweiflung für uns zu einer Quelle der Kreativität werden.

In den Traumasymptomen selbst sind die Energien, Potentiale und Ressourcen enthalten, die wir für eine heilende Transformation benötigen. Dieser kreative Heilungsprozeß kann auf verschiedene Weisen unterbrochen werden – durch Unterdrückung der Symptome mit Hilfe von Medikamenten, durch übermäßige Betonung von Anpassung und Kontrolle oder durch Leugnen oder Herabwürdigen der Gefühle und Empfindungen.

Ein Trauma ist keine Krankheit, sondern eine Störung

Daniel Goleman, einer der führenden populärwissenschaftlichen Schriftsteller im Bereich der Psychologie, beschäftigte sich 1992 in einem Artikel mit dem Titel »Wunden, die nicht heilen können« in der *New York Times* mit der unter Medizinern vorherrschenden Meinung, ein Trauma sei eine irreversible Erkrankung. Allgemein klammert man sich an die Hoffnung, daß einmal eine »Wunderpille« (so wie Prozac) gefunden wird, mit deren Hilfe sich diese »Gehirnkrankheit« heilen lassen wird. Goleman zitiert Dr. Dennis Charney, einen Psychiater von der Yale-University:

> Es spielt keine Rolle, ob es sich um den unablässigen Schrecken eines Krieges, um das unmittelbare Miterleben eines Orkans ... oder um

> einen Autounfall handelt..., alle Formen von unkontrollierbarem Streß können die gleiche biologische Wirkung haben ... Opfer eines verheerenden Traumas *werden möglicherweise biologisch nie mehr so sein, wie sie einmal waren.*

Ein Trauma ruft eine biologische Reaktion hervor, die fließend und anpassungsfähig bleiben muß, also nicht erstarren darf. Eine dysfunktionale Reaktion muß nicht unbedingt eine Krankheit sein, aber zumindest ist sie eine Störung, die von leichter Unpäßlichkeit bis zu starker Behinderung reichen kann. Das Fließen existiert auch noch während der Störung, und es muß genutzt werden, da sich nur mit seiner Hilfe die ungehinderte Funktion des Organismus wiederherstellen läßt. Wenn es nicht gelingt, die gebundenen Energien wieder in Bewegung zu bringen, kann es später viel Aufwand erfordern, das Gleichgewicht und die Gesundheit wiederherzustellen.

Daniel Goleman zitiert weiterhin Dr. Nemerhoff, einen anderen Forscher:

> Wenn ein Auto in einer engen Parklücke eine Fehlzündung hat, durchfluten Sie die gleichen Gefühle wie beim ursprünglichen traumatischen Erlebnis; Sie fangen an zu schwitzen, Sie haben Angst, es läuft Ihnen kalt über den Rücken, und Sie zittern...

Anschließend schlägt dieser Forscher vor, »Medikamente zu entwickeln, die dieser [Zitter-]Reaktion entgegenwirken«. Medikamente können nützlich sein, wenn es darum geht, Zeit zu gewinnen und einem Traumatisierten zu helfen, sich wieder zu stabilisieren. Doch wenn sie über längere Zeit eingenommen werden, um die Streßreaktion zu unterdrücken, behindern Medikamente die Heilung. Der Organismus benötigt das spontane Schütteln und Zittern, das wir in der gesamten Tierwelt beobachten können, um wichtige biologische Prozesse vollenden zu können. In einem Videofilm der National Geographic Society aus dem Jahre 1982 mit dem Titel »Polar Bear Alert« ist dieses Phänomen deutlich zu beobachten. Ein Eisbär wird nach einer aufreibenden Jagd von einem Betäubungspfeil getroffen. Während er allmählich aus der Betäubung erwacht, zittert und schüttelt sich der Bär längere Zeit, bevor er seinen normalen Zustand wieder erreicht.

Indem die Medizin das Trauma als Krankheit versteht, versucht sie nur zu oft, diesen natürlichen und kreativen Prozeß zu unterdrücken, so wie es auch bei Dr. Sacks' Migränepatient der Fall war. Ob die Reaktion, die Körper und Geist von den Nachwirkungen des traumatischen Erlebnisses befreien soll (das Zittern und Sichschütteln), durch Medikamente unterdrückt wird, ob das Trauma durch erstarrte Angst aufrechterhalten bleibt oder allein durch Willensakte kontrolliert wird, in jedem Fall wird unsere angeborene Fähigkeit zur Selbstregulation außer Funktion gesetzt.

Im Gegensatz zur allgemein verbreiteten Sicht können Traumata geheilt werden. Und in vielen Fällen sind dazu nicht einmal langwierige Therapien, kein schmerzhaftes Reaktivieren von Erinnerungen und keine Dauermedikation erforderlich. Wir müssen begreifen, daß es weder notwendig noch möglich ist, Ereignisse, die in der Vergangenheit liegen, zu verändern. Alte Traumasymptome sind Beispiele für gebundene Energie und vergessene Lektionen des Lebens. Die Vergangenheit spielt für uns keine Rolle, wenn wir lernen, in der Gegenwart präsent zu sein. Jeder Augenblick entfaltet dann sein kreatives Potential. Wir brauchen nichts weiter zu tun, als unsere aktuellen Symptome zu heilen; danach können wir uns wieder unbeschwert dem widmen, was das Leben für uns bereit hält. Ein heilender Augenblick schwappt wie eine Welle sanft vor und zurück und breitet sich aus.

Natürlich ist es leichter, ein Trauma zu verhindern, als ein Trauma zu heilen. Mit der Information und den Hilfsmitteln, die Ihnen dieses Buch an die Hand gibt, können Sie vermeiden, daß potentiell traumatische Erfahrungen ihre destruktive Wirkung entfalten, und besser mit bedrohlichen Situationen umgehen. In vielen Fällen ermöglichen die hier vorgestellten Methoden auch, die Symptome älterer Traumata in bereichernde Lebenserfahrungen umzuwandeln.

Die Techniken, die ich beschreiben werde, können Sie bei Kindern, die sich in einer problematischen Situation befinden, bei Ihrem Ehepartner oder bei Freunden zur Unterstützung benutzen. Natürlich sollte jedem Leser klar sein, daß manche Menschen so stark traumatisiert sind, daß sie die Hilfe eines erfahrenen Therapeuten und eventuell auch eine adäquate medikamentöse Behandlung brauchen, um genesen zu können. Es ist keineswegs beschämend oder ein Zeichen der Unzulänglichkeit, wenn Menschen diese Hilfe suchen. Sprechen Sie mit Ihrem Therapeuten oder Arzt über dieses Buch, so daß auch er die hier beschriebenen Zusammenhänge nutzen kann, um auf die bestmögliche Art mit Ihnen zu arbeiten.

4
EIN MERKWÜRDIGES NEUES LAND

Ein Trauma ist keine lebenslängliche Strafe

Einige der beängstigenden und oft bizarren Symptome, unter denen Traumatisierte leiden, sind: Erinnerungsblitze (Flashbacks), Angstzustände, Panikanfälle, Schlaflosigkeit, Depression, psychosomatische Beschwerden, Verschlossenheit, grundlose Wutanfälle mit Neigung zur Gewalttätigkeit und wiederholte destruktive Verhaltensweisen. Gesunde Menschen können infolge von Ereignissen, die innerhalb einer relativ kurzen Zeit stattfinden, »an den Rand des Wahnsinns« getrieben werden. Wenn man auf diese Thematik zu sprechen kommt, denken die meisten an Kriegsveteranen oder an Menschen, die als Kinder schwerwiegend mißhandelt oder sexuell mißbraucht worden sind.

Traumata sind so verbreitet, daß die meisten Menschen sie nicht einmal bemerken. Jeder von uns ist davon betroffen und hat irgendwann in seinem Leben einmal ein traumatisches Erlebnis gehabt, unabhängig davon, ob er seitdem unter offensichtlichen Symptomen des posttraumatischen Stresses leidet oder nicht. Weil Traumasymptome nach dem auslösenden Ereignis jahrelang verborgen bleiben können, sind bei einigen Traumatisierten noch keine Symptome aufgetreten.

Sowohl die Ursachen für Traumata als auch die Symptome sind unglaublich vielfältig. Heute besteht allgemein die Ansicht, daß Traumata weit verbreitet sind und daß sie sogar durch harmlose Ereignisse verursacht werden können. Zum Glück ist mittlerweile auch klar geworden, daß wir unter den Nachwirkungen eines erlittenen Traumas nicht unser ganzes

Leben zu leiden brauchen, denn Traumata können geheilt und verhindert werden. Selbst die bizarrsten Symptome lassen sich auflösen, wenn wir bereit sind, uns von unseren natürlichen Instinkten leiten zu lassen. Um dies zu erreichen, müssen wir uns auf eine völlig neue Art selbst verstehen und erfahren. Für die meisten bedeutet dies, in einem merkwürdigen neuen Land zu leben.

Die Urzeit

Ich werde Sie nun in jene urzeitliche Welt führen, die nur von Reptilien bewohnt war. Diese primitive Welt ist immer noch lebendig in uns, und wir verdanken ihr einige unserer wertvollsten persönlichen Ressourcen. Die meisten Menschen haben durch ihre Erziehung gelernt, diese angeborenen Möglichkeiten auszublenden und sich ausschließlich auf die angeblichen »Vorteile« der modernen Technologie zu verlassen. Dadurch haben wir, ohne es zu merken, wichtige Aspekte unseres Seins vernachlässigt.

Als wir Menschen noch durch die Wälder streiften, Wurzeln und Beeren sammelten, wilde Tiere jagten und in Höhlen lebten, war unsere Existenz eng mit der Natur verbunden. Jeden Tag, jede Minute, ja sogar jede Sekunde mußten wir darauf gefaßt sein, uns selbst, unsere Familien und unsere Verbündeten gegen Raubtiere und andere Gefahren zu verteidigen – wobei es oft um Leben und Tod ging. Die lebensbedrohlichen Situationen, denen die Menschen der Vorzeit ständig ausgesetzt waren, haben unser menschliches Nervensystem so geprägt, daß es bei jeder vermuteten Bedrohung ungeheuer stark reagiert. Wenn wir diese natürliche Fähigkeit heute nutzen, fühlen wir uns von Energie und Lebenskraft erfüllt und bereit, jeder Herausforderung entgegenzutreten. Bedrohungen mobilisieren unsere innersten Kräfte. Sie ermöglichen uns, das menschliche Potential in seinem ganzen Umfang zu erfahren, wodurch wiederum unser emotionales und physisches Wohlbefinden verbessert wird.

Das moderne Leben gibt uns nur selten die Gelegenheit, unsere im Laufe der Evolutionsgeschichte erworbenen Überlebensfähigkeiten zu nutzen. Unser Überleben hängt heute zunehmend vom Entwicklungsstand unseres

Intellekts, kaum noch von unserer körperlichen Reaktionsfähigkeit ab. Deshalb haben die meisten Menschen keinen Bezug mehr zum natürlichen, instinktiven Teil der menschlichen Existenz – und das gilt insbesondere für den Teil von uns, den wir mit Stolz als tierisch bezeichnen können. Wie auch immer wir uns sehen mögen, im Grunde sind wir Menschentiere.

Die Herausforderungen, denen wir heute gegenüberstehen, sind in relativ kurzer Zeit entstanden, wohingegen sich unser Nervensystem wesentlich langsamer verändert. Es ist keineswegs ein Zufall, daß Menschen, deren Verbindung zum natürlichen, »tierischen« Teil ihrer Persönlichkeit stärker ist, mit traumatischen Erlebnissen besser fertig werden. Fehlt den Menschen der Zugang zu dem instinktiven Teil ihrer Existenz, entfremden sich Körper und Seele. Nur die wenigsten Menschen betrachten oder erfahren sich als menschliche Tiere. Doch wenn wir die Instinkte und natürlichen Reaktionen nicht in unser Leben integrieren, sind wir auch keine Menschen im umfassenden Sinne. Durch das Leben in jenem Zwischenbereich, in dem wir weder Tiere noch im eigentlichen Sinne Menschen sind (weil wir den tierisch-instinktiven Teil unserer Existenz nicht in unser Leben integrieren), können unterschiedliche Probleme entstehen, unter anderem auch eine erhöhte Anfälligkeit für Traumatisierung.

Für unsere geistig-körperliche Gesundheit ist es unverzichtbar, daß das Nervensystem und die Psyche bereit sind, sich Herausforderungen und Bedrohungen zu stellen und diese zu bewältigen. Gelingt uns dies nicht, erfahren wir einen fortschreitenden Verlust an Vitalität, was wiederum verhindert, daß wir ein wirklich umfassendes und befriedigendes Leben führen können. Diejenigen unter uns, die durch Kriege, Mißhandlung, Mißbrauch, Unfälle und andere Ereignisse ein Trauma entwickelt haben, leiden noch stärker unter der Abspaltung des instinktiven Teils ihrer Persönlichkeit.

Trauma!

Nur wenige Menschen bestreiten, daß Traumata schwerwiegende Probleme verursachen können. Doch erscheint es vielen immer noch unglaublich, daß Traumata so häufig vorkommen. In einer Studie, bei der mehr als

1.000 Männer und Frauen befragt wurden, ergab sich, daß 40 Prozent dieser Gruppe im Laufe der letzten drei Jahre ein traumatisches Ereignis durchlebt hatten. Am häufigsten wurden dabei folgende Erlebnisse genannt: Vergewaltigungen, Überfälle, schwere Unfälle, Miterleben einer Situation, in der ein anderer Mensch getötet oder schwer verletzt wurde. 30 Prozent der Obdachlosen in den USA sind wahrscheinlich Vietnamveteranen, die unter posttraumatischem Streß leiden. 75 bis 100 Millionen Amerikaner sind in ihrer Kindheit sexuell mißbraucht oder körperlich mißhandelt worden. Nach Schätzungen der für ihre konservative Einstellung bekannten American Medical Association werden mehr als 30 Prozent aller verheirateten Frauen und 30 Prozent aller Schwangeren von ihren Ehemännern oder Partnern geschlagen. Alle neun Sekunden wird eine Frau von ihrem Ehemann oder Partner verprügelt, wobei zu bedenken ist, daß die Gewalttätigkeit, die eine Schwangere erlebt, sich zusätzlich traumatisierend auf den Fötus auswirkt.

Krieg und Gewalt beeinflussen das Leben fast jedes Mannes, jeder Frau und jedes Kindes auf diesem Planeten. Naturkatastrophen von unvorstellbarem Ausmaß haben in den letzten Jahren ganze Gemeinwesen zerstört – so beispielsweise die Orkane Hugo, Andrew und Iniki, die Flutkatastrophen im Mittelwesten und in Kalifornien, das Feuer in Oakland, die Erdbeben von Loma Prieta, Los Angeles, Mexico City, Kairo und Kobe – und es gibt noch viele ähnlich verheerende Katastrophen. Alle Menschen, die derartige Ereignisse in irgendeiner Form miterlebt haben, können unmittelbar danach, manchmal aber auch sehr viel später, unter den Nachwirkungen einer Traumatisierung leiden.

Doch auch viele andere Menschen leiden unter Traumasymptomen, ohne es zu wissen. So leiden beispielsweise 10 bis 15 Prozent aller Erwachsenen unter Panikanfällen, unerklärlichen Angstgefühlen oder Phobien. 75 Prozent aller Arztbesucher leiden unter Störungen, die als psychosomatisch bezeichnet werden, weil keine körperliche Erklärung für sie gefunden werden kann. Aufgrund meiner Arbeit glaube ich, daß viele dieser Menschen irgendwann in ihrem Leben ein Trauma erlitten haben, dessen Nachwirkungen für die Symptome, unter denen sie leiden, zumindest mitverantwortlich sind.

Depressionen und Ängste entstehen oft durch traumatische Erlebnisse, und das gleiche gilt für Geisteskrankheiten. Bessel van der Kolk,[3] ein anerkannter Traumaforscher, hat eine Untersuchung durchgeführt, in der er nachwies, daß Patienten in einer großen psychiatrischen Institution häufig unter Symptomen litten, die auf das Bestehen eines Traumas hindeuteten. Viele dieser Symptome wurden jedoch von den behandelnden Ärzten übersehen, weil niemand sich einen Reim darauf machen konnte.

Heute ist den meisten Menschen klar, daß sexueller und emotionaler Mißbrauch sowie Gewalt- und Gefahrerlebnisse das Leben eines Betroffenen tiefgreifend verändern können. Doch nur wenige wissen, daß durch viele scheinbar harmlose Situationen ebenfalls Traumata entstehen können. Sie können die unterschiedlichsten Auswirkungen haben und bleiben oft unerkannt. Im Laufe meiner beruflichen Tätigkeit habe ich festgestellt, daß Traumata ein riesiges Spektrum von Symptomen hervorrufen.

Ganz alltägliche Vorgänge können traumatische Nachwirkungen hervorrufen, die ebenso belastend wirken wie diejenigen, unter denen Kriegsveteranen und mißbrauchte oder mißhandelte Menschen leiden. Die Auswirkungen eines Traumas können sich unter Umständen erst nach Jahren oder gar nach Jahrzehnten manifestieren. Oft geschieht das plötzlich und ohne jede Vorankündigung, ausgelöst durch ein anderes Ereignis. Dabei ist es durchaus möglich, daß keinerlei Hinweis auf die eigentliche Ursache zu erkennen ist. So kann es passieren, daß bei geringfügigem Anlaß Symptome zutage treten, die in ihrer Stärke eher einer gewaltigen Katastrophe angemessen zu sein scheinen.

Was ich nicht weiß, tut mir nicht weh?

Traumata zeigen, daß das, was wir nicht wissen, uns durchaus schädigen kann. Wenn wir wissen, daß wir traumatisiert worden sind, verhindert dies nicht, daß wir unter den Folgen leiden. Angesichts des unglaublichen Dickichts von Falschinformationen über Traumata und ihre Behandlung ist es verständlich, daß viele sich aus der Affäre zu ziehen versuchen, indem sie die Existenz eines Problems schlicht ableugnen.

Es ist schwierig genug, sich mit den Traumasymptomen selbst zu beschäftigen, ohne sich mit der Angst zu befassen, die entsteht, weil wir nicht wissen, warum wir unter diesen Symptomen leiden oder ob sie noch stärker werden. Angstgefühle können bei Traumatisierten aus vielen Gründen entstehen. Ein Grund dafür ist der tiefe Schmerz, den sie erleben, wenn ihr Ehepartner, ihre Freunde und Verwandten der Meinung sind, es sei Zeit für sie, das normale Leben wieder aufzunehmen. Sie sollen sich wieder »normal« verhalten, weil ihre Umwelt glaubt, mittlerweile müßten sie gelernt haben, mit ihren Symptomen zu leben. Hat man ihnen fälschlicherweise mitgeteilt, ihre Symptome könnten nur durch lebenslange medikamentöse Behandlung oder durch permanente psychotherapeutische Betreuung gelindert werden, so kann dies Gefühle der Hoffnungslosigkeit und Verzweiflung hervorrufen. Angst kann allein der Gedanke erzeugen, mit irgend jemandem über die Symptome zu sprechen, weil sie dem Betroffenen so merkwürdig erscheinen. Außerdem vermuten Traumatisierte, daß niemand ihrem Bericht Glauben schenken könnte und daß sie wahrscheinlich auf dem besten Wege sind, verrückt zu werden. Hinzu kommt noch der Streß, durch das Bewußtsein, immense Behandlungskosten zu erzeugen, wenn zum dritten oder vierten Mal aufwendige Untersuchungen durchgeführt werden müssen, oder wenn gar exploratorische chirurgische Operationen empfohlen werden, um die Ursache mysteriöser Schmerzen zu ergründen. Zu alldem müssen sie auch noch damit fertig werden, daß die Ärzte sie für einen Hypochonder halten, weil sie keine Ursache für die Beschwerden finden können.

Bei der Interpretation von Traumasymptomen können falsche Schlußfolgerungen verheerende Auswirkungen haben. Wenn Menschen aufgrund einer unzutreffenden Deutung ihrer Symptome dazu gebracht werden, zu glauben, sie seien als Kinder sexuell oder gar rituell mißbraucht oder mißhandelt worden, obwohl dies nicht der Fall ist, kann dies für die Betreffenden sehr schädlich sein. Damit will ich keineswegs behaupten, daß derartige Dinge nicht vorkommen. Eine große Zahl von Kindern aus allen gesellschaftlichen Schichten werden tagtäglich auf unvorstellbare Weise mißbraucht oder mißhandelt, und viele von ihnen erinnern sich erst im Erwachsenenalter an diese schrecklichen Erlebnisse. Andererseits kann die einem Trauma eigene Dynamik beängstigende und bizarre »Erinnerungen« an Ereignisse in der Vergangenheit erzeugen, die niemals stattgefunden haben, obwohl sie den Betreffenden als völlig real erscheinen.

Die Fehlinformationen über Traumata, ihre Behandlung und die Genesungsaussichten von Traumaopfern sind immens. Selbst unter denen, die sich auf die Erforschung und Behandlung von Traumata spezialisiert haben, verstehen viele das Phänomen nicht. Dies erzeugt zwangsläufig noch mehr Angst und Leiden.

Die Realität Traumatisierter

Wir alle haben Dinge erlebt, die wir nicht adäquat wiedergeben können, wenn wir sie anderen zu erzählen versuchen. Wir zucken dann mit den Achseln und sagen: »Ihr hättet dabei sein müssen, um das zu verstehen.« Bei traumatischen Erlebnissen ist das ganz sicher so. Worte vermögen den Schmerz, den Traumaopfer erleben, nicht wiederzugeben, denn seine Intensität entzieht sich jedem Beschreibungsversuch. Viele Traumatisierte haben das Gefühl, in einer persönlichen Hölle zu leben, und es ist für sie unvorstellbar, daß ein anderer Mensch ihre Empfindungen kennen könnte. Nun ist dies zwar nicht völlig zutreffend, doch steckt in diesem Gefühl durchaus ein wahrer Kern. Mit folgenden Empfindungen haben stark Traumatisierte oft zu kämpfen:

> Mir fällt nichts ein, wovor ich keine Angst habe. Ich habe Angst, morgens aus dem Bett aufzustehen. Ich habe Angst, aus meiner Wohnung zu gehen. Ich habe starke Todesangst – nicht davor, daß ich eines Tages sterben werde, sondern vor dem Tod in den nächsten Minuten. Ich habe Angst vor Wut, vor meiner eigenen Wut und vor der Wut anderer, selbst wenn im Moment niemand Wut hat. Ich habe Angst vor Zurückweisung und davor, verlassen zu werden. Ich habe Angst vor Erfolg und Versagen. Ich spüre täglich Schmerzen in meiner Brust sowie Kribbeln und Taubheitsgefühle in meinen Armen und Beinen. Ich leide fast täglich unter Krämpfen, angefangen von

Menstruationsbeschwerden bis hin zu intensiven Anfällen. Ich habe die meiste Zeit über Schmerzen. Ich habe das Gefühl, daß es so nicht weitergehen kann. Ich leide unter Kopfschmerzen. Ich fühle mich ständig nervös. Ich leide unter Kurzatmigkeit, Herzrasen, Desorientiertheit und Panik. Mir ist immer kalt, und ich habe ständig einen trockenen Mund. Ich leide unter Schluckbeschwerden. Ich habe keine Energie oder Motivation, und wenn ich ein Ziel erreiche, empfinde ich keine Befriedigung darüber. Ich fühle mich jeden Tag machtlos, verwirrt, verloren, hilflos und hoffnungslos. Ich leide unter unkontrollierbaren Ausbrüchen von Wut und Depression.

Das Leben geht weiter

Wenn etwas weh tut, dann zeige es nicht.
MICHAEL MARTIN MURPHY in *Cowboy Logic*

Weil die mit Traumata verbundenen Symptome und Emotionen extrem sein können, schrecken die meisten Menschen (und darunter auch diejenigen, die Traumaopfern nahestehen) vor diesen intensiven Reaktionen zurück und versuchen, sie zu unterdrücken. Unglücklicherweise kann dieses allgemeine Leugnen die Bewältigung eines Traumas verhindern. Das Verständnis für emotionale Verletzlichkeit, unter der Traumatisierte leiden, ist in unserer Kultur nicht besonders groß. Für die Durcharbeitung emotionaler Erlebnisse wird Menschen in unseren westlichen Gesellschaften nur wenig Zeit zugestanden. Im allgemeinen werden wir gezwungen, uns von den Nachwirkungen einer überwältigenden Situation schnell zu lösen und uns wieder dem normalen Alltag zuzuwenden.

Leugnen ist in unserer Kultur so verbreitet, daß es zu einem Verhaltensklischee geworden ist. Ständig hören wir Sätze wie: »Reiß dich zusammen; es ist doch jetzt vorbei. Du solltest die ganze Sache vergessen. Beiß die Zähne zusammen, und mach gute Miene zum bösen Spiel. Das Leben geht weiter.«

Woran erkennt man ein Trauma?

Unsere Fähigkeit, auf Gefahren und Bedrohungen angemessen zu reagieren, hängt von verschiedenen Faktoren ab.

DAS EREIGNIS SELBST

Wie bedrohlich ist es? Wie lange dauert es? Wie oft tritt es ein? Bedrohliche Ereignisse, die intensiv sind und sich ständig wiederholen, werden am schwierigsten bewältigt. Sehr bedrohliche Ereignisse, die wiederholt, jedoch in gewissen Abständen eintreten, können ebenfalls sehr belastend wirken. Kriege und Mißbrauchserlebnisse in der Kindheit überfordern die Überlebensmöglichkeiten von Menschen am häufigsten.

DER LEBENSZUSAMMENHANG EINES MENSCHEN ZUM ZEITPUNKT DES TRAUMATISCHEN ERLEBNISSES

Unterstützung von seiten der Familie und von Freunden (oder deren Fehlen) kann eine starke Wirkung auf uns haben. Ebenso schwerwiegend können sich ein schlechter gesundheitlicher Allgemeinzustand, anhaltender Streß, Erschöpfung und schlechte Ernährung auswirken.

DIE KÖRPERLICHE KONSTITUTION

Manche Menschen sind von ihrer Konstitution her besser in der Lage, belastende Erlebnisse zu verkraften. Stärke, Geschwindigkeit und die allgemeine körperliche Fitneß können in bestimmten Situationen ebenfalls wichtig sein. Noch wichtiger ist das Alter eines Menschen sowie sein physiologischer Entwicklungsstand und seine Widerstandsfähigkeit. Wenn ein Mensch allein in einem kalten Raum zurückgelassen wird, so ist das für ein Baby mit ziemlicher Sicherheit katastrophal, für ein Krabbelkind beängstigend, für ein zehnjähriges Kind belastend und für einen Jugendlichen oder Erwachsenen möglicherweise nur etwas unangenehm.

DIE ANGEEIGNETEN FÄHIGKEITEN

Kleinkinder und ältere Kinder sowie alle Menschen, denen es an der Erfahrung oder den Fähigkeiten fehlt, die sie zum Umgang mit bedrohlichen

Situationen benötigen, sind anfälliger für eine Traumatisierung als andere Menschen. Jugendliche und Erwachsene können, wie im obigen Beispiel erwähnt wurde, Kälte und Isolation nicht nur leichter ertragen, sondern sich auch über die Kälte beklagen, nach einem Thermostat suchen, den Raum verlassen, einen Pullover anziehen oder sich einfach warmreiben. Über diese Möglichkeiten verfügen kleinere Kinder und Babys nur in eingeschränktem Maße. Deshalb entstehen Traumata oft in der frühen Kindheit. Nicht zuletzt deshalb ist es wichtig, daß Traumasymptome in jedem Fall ernstgenommen werden, auch wenn andere Menschen die Situation, durch die sie entstanden sind, völlig anders sehen als die Opfer selbst.

Die Einschätzung der eigenen Fähigkeit, mit Gefahr fertig zu werden

Manche Menschen sehen sich in der Lage, sich vor Gefahren zu schützen, wohingegen andere sich dies nicht zutrauen. Dieses Vertrauen in die eigenen Möglichkeiten ist sehr wichtig und unabhängig davon, über welche äußeren oder inneren Ressourcen zum Umgang mit bedrohlichen Situationen wir tatsächlich verfügen.

Äußere Ressourcen:

Alles, was die äußere Umgebung uns zur Erhöhung unserer Sicherheit zur Verfügung stellt (z. B. einen großen, robusten Baum, Felsen, einen engen Felsspalt, ein gutes Versteck, eine Waffe, einen hilfsbereiten Freund), vermittelt uns das Gefühl, über Hilfsmittel zu verfügen, sofern wir uns auf einer Entwicklungsstufe befinden, die uns diese Möglichkeiten nutzen läßt. Für ein Kind kann ein Erwachsener, der ihm mit Respekt begegnet, statt es zu mißhandeln oder zu mißbrauchen, eine äußere Ressource sein. Das gleiche kann für einen sicheren Ort gelten, an dem keine Mißhandlungen stattfinden. Insbesondere für Kinder kann eine Ressource viele verschiedene Formen annehmen – die eines lebendigen Tiers, eines Baums, eines Stofftiers oder gar eines Engels.

Innere Ressourcen:
Auch die Art, wie sich ein Mensch innerlich erfährt, wird durch eine Vielfalt von Ressourcen beeinflußt. Dazu zählen psychische Einstellungen und Erfahrungen, doch noch wichtiger sind jene instinktiven Reaktionen, die im Organismus verankert sind. Ebenso wie Tiere benutzen Menschen diese instinktiven Reaktionsschemata, um ihre Überlebenschancen zu erhöhen. Es handelt sich dabei um feste Programme, die alle unsere grundlegenden biologischen Reaktionen wie Essen, Ausruhen, Fortpflanzung und Verteidigung steuern. Bei einem gesunden Menschen aktiviert das Nervensystem die genetischen Kodes, die der Verteidigung dienen, sobald der Betreffende eine Gefahr wahrnimmt. Beispiele hierfür sind: Ihr Arm erhebt sich plötzlich, um Sie vor einem Ball zu schützen, der in Ihre Richtung fliegt, obwohl Ihr Bewußtsein dieses Objekt noch gar nicht registriert hat. Oder Sie ducken sich im Bruchteil einer Sekunde, bevor Sie gegen einen tief hängenden Ast laufen. Zu den genetisch kodierten Aktionsplänen zählen auch die Kampf-und-Flucht-Reaktionen.

Ein etwas komplexeres Beispiel hierfür ist eine Geschichte, die mir eine Frau erzählte. Als sie eines Tages im Dunkeln nach Hause geht, sieht sie auf der anderen Straßenseite zwei Männer näherkommen. Irgend etwas am Verhalten der beiden gefällt ihr nicht, deshalb wird sie wachsam. Die beiden Männer kommen näher, und plötzlich geht einer von ihnen über die Straße auf sie zu, während der andere einen Bogen um sie schlägt und sich ihr von hinten nähert. Was zuvor nur ein Verdacht war, bestätigt sich nun: Sie ist in Gefahr. Ihr Herzschlag wird schneller, sie fühlt sich plötzlich hellwach und versucht hektisch herauszufinden, welche Reaktion die beste wäre. Soll sie schreien? Soll sie laufen? Wohin soll sie laufen? Was soll sie schreien? Blitzschnell gehen ihr verschiedene Möglichkeiten durch den Kopf. Es gibt einfach zu viele Möglichkeiten, unter denen sie wählen kann, und sie hat nicht genug Zeit, um sie alle genau zu durchdenken. Da übernimmt ihr Instinkt die Führung. Ohne daß sie bewußt eine Entscheidung getroffen hat, geht sie plötzlich mit festen, schnellen Schritten direkt auf den Mann zu, der ihr entgegenkommt. Sichtlich verblüfft über ihre Kühnheit dreht der Fremde in eine andere Richtung ab. Nachdem der Mann vor ihr seine Position aufgegeben hat, verschwindet auch der Mann hinter ihr in der Dunkelheit. Beide sind offensichtlich irritiert, und sie ist in Sicherheit.

Weil diese Frau auf ihr instinktives Verhalten vertraute, erlitt sie kein Trauma. Nach ihrer anfänglichen Verwirrung folgte sie einem instinktiven Schemata für die Selbstverteidigung, und auf diese Weise gelang es ihr, die Situation zu entschärfen.

Ein ähnliches Verhalten beschreibt Elizabeth Thomas in ihrem köstlichen Buch *The Hidden Life of Dogs*. Misha, ein zweijähriger sibirischer Husky, traf auf einem seiner abendlichen Ausflüge einen großen, kräftigen Bernhardiner und war zwischen diesem und dem Highway gefangen: »Ein paar Sekunden lang sah es für Misha schlecht aus, doch dann löste er das Problem auf brillante Weise. Mit souverän erhobenem Kopf und Schwanz eilte er in leichtem Galopp direkt auf den Bernhardiner zu.« Sowohl bei der Frau auf der dunklen Straße als auch bei Misha ergab sich die Lösung des Problems aus den genetisch kodierten Reaktionsschemata.

ERFOLG UND VERSAGEN IM BISHERIGEN LEBEN

Ob wir diese instinktiven Möglichkeiten nutzen können oder nicht, hängt größtenteils von unseren bisherigen Erfolgen und Mißerfolgen in ähnlichen Situationen ab.

Ursachen für Traumata

Das große Spektrum von traumatischen Ereignissen und Reaktionen darauf, das ich im Laufe meiner therapeutischen Tätigkeit kennengelernt habe, hat mich immer wieder in Erstaunen versetzt. Einige Situationen wie chirurgische Eingriffe im Kindesalter sind in der Erinnerung des Betroffenen signifikante, aber scheinbar harmlose Ereignisse. Ein Klient beschreibt die folgende prägende Kindheitserfahrung, die er im Alter von vier Jahren machte.

> Ich kämpfte mit maskierten Riesen, die mich an einen hohen weißen Tisch banden. In dem kalten, harten Licht, das mich blendete, sah ich die Silhouette einer Gestalt, die mit einer schwarzen Maske auf mich zukam. Die Maske hatte einen scheußlichen Geruch, der mich

zum Würgen brachte. Ich versuchte mich zu wehren, als sie auf mein Gesicht gedrückt wurde. Ich versuchte verzweifelt, zu schreien und mich wegzudrehen, doch ich drehte mich in einem schwarzen Tunnel, in dem ich schreckliche Halluzinationen bekam. Später wachte ich in einem graugrünen Raum auf. Abgesehen von einem rauhen Hals schien es mir gut zu gehen. Aber das war nicht so.

Ich fühlte mich völlig verlassen und verraten. Man hatte mir nur gesagt, ich würde meine Lieblingseissorte bekommen, und meine Eltern würden bei mir bleiben. Durch die Operation verlor ich den Glauben an eine sichere, verstehbare Welt, zu der ich in Beziehung treten konnte. Ein tiefes Gefühl der Scham überwältigte mich, und außerdem fühlte ich mich sehr schlecht. [Der Verstand kommt zu dem Schluß, daß er schlecht sein muß, wenn er eine solche Strafe erhält.] Noch Jahre nach dieser schrecklichen Erfahrung hatte ich jeden Abend vor dem Schlafengehen Angst. Manchmal wachte ich mitten in der Nacht auf, um Atem ringend und zu verängstigt und beschämt, um zu weinen. Mit meiner Angst, ich könnte ersticken, lag ich dann allein in der Dunkelheit.

Als ich sechs oder sieben Jahre alt war, wurden meine Symptome durch familiären Streß und Druck in der Schule stärker. Deshalb wurde ich zu einer Kinderpsychologin gebracht. Doch diese schien sich nur für einen struppigen weißen Stoffhund zu interessieren, den ich neben mir haben mußte, um einschlafen zu können. Den Grund für meine Angst und meine starke Scheu fand sie nicht heraus. Offenbar setzte die Frau darauf, mein Problem zu lösen, indem sie mir noch mehr angst machte. Sie erzählte mir, welche Probleme ich als Erwachsener bekommen könnte, weil ich ein Stofftier bräuchte. Ich muß zugeben, daß die Therapie in dieser Hinsicht »funktionierte«. Ich warf meinen Stoffhund weg, doch meine Symptome blieben weiter bestehen, und es kamen chronische Angstanfälle, häufige Magenschmerzen und andere »psychosomatische« Probleme hinzu, unter denen ich während meiner gesamten Schulzeit litt.

Viele Ereignisse können später im Leben traumatische Reaktionen auslösen, je nachdem, wie der Betreffende dieselben zum Zeitpunkt des Geschehens erlebt hat. Hier ein paar Beispiele für Situationen, die häufig Traumasymptome hervorrufen.

- Fötaltrauma (Intrauterintrauma)
- Geburtstrauma
- Verlust eines Elternteils oder eines nahestehenden Familienmitglieds
- Krankheiten, hohes Fieber, unabsichtliche Vergiftung
- körperliche Verletzungen, einschließlich Stürzen und Unfällen
- sexueller und emotionaler Mißbrauch, körperliche Mißhandlungen einschließlich schwerwiegender Verlassenheitserlebnisse und körperlicher Züchtigungen
- Miterleben von Gewalttätigkeiten
- Naturkatastrophen wie Erdbeben, Feuer und Überschwemmungen
- bestimmte medizinische Behandlungen und Untersuchungen
- chirurgische Eingriffe, insbesondere Mandeloperationen unter Ätherbetäubung; Operationen an den Ohren
- Anästhesien
- längere zwangsweise Ruhigstellung (Verformung und Schienung der Beine oder des Rumpfs bei kleinen Kindern aus verschiedenen Gründen)

Die Tatsache, daß Krankenhausaufenthalte und medizinische Behandlungen häufig traumatisierend wirken, überrascht viele Menschen. Die traumatischen Auswirkungen längerer Bewegungslosigkeit sind häufig langwierig und schwerwiegend. Auch wenn Menschen verstehen, daß eine Operation notwendig ist, und obwohl sie nicht bei Bewußtsein sind, wenn der Chirurg an ihren Muskeln, Knochen und Organen arbeitet, werden solche Ereignisse vom Körper dennoch als lebensbedrohlich empfunden. Auf der »zellularen Ebene« nimmt der Körper wahr, daß ihm eine Wunde zugefügt worden ist, die so groß ist, daß sie ihn in Todesgefahr bringen kann. Intellektuell mag uns die Notwendigkeit einer bestimmten Operation klar sein, doch auf der instinktiven Ebene ist unser Körper davon keineswegs überzeugt. Wenn es um Traumata geht, ist die Wahrnehmung des instinktiven Teils unseres

Nervensystems wesentlich wichtiger als das, was unser Verstand sagt. Diese biologische Tatsache ist einer der Hauptgründe dafür, daß chirurgische Eingriffe oft eine posttraumatische Reaktion hervorrufen.

In einer »alltäglichen« Geschichte mit dem Titel »Alles ist nicht in Ordnung«, die in einer Ausgabe des *Reader's Digest* vom Juli 1993 veröffentlicht wurde, beschreibt ein Vater, wie sein Sohn Robbie eine »kleine« Knieoperation erlebte.

> Der Arzt sagt mir, alles sei okay. Dem Knie gehe es gut. Doch für den Jungen ist nichts okay, als er aus einem durch Medikamente induzierten Alptraum aufwacht und sich im Krankenhausbett hin- und herwirft. – Ein netter Junge, der nie jemanden verletzt hat, starrt mit den Augen eines wilden Tiers aus dem Nebel der Narkose. Er schlägt die Schwester und brüllt: »Lebe ich noch?« Dann zwingt er mich, seine Arme zu packen ... er starrt mir direkt in die Augen, ohne zu wissen, wer ich bin.
>
> Der Junge wird nach Hause gebracht, doch seine Angst bleibt. Er wacht immer wieder auf, nur, um zu würgen, und ich [der Vater] werde fast verrückt, während ich mich nützlich zu machen versuche. Also tue ich das, was man in den Vorstädten der Vereinigten Staaten eben tut – man kauft seinem Kind ein Spielzeug, um sich selbst besser zu fühlen.

Millionen von Eltern fühlen sich hilflos und sind nicht in der Lage, die dramatischen (oder subtilen) Veränderungen im Verhalten ihrer Kinder zu verstehen, die nach traumatischen Ereignissen auftreten. In Teil IV werden wir uns damit beschäftigen, wie man verhindern kann, daß bei Erwachsenen und bei Kindern solche Reaktionen entstehen.

5
HEILUNG UND GEMEINSCHAFT

In einem sehr realen Sinne ist alles Leben verbunden. Alle Menschen gehören unvermeidlich einem Netzwerk an, dessen Elemente allesamt zueinander in einer Wechselbeziehung stehen und in einem einzigen Gewand des Schicksals verknüpft sind. Was auch immer einen bestimmten Menschen direkt betrifft, betrifft indirekt auch alle seine Mitmenschen. Ich kann niemals das sein, was ich sein sollte, bis du das bist, was du sein solltest, und du kannst niemals sein, was du sein solltest, bis ich bin, was ich sein sollte. Das ist das Charakteristikum der Realität.

REV. MARTIN LUTHER KING, JR.

Schamanistische Heilungsansätze

Von alters her hatte der Schamane oder Stammesheiler die Aufgabe, einzelnen Menschen und Gemeinschaften zu helfen, ihr Gleichgewicht und ihre Gesundheit wiederzuerlangen, wenn diese gestört waren. Im Gegensatz zur westlichen Medizin, die lange gebraucht hat, um die verheerende Wirkung des Traumas zu erkennen, wissen die schamanistischen Kulturen schon seit langem um diese Verletzungen. In schamanistischen Kulturen werden Krankheiten und Traumata als ein Problem der gesamten Gemeinschaft angesehen, nicht nur des einzelnen oder der Gruppe, bei denen die Symptome auftreten. Folglich suchen die Menschen in diesen Gesellschaften Heilung zum Wohle des Ganzen wie für das persönliche Wohlergehen. Dieser Ansatz enthält bestimmte Implikationen für die Transformation von Traumata in unserer heutigen westlichen Gesellschaft. Wir können wertvolle

Erkenntnisse gewinnen, indem wir uns damit auseinandersetzen, wie Schamanen mit traumatischen Reaktionen umgehen.

Die Medizinmänner und Medizinfrauen haben im Laufe der Jahrhunderte vielfältige und komplexe Behandlungsmethoden entwickelt. Allen diesen Ritualen und Lehren ist ein bestimmtes Verständnis des Phänomens Trauma gemeinsam. Wenn Menschen Dinge erleben, mit denen sie nicht fertig werden, kann ihre »Seele« sich von ihrem Körper trennen. Nach Mircea Eliade,[4] einem wichtigen Erforscher schamanistischer Praktiken, ist »Raub der Seele« in den Augen schamanistischer Heiler bei weitem die verbreitetste und schädlichste Krankheitsursache. Menschen, denen wichtige Teile ihrer Seele fehlen, verlieren sich in einem Zustand spiritueller Erregung. Aus schamanistischer Sicht entsteht eine Krankheit, wenn ein Mensch in einer Art von »spirituellem Niemandsland« festsitzt.

Seit der Vorzeit haben die schamanistischen Heiler Methoden entwickelt, um die »verlorene Seele« zu bewegen, an ihren angestammten Platz im Körper zurückzukehren. Mit Hilfe farbenprächtiger Rituale aktivieren diese sogenannten »primitiven« Heiler bei ihren Patienten machtvolle innere Heilkräfte. Eine Atmosphäre, in der der Kranke durch die Gemeinschaft unterstützt wird, verstärkt durch Trommeln, Gesänge, Tänze und Trance, begünstigt die Heilung auf optimale Weise. Oft dauern solche Zeremonien viele Tage, und häufig werden dabei pflanzliche Substanzen als Katalysatoren benutzt. So unterschiedlich diese Zeremonien sind, fast immer beginnt der »Patient« an ihrem Ende, sich zu schütteln und zu zittern. Dies ist das gleiche Phänomen, das auch bei allen Tieren auftritt, wenn sie aus einer durch einen Schock hervorgerufenen Erstarrung erwachen und ihre Energie wieder zu fließen beginnt. Genau dies geschah vor mehr als 25 Jahren in meiner Praxis mit Nancy.

Obwohl sich unsere Kultur von jenen primitiven Völkern weit entfernt hat, benutzen moderne Traumaopfer zur Beschreibung ihrer Erfahrungen oft ähnliche Formulierungen. »Mein Vater hat durch den Sex mit mir meine Seele gestohlen«, ist eine typische Beschreibung des schrecklichen Verlustes, den ein Mensch durch sexuellen Mißbrauch als Kind erlebt. Wenn Menschen formulieren, wie sie sich nach medizinischen Untersuchungen,

Behandlungen oder Operationen fühlen, bringen sie oft das gleiche Gefühl des Verlusts und der Abgetrenntheit zum Ausdruck. Ich habe viele Frauen sagen hören: »Die Unterleibsuntersuchung war für mich wie ein Raub meines Körpers und meiner Seele.« Menschen fühlen sich nach chirurgischen Eingriffen unter Vollnarkose oft monate- oder jahrelang körperlos. Das gleiche kann zudem nach scheinbar harmlosen Unfällen, Fallerlebnissen und sogar bei einschneidenden Erfahrungen des Verraten- und Verlassenwerdens passieren. Auch wenn wir es nicht sprachlich zum Ausdruck bringen können, empfinden viele von uns traumatische Verletzungen auf der Ebene der Seele. Rod Steiger beschreibt in einem erschütternden Interview mit Oprah Winfrey seine jahrzehntelange Depression, die nach einem chirurgischen Eingriff begann: »Allmählich drang ein klebriger gelber, geleeartiger Nebel in meinen Körper ein ... in mein Herz, meinen Geist und meine Seele ... Er erfaßte mich vollständig und raubte mir mein Leben.«

Da nach den Erklärungen der schamanistischen Medizin Krankheiten entstehen, weil die Seele des Erkrankten gestohlen oder auf andere Weise aus seinem Körper entfernt worden ist, versuchen schamanistische Behandlungen, sie einzufangen oder »sie zu verpflichten, ihren Platz im Körper des Patienten wieder einzunehmen«. Nach Eliade »sieht« allein der Schamane die Geister und kann sie austreiben. »Nur er erkennt, daß die Seele geflohen ist, und nur er ist im Zustand der Ekstase in der Lage, sie zu ergreifen und in ihren Körper zurückzubringen.« Bei fast allen Formen des »Zurückrufens der Seele«, die Eliade beschreibt, heilen Schamanen ihre Patienten auf der Ebene des Geistes. Er beschreibt, wie ein Toleuten-Schamane die Seele eines kranken Kindes zurückruft: »Komm in deine Heimat, ... in deine Jurte, komm an das helle Feuer ... zu deinem Vater, zu deiner Mutter ... kehre zurück!«[5]

In dieser einfachen Poesie spiegelt sich ein wichtiges Parameter der Traumaheilung. Die einladende Unterstützung der Freunde, Verwandten, Familien- oder Stammesmitglieder ist notwendig, um die Seele in den traumatisierten Körper zurückzulocken. Dies geschieht oft in Form eines Gruppenrituals. Für den Schamanismus ist es eine Selbstverständlichkeit, daß tiefe Verbundenheit, Unterstützung und ein intaktes soziales Umfeld die Voraussetzungen für eine Traumaheilung bilden. Jeder von uns muß die Verantwortung für die Heilung seiner traumatischen Verletzungen selbst übernehmen. Wir tun es für uns selbst, unsere Familien und die Gesellschaft als Ganzes. Um der Notwendigkeit der Verbundenheit mit anderen Menschen Ausdruck zu verleihen, müssen wir uns bei diesem Genesungsprozeß die Unterstützung der Gemeinschaft, in der wir leben, sichern.

Heutige Ärzte und Psychotherapeuten sprechen nicht von einer Rückgeleitung der Seele, doch stehen sie vor einer ähnlichen Aufgabe: die Ganzheit eines Organismus wiederherzustellen, die durch ein Trauma verlorengeht. Schamanen behandeln Traumata, indem sie in Anwesenheit der Gemeinschaft die verlorene Seele wieder mit dem Körper vereinen. Dieser Ansatz ist dem technologisch orientierten modernen Geist fremd. Doch scheinen derartige Methoden erfolgreich zu sein, wo die herkömmlichen westlichen Ansätze versagen. Daraus schließe ich, daß signifikante Aspekte schamanistischer Praxis wirksam sind. Hinsichtlich der Traumabehandlung können wir von den Methoden der traditionellen Heiler viel lernen. Nach dem Erdbeben in Los Angeles im Jahre 1994 erging es den oft aus Ländern der Dritten Welt stammenden Familien, die in Zelten wohnten und gemeinsam aßen und spielten, wesentlich besser als vielen Mittelklassefamilien. Diejenigen, die isoliert blieben – und sich oft wie besessen immer wieder Filmaufnahmen von der Katastrophe ansahen und sich Interviews mit Geologen anhörten, die behaupteten, daß »das richtig dicke Beben erst noch kommt« –, waren wesentlich anfälliger für Traumanachwirkungen als diejenigen, die einander innerhalb einer Gemeinschaft unterstützten.

Mehrere meiner Kollegen aus Los Angeles berichteten, die Goldfische in ihren Gartenteichen hätten sich schon Stunden vor dem Beben zu engen Gruppen formiert und seien noch Stunden danach in dieser Anordnung verblieben. Eine ähnliche Geschichte hörte ich von Nancy Harvey, die als ethologische Beraterin für den San Diego Wildlife Park arbeitet. Ich fragte Nancy, ob nach dem gewaltigen Feuer in Südkalifornien, das bis zum Rand des Antilopen-Habitats vorgedrungen war, bei den Tieren Traumasymptome aufgetreten seien. Sie sagte, dies sei nicht der Fall gewesen, und beschrieb ein merkwürdiges Verhalten: Die Impala (Schwarzfußantilopen) und andere Antilopenarten hätten sich außer Reichweite der Zäune zu Gruppen formiert und seien zusammengeblieben, bis das Feuer gelöscht worden sei.

Somatisches Erleben (Somatic Experiencing®)

Obwohl ich die Wirksamkeit des schamanistischen Ansatzes anerkenne und dankbar bin für das, was ich im Laufe meiner Zusammenarbeit mit Schamanen unterschiedlicher Kulturen gelernt habe, unterscheidet sich der in diesem Buch vorgestellte Ansatz des Somatischen Erlebens von den schamanistischen Methoden. Ein wichtiger Unterschied besteht darin, daß wir nach meiner Meinung über eine weitaus umfassendere Fähigkeit zur Selbstheilung verfügen, als der schamanistische Ansatz unterstellt. Wir können selbst sehr viel tun, um unsere Seele wiederzufinden. Die Unterstützung durch Freunde und Verwandte kann auf unserer Heilungsreise zu einer machtvollen Ressource werden.

Dieser Teil des Buches enthält Übungen, die Ihnen helfen sollen, Traumata zu heilen, unter denen Sie selbst und andere leiden. Natürlich ist es von Vorteil, wenn ein ausgebildeter Therapeut diesen Prozeß betreut, insbesondere wenn das Trauma äußerst früh im Leben des Betroffenen entstanden ist. Doch auch ohne therapeutische Unterstützung können diese Übungen äußerst wirksam sein, wenn sie von einzelnen, Paaren oder Gruppen ausgeführt werden. Dabei sollten Sie allerdings bedenken, daß das Leugnen eine starke Kraft sein kann.

Vorab eine Warnung: Die Ausführung dieser Übungen kann Traumasymptome aktivieren. Wenn Sie das Gefühl haben, unter einer starken Belastung zu leiden oder sich seit längerer Zeit in einem Zustand der Stagnation zu befinden, sollten Sie sich unbedingt an einen ausgebildeten Therapeuten wenden.

Beim schamanistischen Ansatz fordert der Medizinmann oder die Medizinfrau die Seele auf, in den Körper zurückzukehren. Beim Somatischen Erleben initiieren Sie Ihre Heilung selbst, indem Sie verlorengegangene oder zersplitterte Teile Ihrer Existenz reintegrieren. Damit dies gelingt, müssen Sie den starken Wunsch haben, die Ganzheit wieder zu erreichen. Dieses Bedürfnis fungiert als Anker, der es Ihrer Seele ermöglicht, die Verbindung zu Ihrem Körper wiederherzustellen. Die Heilung findet statt, wenn die zuvor (in Form von Symptomen) erstarrten Elemente Ihrer Erfahrung von ihren den Traumazustand erhaltenden Aufgaben entbunden werden. Dadurch wird Ihnen die Möglichkeit eröffnet, sich aus der Erstarrung zu lösen, und Ihr Verhalten kann wieder fließender und funktioneller werden.

Die Notwendigkeit der Heilung anerkennen

Kulturen, die Traumata mit Hilfe von Ritualen und Schamanen heilen, mögen uns primitiv und abergläubisch erscheinen, doch haben sie einen wichtigen Vorteil: Sie gehen das Problem direkt an. Wenn ein Mitglied eines Gemeinwesens eine traumatische Situation erlebt hat, erkennen diese Kulturen die Notwendigkeit einer Heilung offen an. Die meisten modernen Kulturen, in denen Stärke gleichbedeutend ist mit Ausdauer, fallen der vorherrschenden Haltung zum Opfer, daß es heldenhaft ist, wenn wir durchhalten und so tun, als ob nichts geschehen sei, so schwerwiegend unsere Symptome auch sein mögen. Die Mehrheit von uns akzeptiert dieses gesellschaftliche Verhalten, ohne es zu hinterfragen. Mit Hilfe des Neokortex, unserer Fähigkeit zu rationalem Denken, können wir den Eindruck erwecken, wir hätten ein äußerst bedrohliches Ereignis »ohne jeden Kratzer« überstanden, selbst wenn es ein Krieg war. Wir gehen weiter mit einer »steifen Oberlippe« durchs Leben, als sei nichts geschehen, und lassen uns von anderen Menschen als Helden feiern.

Wir werden regelrecht animiert, uns wie Übermenschen zu verhalten, doch derartige soziale Gepflogenheiten wirken sich letztlich weder für das Individuum noch für die Gesellschaft positiv aus. Wenn wir über jene leisen inneren Stimmen hinweggehen, die uns noch einmal zu den schmerzlichen Erfahrungen zurückgeleiten wollen, wird sich unsere vermeintliche Stärke schnell als Illusion erweisen. Unterdessen werden die Auswirkungen des Traumas stärker und fester in uns verankert, so daß ein chronischer Zustand entsteht. Die unabgeschlossenen Reaktionen, die in unserem Nervensystem erstarrt sind, gleichen Zeitbomben, die bei jedem Versuch, sie gewaltsam zu entfernen, explodieren. Solange es uns Menschen nicht gelingt, die adäquaten Werkzeuge und die Unterstützung zu finden, die zur Entschärfung dieser zerstörerischen Kraft erforderlich sind, werden wir immer wieder mit unerklärlichen Komplikationen konfrontiert werden. Wahres Heldentum entwickeln wir, indem wir den Mut haben, unsere Erfahrungen offen anzuerkennen.

Die Seele in den Körper zurückrufen

Die Trennung von Körper und Seele ist eine der wichtigsten Auswirkungen von Traumata. Der Verlust der Hautempfindung ist eine verbreitete physische Manifestation der Taubheit und Abgetrenntheit, die Menschen nach einem traumatischen Erlebnis empfinden. Die folgende Gewahrseinsübung, die das Empfindungsvermögen fördern soll, wird Ihnen während des gesamten Heilungsprozesses gute Dienste leisten. Die Anschaffung eines massierenden Duschkopfs ist sicherlich eine sinnvolle Investition.

ÜBUNG

Benutzen Sie täglich etwa 10 Minuten lang eine Massagedusche. Stellen Sie die Wassertemperatur auf kühl bis lauwarm, und setzen Sie Ihren ganzen Körper dem pulsierenden Wasser aus. Konzentrieren Sie Ihr Bewußtsein jeweils auf die stimulierte Körperregion. Halten Sie zuerst die Außenflächen der Hände dem Wasser entgegen, dann die Handinnenflächen und Handgelenke, beide Seiten Ihres Gesichts, Schultern, Unterarme usw. Beziehen Sie wirklich alle Teile Ihres Körpers ein. Achten Sie auf die jeweiligen Empfindungen, selbst wenn sich ein Bereich taub anfühlt oder Sie an einer Stelle Schmerzen empfinden. Sagen Sie währenddessen: »Das ist mein Kopf, Hals [usw.] Ich freue mich, daß du wieder da bist.« Eine andere Möglichkeit, die einzelnen Körperteile wieder aufzuwecken, besteht darin, sie sanft abzuklopfen. Dies kann zur Wiederherstellung eines ganzheitlichen Körpergefühls und der Hautempfindung beitragen, wenn es über längere Zeit regelmäßig praktiziert wird.

Mit dieser Übung heißen Sie die Seele im Körper willkommen. Es ist ein wichtiger Schritt zur Überbrückung der Spaltung zwischen Körper, Geist und Seele, die oft infolge eines Traumas entsteht.

6
In der Spiegelung des Traumas

Ich bin fest davon überzeugt, daß Fleisch und Blut weiser sind als der Intellekt. Das Körperunbewußte ist der Ort, an dem das Leben in uns wallt. Es läßt uns spüren, daß wir lebendig sind, lebendig bis in die Tiefen unserer Seele und irgendwo in Kontakt mit den lebendigen Bereichen des Kosmos stehen.

D. H. Lawrence

In diesem Kapitel werde ich Ihnen einen generellen Ansatz zur Überwindung von Traumata vorstellen. Indem wir uns als empfindende menschliche Tiere erleben, können wir die Macht des Traumas über uns verringern und seine starken Energien transformieren. Wir suchen jedoch nicht die direkte Konfrontation mit dem Trauma, sonst würden wir bald wieder seiner beängstigenden Macht ausgeliefert sein. Vielmehr müssen wir uns vorsichtig in das Trauma hineinbegeben und uns allmählich aus seinem Einfluß befreien.

Im Mythos der Medusa wird jeder auf der Stelle zu Stein, der ihr direkt in die Augen schaut. Dies gilt auch für das Trauma. Wenn wir die direkte Konfrontation suchen, tut das Trauma, was es immer getan hat: uns Angst einjagen und erstarren lassen. Bevor Perseus sich daran machte, Medusa zu erobern, wurde er von Athene gewarnt, die Gorgo direkt anzusehen. Er beherzigte den weisen Rat der Göttin und schaute nur Medusas Spiegelbild auf seinem blankpolierten Schild an. So gelang es ihm, ihr den Kopf abzuschlagen. Auch bei der Überwindung eines Traumas ist es erfolgbringender, an seinen Reflexionen zu arbeiten, die in unseren instinktiven Reaktionen zu erkennen sind.

Ein Trauma fesselt derart, daß Traumatisierte kaum davon loskommen. So kann eine Situation, in der sie einmal unterlegen sind, ihnen immer wieder Niederlagen zufügen. Mit Hilfe unserer Körperempfindungen können wir feststellen, wo genau wir ein Trauma erleben, und dies kann uns den Weg zu unseren instinktiven Möglichkeiten weisen. Mit Hilfe dieser Ressourcen können wir uns vor Raubtieren und anderen feindlichen Kräften schützen. Im Kontakt mit ihnen können auch wir eine Art Schild schaffen, der unser Trauma spiegelt und heilt.

In Träumen, mythischen Erzählungen und dem Weisheitsschatz vieler Völker taucht immer wieder ein universelles Symbol für den menschlichen Körper und seine instinktive Natur auf: das Pferd. Interessant ist, daß nach der Ermordung von Medusa zwei Dinge aus ihrem Körper hervorgingen – Pegasus, das geflügelte Pferd, und Chrysaor, ein Krieger mit goldenem Schwert. Eine passendere Metapher ist kaum vorstellbar. Das Schwert symbolisiert die absolute Wahrheit, die machtvollste Waffe mythischer Krieger. Es vermittelt eine Atmosphäre der Klarheit und des Triumphs, der Unerschütterlichkeit angesichts außergewöhnlicher Herausforderungen und ermöglicht den Zugang zu den besten Ressourcen. Das Pferd symbolisiert die Verwurzelung im instinktiven Bereich unseres Seins, wohingegen die Flügel die Bewegung, das Schweben und Sich-Erheben über eine erdgebundene Existenz zum Ausdruck bringen. Da das Pferd Instinkt und Körper repräsentiert, stellt das geflügelte Pferd eine Transformation durch Verkörperung dar. Das geflügelte Pferd und das goldene Schwert sind zusammen das glückverheißende Symbol für die Ressourcen, die Traumatisierte entdecken, indem sie ihre eigene Medusa bezwingen.

Am Anfang des Heilungsprozesses werden wir mit den inneren Körperempfindungen arbeiten, was auch als »ganzheitliches inneres Empfinden« (felt sense) bezeichnet wird. Mit Hilfe dieser Empfindungen werden wir zu den Symptomen bzw. Reflexionen des Traumas gelangen. Indem wir uns auf diese inneren Körperempfindungen konzentrieren, statt direkt am Trauma zu arbeiten, können wir die durch die Erstarrungsreaktion gebundenen Energien befreien.

Das ganzheitliche innere Empfinden (felt sense)

Unsere Gefühle und unser Körper sind wie Wasser, das in Wasser fließt. Wir lernen, in den Energien der (Körper-)Sinne zu schwimmen.
TARTHANG TULKU

Ebenso wie Perseus seinen Schild benutzte, um Medusa zu bezwingen, können Traumatisierte dieses ganzheitliche innere Empfinden, das man als Äquivalent eines Schilds bezeichnen könnte, nutzen, um ihr Trauma zu bezwingen. Im ganzheitlichen inneren Empfinden ist die Klarheit, die instinktive Kraft und jene fließende Qualität enthalten, die erforderlich ist, um ein Trauma zu transformieren.

Eugene Gendlin, der den Begriff *felt sense* in seinem Buch *Focusing*6 geprägt hat, schreibt:

> *Felt sense* (das ganzheitliche innere Empfinden) ist keine mentale Erfahrung, sondern eine physische. *Physisch*. Ein körperliches Gewahrsein einer Situation, einer Person oder eines Ereignisses. Eine innere Aura, die alles umfaßt, was Sie zu einem bestimmten Zeitpunkt über das betreffende Objekt fühlen und wissen – die all dies umfaßt und es Ihnen als Ganzes, statt Detail für Detail, zu Gewahrsein bringt.

Das Konzept des ganzheitlichen inneren Empfindens läßt sich nur schwer mit Worten beschreiben, da die Sprache ein linearer Prozeß und das ganzheitliche innere Empfinden eine nicht-lineare Erfahrung ist. Deshalb gehen bei der sprachlichen Darstellung Sinndimensionen verloren.

Wir definieren einen »Organismus« als eine komplexe Struktur voneinander abhängiger und einander untergeordneter Elemente, deren Beziehung zueinander und deren Eigenschaften weitgehend durch ihre Funktion innerhalb des Ganzen bestimmt werden. Deshalb ist der Organismus als Ganzheit mehr als die Summe seiner Einzelteile. Auch das ganzheitliche innere Empfinden vereint eine große Menge von Einzelinformationen und gibt ihnen einen Sinn. Sehen wir beispielsweise auf dem Fernsehbildschirm ein wunderschönes Bild, dann haben wir tatsächlich eine riesige Menge von Punkten vor uns, die Pixel genannt werden. Wenn wir uns zu sehr auf die Einzelteile (die Pixel) konzentrieren, sehen wir statt des Bildes nur Punkte. Ebensowenig lauschen wir auf die einzelnen Töne, wenn wir unsere Lieblingsmusik hören, sondern genießen die auditive Gesamterfahrung, die wesentlich mehr umfaßt als die Summe der einzelnen Töne.

Wir können das ganzheitliche innere Empfinden als ein Medium bezeichnen, mit dessen Hilfe wir eine Empfindung in ihrer Gesamtheit erleben. Beim Prozeß der Traumaheilung fokussieren wir auf die einzelnen Empfindungen (so, als würden wir uns auf die einzelnen Bildpunkte eines Fernsehbildes oder auf die einzelnen Töne eines Musikstücks konzentrieren). Wenn wir diese Empfindungen gleichzeitig aus der Nähe und aus der Distanz erleben, entsteht eine Gestalt, die zur Integration der betreffenden Erfahrung führt.

Jedes Ereignis kann als Ansammlung von Einzelelementen oder als vereinigtes Ganzes erlebt werden. Ereignisse, die wir mit Hilfe des ganzheitlichen inneren Empfindens als vereinigtes Ganzes erleben, geben uns Aufschluß darüber, wie wir ein Trauma auflösen können. Um die zur Heilung eines Traumas erforderlichen instinktiven Kräfte aufzubieten, müssen wir die Anzeichen für ein Trauma identifizieren und nutzen. Dies erschließt uns das ganzheitliche innere Empfinden.

Die folgende Übung soll Ihnen ein grundlegendes, auf eigener Erfahrung basierendes Verständnis des ganzheitlichen inneren Empfindens vermitteln.

ÜBUNG

Wo auch immer Sie sein mögen, machen Sie es sich so bequem wie möglich, während Sie dies lesen.

Spüren Sie, wie Ihr Körper Kontakt zu der Oberfläche hat, die Sie trägt.

Spüren Sie in Ihre Haut, und achten Sie darauf, wie sich Ihre Kleidung anfühlt.

Spüren Sie, was für ein Gefühl Sie unter Ihrer Haut haben. Welche Empfindungen nehmen Sie dort wahr?

Vergegenwärtigen Sie sich nun diese Empfindungen. Woran merken Sie, daß Sie sich wohl fühlen?

Bewirkt das stärkere Bewußtwerden dieser Empfindungen, daß Sie sich wohler oder weniger wohl fühlen? Verändert sich dies im Laufe der Zeit?

Sitzen Sie einfach einen Augenblick lang da, und genießen Sie das ganzheitliche innere Empfinden des Sich-Wohlfühlens.

Gut gemacht!

Das bewußte Gewahrsein unseres Körpers und unserer Empfindungen intensiviert jede Erfahrung. Wir sollten uns immer wieder klarmachen, daß die Erfahrung des Wohlbehagens durch unser ganzheitliches inneres Empfinden entsteht, nicht durch den Sessel, das Sofa oder was auch immer wir zum Sitzen nutzen. Ein Besuch in einem beliebigen Möbelgeschäft zeigt uns, daß wir erst entscheiden können, ob eine Sitzgelegenheit bequem ist, wenn wir darauf sitzen und eine körperliche Empfindung des Sitzens entwickeln.

Das ganzheitliche innere Empfinden verbindet den größten Teil der Information, die unsere Erfahrung ausmacht. Selbst wenn wir uns seiner nicht bewußt sind, sagt uns unser ganzheitliches inneres Empfinden, wo wir in einem bestimmten Augenblick sind und wie wir uns in diesem Moment fühlen. Es verläßt sich auf das umfassende Erleben des Organismus, statt zu interpretieren, was aus der Sicht der einzelnen Teile vor sich geht. Das ganzheitliche innere Empfinden ist die Erfahrung des Seins in einem lebenden Körper, der die Feinheiten seiner Umgebung mit Hilfe seiner Reaktionen auf diese versteht.

In vielerlei Hinsicht gleicht das ganzheitliche innere Empfinden einem Fluß, der durch eine sich ständig verändernde Landschaft fließt und dessen

Charakter sich der jeweiligen Umgebung anpaßt. In einer zerklüfteten, gebirgigen Landschaft ergießt sich der Fluß tosend und strudelnd zu Tal, über Felsgestein und Kies. In den Ebenen hingegen mäandert der Fluß so gemächlich, daß kaum zu erkennen ist, ob er sich überhaupt bewegt. Regen und Tauwetter lassen ihn blitzschnell anschwellen, und manchmal überflutet er dann sogar das umliegende Land. Ebenso passen wir Menschen uns der jeweiligen Umgebung an, nachdem unser ganzheitliches inneres Empfinden diese wahrgenommen und interpretiert hat. Diese erstaunliche Fähigkeit erfaßt Inhalt und Klima unserer inneren und äußeren Umgebung. Und wie ein Fluß nimmt sie stets die Form an, die der jeweiligen Umgebung entspricht.

Die äußeren körperlichen Sinne wie Sehen, Hören, Riechen, Berühren und Schmecken tragen nur einen Teil der Information bei, die die Grundlage für das ganzheitliche innere Empfinden bildet. Andere wichtige Informationen stammen vom inneren Gewahrsein unseres Körpers – propriozeptive Wahrnehmung oder Eigenwahrnehmung genannt. Diese gibt Auskunft über die Körperposition, über die Spannungen, die in ihm bestehen, über die Bewegungen, die er vollführt, über seine Temperatur und vieles mehr. Das ganzheitliche innere Empfinden kann durch unsere Gedanken beeinflußt und sogar verändert werden, doch ist es selbst kein Gedanke, sondern etwas, das wir fühlen. Emotionen tragen ihren Teil dazu bei, doch spielen sie eine weit weniger gewichtige Rolle, als die meisten Menschen glauben. »Kategorische« Emotionen wie Trauer, Wut, Angst, Ekel und Freude sind intensiv und direkt. Diese relativ kleine Gruppe von Gefühlen läßt sich leicht erkennen und benennen. Beim ganzheitlichen inneren Empfinden verhält sich dies anders.

Das ganzheitliche Empfinden umfaßt eine große Zahl sich ständig verändernder komplexer Nuancen. Die Gefühle, die wir erfahren, sind gewöhnlich so subtil und verworren, daß wir sie mit sprachlichen Mitteln kaum ausdrücken können. Stellen Sie sich beim Lesen der folgenden Bild- und Situationsbeschreibungen vor, wieviel mehr Sie fühlen würden, wenn Sie sich in der betreffenden Situation tatsächlich befänden: Einen Berggipfel anschauen, der in ein Alpenglühen getaucht ist; einen blauen sommerlichen Himmel sehen, der mit sanften weißen Wolkentupfern übersät ist; ein

Ballspiel betrachten und dabei Senf auf das Hemd tropfen lassen; die Meeresbrise spüren, während die Wellen gegen die Klippen schlagen; eine sich öffnende Rose berühren oder einen Grashalm, der mit einem Tropfen Morgentau benetzt ist; ein Brahms-Konzert anhören; einer Gruppe farbenfroh gekleideter Kinder zuschauen, die Volkslieder singen; auf einer Landstraße gehen; das Zusammensein mit einem Freund genießen. Sie können sich vielleicht vorstellen, einen Tag zu verbringen, an dem Sie keine Emotion spüren, doch ohne das ganzheitliche innere Empfinden zu sein ist nicht nur unvorstellbar, sondern auch unmöglich. Ohne dieses innere Empfinden zu leben widerspricht der grundlegendsten Erfahrung des Lebendigseins.

Das ganzheitliche innere Empfinden ist manchmal vage, jedoch immer komplex und ständig in der Veränderung begriffen. Es kann hinsichtlich seiner Intensität und Klarheit schwanken, und es ermöglicht uns, die Wahrnehmungen zu verändern. Dazu stellt es uns sowohl den Prozeß als auch die erforderlichen Mittel zur Verfügung. Aufgrund des ganzheitlichen inneren Empfindens sind wir in der Lage, uns zu bewegen, Informationen zu sammeln, zueinander in Beziehung zu treten und letztlich herauszufinden, wer wir sind. Es ist ein so integraler Bestandteil des Menschseins, daß wir es für eine Selbstverständlichkeit halten und oft nicht wissen, daß es existiert, bis wir uns bewußt damit beschäftigen.

Obwohl ich mir meiner Körperempfindungen im Laufe der Zeit wesentlich bewußter geworden bin, benötige ich immer einen Prozeß, mit dessen Hilfe ich Kontakt zu meinem ganzheitlichen Empfinden aufnehmen kann. Daß das tatsächlich so ist, werden Sie aus dem folgenden Bericht über einen typischen Tag in meinem Leben ersehen.

Ich kehre nach einem Tag in der Stadt, an dem ich viele Besorgungen erledigt habe, nach Hause zurück und greife sofort nach der TV-Fernsteuerung. Bevor ich den Einschaltknopf drücke, fällt mir ein, daß ich mir diese habituelle Ablenkung eigentlich abgewöhnen wollte. Ich schaue in mich hinein und werde mir meiner dahinjagenden Gedanken bewußt. Sie gleichen einem Mückenschwarm. Ich lasse mein Bewußtsein von dieser unangenehmen Eigenschaft durchdringen. Das geschäftige Surren wird stärker, und mein Gewahrsein wendet sich einer Angespanntheit in meinem

Körper zu – insbesondere in meiner Brust. Nach einiger Zeit kann ich Bereiche erkennen, die sich unangenehm anfühlen und in denen ich Schmerzen spüre. Doch sie scheinen im Körper umherzuwandern. Ich merke, daß der Strom meiner Gedanken langsamer wird, während ich einen tieferen Atemzug mache. Ein paar flüchtige Bilder von Ereignissen des Tages ziehen an mir vorüber. Es vergeht wieder einige Zeit, dann spüre ich, daß sich in meinem Hinterkopf ein Schmerz aufbaut. Ich fühle mich rastlos, zittrig in meinen Armen und Beinen. Ich überlege, ob ich aufstehen und mich mit irgend etwas beschäftigen soll. Kurz darauf merke ich, daß mein Kopf nach vorn fallen möchte. Dies wird zu einer rhythmischen, sanften Schaukelbewegung. Ich bemerke ein Wärmegefühl in meinen Händen, und als sie leicht zu kribbeln anfangen, wird mir bewußt, wie kalt sie vorher gewesen sind. Ich spüre ein leichtes Wärmegefühl in meinem Bauch, das ich weiter verfolge; es wird stärker und dehnt sich aus.

Das Telefon klingelt mehrmals – was ich wie ein unangenehmes Kreischen empfinde. Ich spüre eine Rastlosigkeit in meinen Armen, die nachläßt, als ich vor dem Fenster Vögel singen höre. In meinem Gewahrsein taucht das Bild eines alten Freundes auf. Als ich ihn erkenne, durchflutet mich ein Wärmegefühl. Ich bemerke eine Weite in meiner Brust, der eine volle und runde Qualität eigen ist. Ich erlebe das »empfundene Bild« meines Freundes in dieser Weite. Ich verbinde mit dem Gefühl das Wort »Freude«. Ein ruhiges, sanftes, pulsierendes Fließen ergreift meine Arme und Beine, und ich spüre das ganzheitliche innere Empfinden der Freude.

Lassen Sie Ihren Körper zu Wort kommen

Es gibt viele Gründe, weshalb wir unsere Fähigkeit im Umgang mit dem ganzheitlichen inneren Empfinden entwickeln sollten. Es erweitert unsere Fähigkeit, Sinneserfahrungen zu genießen. Es kann als Tür zu spirituellen Erlebnissen fungieren. Gendlin berichtet in seinem Buch *Focusing* über Untersuchungen, aus denen hervorgeht, daß Therapien, die das ganzheitliche innere Empfinden in ihre Arbeit einbeziehen, generell wirksamer sind. Das ganzheitliche innere Empfinden hilft Menschen, sich natürlicher zu fühlen – geerdeter, mehr in ihrem Körper zu Hause. Es kann unser Gleichgewichts- und Koordinationsgefühl verbessern. Es stärkt unser Erinnerungsvermögen und ermöglicht uns einen tieferen Kontakt zu den subtilen instinktiven Impulsen, die die Traumaheilung ermöglichen. Es macht uns kreativer. Dem ganzheitlichen inneren Empfinden verdanken wir, Wohlbehagen, Frieden und Verbundenheit mit anderen erleben zu können. Es ist die Art, wie wir das »Selbst« erfahren.

Heute hört man häufig: »Vertraue deinem Bauch.« Mit Hilfe des ganzheitlichen inneren Empfindens können wir diese Stimme unserer Instinkte hören lernen. Die meisten unter uns verfügen nicht über viele Erfahrungen, die uns helfen, zu diesem Gewahrsein zu gelangen. Wir leben auf eine sehr isolierte Weise, die unser ganzheitliches inneres Empfinden nicht einbezieht. Deshalb wird es Ihnen wahrscheinlich fremd sein, Kontakt zu Ihrem ganzheitlichen inneren Empfinden herzustellen. Lassen Sie sich dadurch nicht entmutigen. Es mag zu Anfang schwierig sein, aber halten Sie durch, irgendwann wird es Ihnen gelingen. Die westliche Kultur lehrt uns diese Art zu erfahren nicht. Wir lernen Lesen, Schreiben, Rechnen und dergleichen, doch gibt es kaum Schulen, in denen wir etwas über das ganzheitliche innere Empfinden lernen. Weder in unseren Familien noch irgendwo sonst wird jemals darüber gesprochen. Die meisten Menschen nutzen dieses Empfinden jeden Tag, doch nur wenige sind sich seiner bewußt oder kultivieren es gar. Wir sollten uns klarmachen, daß das ganzheitliche innere Empfinden eine wunderbare und ganz natürliche menschliche Fähigkeit ist.

Für Menschen, die unter einem Trauma leiden, kann es eine große Herausforderung sein, die Nutzung des ganzheitlichen inneren Empfindens zu erlernen. Die Dynamik des Traumas besteht zu einem Teil darin, daß es uns von der inneren Erfahrung abtrennt, um unseren Organismus vor Empfindungen und Emotionen zu schützen, die wir vielleicht nicht verkraften könnten. Es kann einige Zeit dauern, bis wir genügend Vertrauen entwickeln, um kleine innere Erfahrungen zulassen zu können. Seien Sie geduldig, und vergegenwärtigen Sie sich immer wieder, daß Sie nicht alles auf der Stelle zu erfahren brauchen. Diese Heldenreise besteht aus vielen winzigen Schritten, die Sie einen nach dem anderen gehen.

Das ganzheitliche innere Empfinden nutzen, um auf den Organismus zu hören

Wir werden nun die Stimme des instinktiven Teils Ihrer Existenz kontaktieren. Zunächst müssen Sie lernen, jener Stimme mit Hilfe Ihres ganzheitlichen inneren Empfindens zu lauschen. Die hilfreichste Eigenschaft auf dieser Reise ist Sanftheit. Es ist nicht ungefährlich, Kontakt zum instinktiven Teil unseres Seins aufzunehmen. Versuchen Sie nie, einen solchen Kontakt zu erzwingen. Gehen Sie mit einer gewissen Leichtigkeit an das Vorhaben heran, und übereilen Sie nichts. Wenn Sie irgendwann das Gefühl haben, daß Ihnen die Sache über den Kopf wächst, haben Sie sich zu sehr auf Ihr Ziel fixiert. Reduzieren Sie das nächste Mal die Intensität Ihrer Bemühungen ein wenig. Sie erreichen Ihr Ziel schneller, wenn Sie langsamer darauf zugehen. Manchmal offenbart sich das ganzheitliche innere Empfinden nur allmählich. In anderen Fällen werden Sie plötzlich von einem Verständnisblitz getroffen, und Ihnen wird in einem einzigen Augenblick klar, worum es geht. Am besten versuchen Sie, offen und neugierig zu bleiben.

Versuchen Sie nicht, zu interpretieren, zu analysieren oder zu erklären, was vor sich geht. Sie brauchen auch keine Emotionen, Einsichten oder irgend etwas anderes zutage zu fördern. Wenn sie sich einstellen, ist das in Ordnung, doch wichtiger ist es, zu beobachten, ohne zu interpretieren, und keine emotionale Fixierung darauf zu entwickeln. Lösen Sie sich wieder von Ihren Beobachtungen. »Nimm es, wie es kommt«, ist die beste Maxime, wenn Sie die Sprache Ihres ganzheitlichen inneren Empfindens erlernen wollen. Worum es dabei geht, wird sich Ihnen in Form von Wörtern, Bildern, Einsichten und Emotionen offenbaren, stets begleitet von zusätzlichen Empfindungen. Diese flüchtigen Gefühle sind erkennbar, sofern Sie eine subtile Art der Aufmerksamkeit erlernen.

Sich mit Hilfe des ganzheitlichen inneren Empfindens kennenzulernen ist der erste Schritt auf dem Weg zur Traumaheilung. An einer früheren Stelle habe ich dieses Empfinden als Fluß beschrieben. Wenn Sie lernen, Ihr ganzheitliches inneres Empfinden wahrzunehmen, werden Sie erkennen, daß dies ein naheliegender Vergleich ist. Reaktionen auf Menschen, Objekte und Situationen, die Ihnen begegnen, werden wie ein Fluß, der sich ständig verändert, durch Ihr Gewahrsein ziehen. Die folgende Übung dient der Vertiefung dessen, was Sie in der vorigen Übung über den Umgang mit dem ganzheitlichen inneren Empfinden gelernt haben. Sie wird Ihnen einen Eindruck vermitteln, wie dieser »Strom« beschaffen ist. Außerdem werden Sie auch lernen, darauf zu lauschen, was der Organismus als Ganzes Ihnen zu sagen hat.

ÜBUNG

Zur Ausführung dieser Übung benötigen Sie ein Buch oder eine Zeitschrift mit vielen Bildern. Natur- oder Reisemagazine und illustrierte Kalender eignen sich bestens dafür. Sie brauchen in dieser Übung nichts weiter zu tun, als sich Bilder anzuschauen. Beim Lesen wird ein anderer Teil des Gehirns in Anspruch genommen als bei der Verarbeitung von Sinneswahrnehmungen. In dieser Übung geht es um die direkte Wahrnehmung.

Spüren Sie, bevor Sie das Buch öffnen, Ihre Arme und Beine, und registrieren Sie, was Sie an den Punkten empfinden, wo Ihre Gliedmaßen mit den Oberflächen in Kontakt sind, auf denen sie ruhen. Werden Sie sich als nächstes weiterer physischer Empfindungen bewußt, beispielsweise wie sich Ihre Kleidung, Ihre Schuhe und Ihr Haar anfühlen. Dehnen Sie Ihr Gewahrsein schließlich auch auf Angespanntheit, Offenheit, Temperatur, Prickeln, Zittern, Hunger, Durst, Schläfrigkeit usw. aus. Kehren Sie während der gesamten Übung immer wieder zu Ihrem ganzheitlichen inneren Empfinden zurück, um das Gewahrsein Ihres Körpers und Ihrer Atmung zu stärken.

Schauen Sie sich nun das erste Bild an. Machen Sie sich bewußt, wie Sie darauf reagieren. Gefällt es Ihnen, haben Sie ihm gegenüber ein neutrales Gefühl, oder mögen Sie es nicht? Erscheint es Ihnen wunderschön, beruhigend, seltsam, geheimnisvoll, beängstigend, fröhlich, traurig, kunstvoll, oder welche andere Stimmung erzeugt es bei Ihnen? Ganz gleich, wie Sie darauf reagieren, registrieren Sie es einfach. Wenn Ihre Reaktion verschiedene Aspekte umfaßt, ist dies völlig normal. Wir haben selten nur eine einzige Reaktion auf etwas.

Fragen Sie sich nun: »*Woher* weiß ich, daß dies meine Reaktion auf dieses Bild ist?« Versuchen Sie herauszufinden, welche Körperempfindungen Sie beim Anblick des Bildes haben. Einige dieser Empfindungen sind wahrscheinlich sehr subtil, andere stärker. Was auch immer Sie empfinden mögen, registrieren Sie es einfach nur. Spüren Sie, daß sich »Energie« bewegt oder daß diese plötzlich zum Stillstand kommt? Bewegt sich die Energie langsam oder schnell, und in welche Richtung? Ist mit der Empfindung irgendeine Art von Rhythmus verbunden? Spüren Sie sie in einem bestimmten Bereich Ihres Körpers? Fühlt sie sich angespannt, locker, entspannt, prickelnd, schwer, leicht, kühl, dicht, warm oder kräftigend an? Achten Sie auch auf Ihre Atmung und Ihren Herzschlag. Registrieren Sie, wie sich Ihre Haut und Ihr Körper generell anfühlen. Wenn Sie irgendeine der genannten Empfindungen spüren, ist das ein Anfang.

Bleiben Sie ein paar Minuten lang bei dem, was Sie empfinden, und stellen Sie fest, ob es sich verändert. Die Empfindungen können gleich bleiben, verschwinden, stärker oder schwächer werden oder sich in eine andere Empfindung verwandeln. Stellen Sie fest, welche Dynamik aktiv ist. Was auch immer geschehen mag, registrieren Sie es nur. Wenn die Empfindungen unangenehm werden, richten Sie Ihre Aufmerksamkeit einfach kurz auf etwas anderes.

Wenden Sie sich dann dem nächsten Bild zu, und wiederholen Sie den gesamten Prozeß. Wenn Sie mit der Übung etwas vertrauter geworden sind, können Sie auf diese Weise das Buch oder Magazin in der Ihnen angenehmen Geschwindigkeit durchgehen. Beim Erlernen des ganzheitlichen inneren Empfindens werden Sie wahrscheinlich leichter Zugang finden, wenn Sie langsam vorgehen und sich in erster Linie auf die Empfindungen selbst konzentrieren.

Später werde ich Übungen vorstellen, die sich spezifisch auf körperliche und emotionale Empfindungen konzentrieren und im Zusammenhang mit Traumata auftreten. Da bestimmte Emotionen sich mit Traumasymptomen vermischen, müssen wir lernen, sie zu unterscheiden. Abgesehen davon stellen Emotionen generell besondere Anforderungen an den Gebrauch des ganzheitlichen inneren Empfindens, weil sie stark, zwingend, dramatisch und fesselnd sind. Die meisten Menschen halten die Erforschung von Emotionen für wesentlich interessanter als die von bloßen Empfindungen. Doch wenn Sie Ihr ganzheitliches inneres Empfinden nutzen und zur Auflösung eines Traumas einsetzen wollen, müssen Sie lernen, die physiologischen Manifestationen (Empfindungen) zu erkennen, die Ihren emotionalen Reaktionen zugrunde liegen. Empfindungen leiten sich von Symptomen her, und Symptome entstehen durch eingeengte Energie. Mit dieser Energie müssen wir in diesem Prozeß arbeiten. Mit Hilfe konkreter Empfindungen und des ganzheitlichen inneren Empfindens kann die ungeheure Energiemenge allmählich dekomprimiert und zur Traumatransformation genutzt werden.

Vergessen Sie nie, ohne jeden Druck und in aller Ruhe an die Sache heranzugehen, und verbinden Sie das, was Sie erleben, mit keinerlei Interpretation oder Urteil. Lassen Sie sich einfach von dem, was Sie erfahren, führen. Auch wenn Ihnen die folgende Übung bekannt vorkommt, sollten Sie an sie herangehen, als hätten Sie noch nie in Ihrem Leben etwas ähnliches getan. Dann haben Sie mehr davon.

ÜBUNG

Verwenden Sie statt eines Buchs oder Magazins Fotos und Erinnerungsstücke für die Übung. Ein Familienfotoalbum oder ein Sammelalbum, in dem Sie Erinnerungen von einer Reise oder aus einer früheren Zeit in Ihrem Leben aufbewahren, ist genau das Richtige. Die Bilder sollten hauptsächlich Menschen zeigen, die Sie ziemlich gut kennen, und Orte, die Sie selbst besucht haben. Auch bei dieser Übung brauchen Sie wieder nichts weiter zu tun, als sich Bilder anzuschauen.

Spüren Sie zunächst Ihre Arme und Beine, und achten Sie darauf, was Sie an den Stellen empfinden, wo Ihre Gliedmaßen aufliegen. Werden Sie sich später auch anderer physischer Empfindungen bewußt. Wiederholen Sie dies während der gesamten Übung hin und wieder; es wird Ihnen helfen, Ihr Gewahrsein stärker in Ihrem Körper zu konzentrieren.

Wenden Sie sich nun dem ersten Bild (oder der ersten Seite Ihres Sammelalbums) zu. Wie reagieren Sie darauf? Welche Emotionen ruft der Anblick in Ihnen hervor? Fühlen Sie sich glücklich, amüsiert, ängstlich, verwirrt, traurig, wütend, liebevoll, dankbar, aus der Fassung gebracht, voller Haß, verärgert, angeekelt, einfach nostalgisch oder wie sonst? Alle diese Emotionen werden auf unterschiedliche Weise erfahren. Wie auch immer Sie reagieren mögen, registrieren Sie es einfach. Wenn Sie mehrere Reaktionen feststellen, sammeln Sie sie. Ist Ihre Reaktion stark oder eher schwach? Und woher wissen Sie dies? Wenn Sie aufgrund bestimmter Körperempfindungen antworten, sind Sie auf dem Weg, die Nutzung der physiologischen Grundlage Ihrer Emotionen zu erlernen.

Versuchen Sie nun, die Empfindungen zu identifizieren, die Ihren Reaktionen auf das Bild zugrunde liegen. Spüren Sie irgendeine Art von Anspannung oder Energie? Wie kräftig ist sie? Und wo befindet sie sich? Achten Sie auf Ihre Atmung, Ihren Herzschlag und auf etwaige Spannungen in Ihrem Körper. Wie fühlt sich die Haut und der Körper generell an? Empfinden Sie Ihre Reaktion als angespannt, stark, unbestimmt, sanft, schroff, verwirrt, taub, heiß, locker, klebrig, entspannt, schwer, leicht, kühl, dicht, warm, belebend, prickelnd, pulsierend, zitternd, schleimig, fest oder wie sonst? Wo spüren Sie dies? Wenn die Empfindung eine bestimmte Masse zu haben scheint, dann fragen Sie sich, aus welchem Material sie wohl besteht. Haben Sie das Gefühl, daß sich Energie bewegt? Bewegt sie sich langsam oder schnell? Und in welche Richtung? Ist irgendeine Art von Schwellungsgefühl damit verbunden? Wo ist es lokalisiert? Machen Sie möglichst präzise Angaben.

Wenn Sie Wörter benutzen, die gewöhnlich für Emotionen gehalten werden, nehmen Sie sich diese einzeln vor und fragen: Woher weiß ich, daß ich eine Emotion empfinde? Da Emotionen auf Verbindungen zur Vergangenheit basieren, könnte das Bild oder Erinnerungsstück, das Sie sich anschauen, Erinnerungen an andere Ereignisse zutage fördern. Registrieren Sie die Reaktionen auf diese Erinnerungen auf die gleiche Weise. Und vergegenwärtigen Sie sich immer wieder, daß Sie das, was Sie wahrnehmen, als Empfindungen spüren und beschreiben sollen, nicht als Emotionen oder als Gedanken.

Wiederholen Sie beim nächsten Bild den gesamten Prozeß. Verweilen Sie ein paar Minuten lang bei den Empfindungen, die dies in Ihnen auslöst, und beobachten Sie, ob sich diese verändern. Was auch immer geschieht, registrieren Sie es einfach.

Wenn die Gefühle oder Empfindungen zu intensiv oder zu unangenehm werden, richten Sie Ihre Aufmerksamkeit auf ein angenehmes Erlebnis, das Sie einmal gehabt haben. Fokussieren Sie Ihr gesamtes Gewahrsein auf die körperlichen Empfindungen, die mit jener Erfahrung verbunden sind. Dadurch wird die Intensität des unangenehmen Gefühls nachlassen. Denken Sie daran, daß ein unaufgelöstes Trauma eine starke Kraft sein kann. Wenn Sie sich von den Übungen oder von irgendwelchem anderen Material aus diesem Buch zu stark belastet fühlen, beenden Sie bitte die Übung. Sie können sich später noch einmal damit beschäftigen oder einen ausgebildeten Therapeuten zu Rate ziehen.

Sollte vor Ihrem inneren Auge eine erschreckende Szene auftauchen, versuchen Sie vorsichtig zu erkennen, welche Empfindungen damit verbunden sind. Manchmal offenbaren sich intensive Empfindungen zuerst in Form von Bildern. Dieses Erleben hilft Ihnen, durch ein Trauma hindurchzugehen. Vielleicht wird Ihnen irgendwann klar, was es beinhaltet. Im Augenblick kann ich Ihnen versichern, daß die Frage nach der realen Grundlage der Empfindungen ihre Macht über Sie verlieren wird, wenn Sie durch Ihre Reaktionen hindurchgehen. Besteht eine objektive Notwendigkeit, herauszufinden, ob etwas tatsächlich stattgefunden hat – beispielsweise um ein Kind zu schützen, das in Gefahr sein könnte –, wird unsere Arbeit Ihnen eine bessere Ausgangsbasis für den effektiven Umgang mit der Situation verschaffen.

Die Energien eines Traumas können auch in der *Überzeugung*, mißbraucht oder vergewaltigt worden zu sein, gebunden sein. Durch Hinterfragen solcher Vorstellungen, insbesondere wenn sie unzutreffend sind, kann ein Teil der gebundenen Energie befreit werden. Wenn das bei Ihnen so war, ruhen Sie sich anschließend aus, und geben Sie sich Zeit, die neue Information zu verarbeiten. Bleiben Sie möglichst nah bei ihren Empfindungen, und machen Sie sich keine Sorgen, wenn Sie sich zittrig oder geschwächt fühlen. Beides sind Anzeichen für eine normale Auflösung der zuvor gebundenen Energie. Zwingen Sie sich nicht, mehr zu tun, als Sie verkraften können. Eine der vielen wundervollen Eigenschaften unseres Nervensystems ist, daß es sich selbst reguliert. Was Sie heute nicht verarbeiten können, können Sie zu einem anderen Zeitpunkt aufgreifen, wenn Sie sich in einer besseren Verfassung fühlen.

Das ganzheitliche innere Empfinden umfaßt physiologische wie psychologische Elemente. Ich hoffe, daß Ihnen die folgende Übersicht hilft, Ihr ganzheitliches inneres Empfinden besser zu nutzen.

Wie der Organismus kommuniziert

Der Organismus hat seine eigene Art zu kommunizieren. Einige wichtige Eigenschaften seiner Kommunikationsweise sind bei den bereits vorgestellten Übungen zu erkennen. Denken Sie an die letzte Übung. Haben Sie bemerkt, daß Sie bei der Beschreibung der Empfindungen Worte benutzt haben, die sich auf vertraute physiologische Phänomene bezogen? Wenn Sie niemals etwas als verschwommen empfunden haben, würden Sie das Wort »verschwommen« nicht benutzen, und auch Ihr Organismus würde »verschwommen« nicht zur Beschreibung einsetzen. Der Organismus benutzt nur schon bekannte Empfindungen. Nehmen Sie dies nicht zu wörtlich. Eine Empfindung kann sich anfühlen, als sei sie verschwommen, schroff, gläsern, hölzern oder aus Kunststoff. Natürlich haben Sie keine Holz-, Glas- oder Plastikteile in sich – es sei denn, irgend jemand hat Sie operiert und war dabei sehr nachlässig. Die betreffenden Empfindungen fühlen sich einfach wie die genannten Stoffe an. Es handelt sich um Metaphern. Sie können aber auch wörtlich gemeint sein und der Information von Organen, Knochen und Muskeln entsprechen.

Der Organismus benutzt nicht nur die Eigenschaften physischer Objekte, um zu kommunizieren, sondern auch Bilder, die sich leicht aktivieren lassen. Die Energien, die zur Entstehung eines Traumas führen, sind ungeheuer stark. Zu den dabei erzeugten Emotionen zählen Wut, Schrecken und starke Gefühle der Hilflosigkeit. Wenn Ihr Körper Ihnen die Präsenz solcher Energien mit Hilfe von Bildern mitteilt, sind die Möglichkeiten zwar unendlich vielfältig, haben jedoch eins gemeinsam: Sie sind wahrscheinlich alle nicht besonders erfreulich. Oft wird der Fehler gemacht, diese visuellen Kommunikationen als Realität zu interpretieren. Ein Traumatisierter kann die Überzeugung entwickeln, er sei vergewaltigt oder gefoltert worden, obgleich der Organismus ihm die Botschaft übermitteln will, daß seine Empfindung sich *anfühlt* wie eine Vergewaltigung oder Folterung. Die tatsächliche Ursache für das Trauma kann buchstäblich alles sein.

Manche Bilder sind tatsächlich Erinnerungen. Menschen, die eine Vergewaltigung oder Folter erlitten haben, produzieren oft Bilder, in denen es um diese Erlebnisse geht. Häufig erinnern sich Kinder, die diese Erfahrungen gemacht haben, erst viele Jahre später wieder an sie. Selbst wenn die betreffenden Bilder sich auf »echte« Erinnerungen beziehen, müssen wir ihre Rolle bei der Heilung richtig verstehen. Die Erklärungen und Interpretationen, die mit Erinnerungen verbunden sind, können die vollständige Hineinversetzung und Vertiefung in das ganzheitliche innere Empfinden behindern. Die Empfindungen, die diese Bilder begleiten, sind von unschätzbarem Wert. Für unsere Zwecke ist jedoch am wichtigsten, wie sich die Empfindungen anfühlen und verändern.

Empfindungen und ganzheitliches inneres Empfinden

Bei der Arbeit an der physiologischen Grundlage traumatischer Erfahrungen müssen wir uns die enge Verbindung des ganzheitlichen inneren Empfindens mit dem Gewahrsein bewußt machen. Unter Gewahrsein verstehen wir, das Gegenwärtige zu erfahren, ohne es zu verändern oder zu interpretieren. Jedesmal wenn Sie sagen: »Das bedeutet«, verbinden Sie eine Interpretation mit Ihrer Erfahrung, und diese führt Sie vom bloßen Gewahrsein in das Reich der Psychologie. Sinn hat bei der Traumaheilung seinen Platz – jedoch erst als Folge des direkten Gewahrseins. Im Augenblick ist es wichtiger, sich auf das zu konzentrieren, was Sie erfahren, statt über das Erfahrene nachzudenken. Welche Rolle der Sinn bei der Traumaheilung spielt, werde ich später beschreiben.

Empfindungen sind die physischen Phänomene, die unsere Erfahrung bereichern. Nehmen wir an, Sie halten einen Eiswürfel in der Hand. Zu den Empfindungen zählen in diesem Fall: kalt, glatt, hart und würfelförmig. Alle diese Eigenschaften sind wichtig für den Gesamteindruck vom Eiswürfel. Das gleiche gilt für innere Empfindungen. Überprüfen Sie besonders am Anfang, ob Sie wirklich alle Eigenschaften einer bestimmten Empfindung bewußt registriert haben. Vielleicht haben Sie einige Aspekte nicht beachtet, weil sie für Sie selbstverständlich sind, oder Sie nicht zulassen, daß die Empfindung in ihrer Gesamtheit gewahr wird oder bestimmte Aspekte sehr subtil und schwer faßbar sind.

Ein Eiswürfel, der gerade aus dem Eisfach kommt, kann an den Händen »festkleben«. Nach kurzer Zeit »klebt« er dann nicht mehr, sondern ist naß. »Zuerst klebt er, dann ist er naß« trägt zur Vervollständigung des Bildes von dem kalten, harten, glatten und würfelförmigen Ding bei. Überträgt man diesen Vergleich auf eine innere Erfahrung, könnte man sagen, daß sich auch diese verändert, wenn man sie eine Zeitlang »festhält«. Sobald Sie innere Empfindungen bemerken, verwandeln sich diese fast immer in etwas anderes. Und Veränderungen dieser Art beinhalten gewöhnlich ein freies Fließen von Energie und Vitalität.

Alle Kinder Gottes haben Rhythmus

Man kann einen Fluß nicht antreiben.
UNBEKANNT

Empfindungen existieren in unendlicher Vielfalt. Dies ist einer der Gründe, weshalb einfaches Gewahrsein so wichtig ist. Gesteigerte Empfänglichkeit wird Ihnen helfen, die Nuancen der Empfindungen leichter zu erkennen. In der Physiologie sind subtile Empfindungen und Rhythmen ebensowichtig wie die offenkundigen.

Der letzte Aspekt des ganzheitlichen inneren Empfindens, den ich hier erwähnen möchte, betrifft die Bedeutung des Rhythmus. Physiologische Phänomene manifestieren sich in Zyklen. Diese biologischen Rhythmen sind grundlegend für die Transformation eines Traumas. Es mag anfangs schwierig sein, die dazu erforderliche Geduld aufzubringen. Die Geschwindigkeit der Rhythmen ist wesentlich langsamer als die, in der die meisten Menschen heute leben. Weil wir unseren natürlichen biologischen Rhythmen und Zyklen nicht die Zeit lassen, die sie brauchen, entstehen überhaupt erst Traumata. Die meisten Rhythmen benötigen für den Abschluß eines Zyklus ein paar Minuten. Doch diese kurze Zeit ist sehr wichtig. Am besten erkennen Sie diese Rhythmen an der Ebbe und Flut Ihrer Empfindungen. Eine Empfindung verwandelt sich in eine andere Empfindung, ein Bild oder ein Gefühl mit dem ihr gemäßen Tempo. Sie können den Fluß nicht antreiben. Die Einstimmung auf diese Rhythmen und ihre Würdigung ist Teil des hier beschriebenen Prozesses.

Sie verfügen nun über die Grundlagen zur Nutzung Ihres ganzheitlichen inneren Empfindens. Betrachten Sie diese Fähigkeit als ein Werkzeug, das Ihnen helfen kann, sich als einen komplexen biologischen und spirituellen Organismus kennenzulernen. Das ganzheitliche innere Empfinden ist einfach und elegant. Dennoch ist es viele milliardenmal differenzierter als die leistungsfähigsten Computer. Es besteht aus Gewahrsein, Empfindung, Subtilität, Vielfalt und Rhythmus. Wenn Sie anfangen, seine primitiven wie subtilen Aspekte zu verstehen, sind Sie auf dem richtigen Weg.

7
Das Erleben des Tiers

Ich bin fest davon überzeugt, daß wir die Einzigartigkeit des Menschen solange nicht in ihrem vollen, eindrucksvollen Glanz sehen werden, wie wir sie nicht vor dem Hintergrund jener historischen Charakteristika sehen, die der Mensch immer noch mit den heute lebenden Tieren gemein hat.

Konrad Lorenz

Die lebendige Welt unserer Emotionen, Ängste und Reaktionen ähnelt einem riesigen Wald mit reicher Fauna. Wir erfahren jene Gefühle, als ob sie wilde Tiere wären, die durch die Blätterkrone unseres dichten Seins springen, beim geringsten Anzeichen von Gefahr furchtsam um sich schauen, verschlagen umherschleichen und schlau pirschen und uns so mit dem Teil von uns verbinden, der uns unbekannt ist.

Paul Shepard

Die Grundlage der menschlichen Physiologie entwickelte sich mit den frühesten Geschöpfen, die aus dem Urschlamm krochen. Auch wenn wir es gerne anders sähen, ist unsere Verbindung zu jenem Anfang immer der gleiche geblieben. Auf der Ebene des grundlegenden biologischen Organismus gibt es kein Denken und keine Vorstellungen. Im Organismus des Menschen sind einige dieser instinktiven Impulse undeutlich, andere hingegen machtvoll und überwältigend. Ganz gleich, wie weit wir unsere Fähigkeiten, logisch zu denken, zu fühlen, zu planen, zu bauen, zu synthetisieren, zu analysieren, zu erleben und zu erschaffen, entwickeln mögen, für die subtilen instinktiven Heilkräfte, die uns mit unserer primitiven Vergangenheit verbinden, gibt es keinen Ersatz.

Auch Tiere tun es

Die Natur hat fast alle Lebewesen mit ähnlichen Reaktionen des Nervensystems auf Bedrohungen oder Gefahr ausgestattet. Doch entwickeln sich nur beim Menschen häufig langfristige Traumanachwirkungen. Bei Tieren sind diese Phänomene nur zu beobachten, wenn sie domestiziert oder in Laborsituationen permanentem Streß unterworfen werden. Dann treten auch bei ihnen akute und chronische Traumareaktionen auf.

Daraus ergeben sich folgende Fragen:

- Wenn die Reaktion des Nervensystems auf Bedrohungen so wirkungsvoll ist und praktisch alle Lebewesen über sie verfügen, warum können dann Menschen nicht den vollen Nutzen aus diesem System ziehen?
- Wissen wir nicht, uns seiner zu bedienen?
- Machen wir das System auf irgendeine Weise funktionsunfähig?
- Warum entstehen bei Menschen so leicht Traumata?
- Was unterscheidet das tierische Verhalten vom menschlichen?
- Wie und was können wir von Tieren lernen?

In der Natur sind die Überlebensreaktionen, mit denen wir uns beschäftigen, normal und zum Vorteil der Tiere. Wenn Tiere lebensbedrohliche Situationen erleben, überwinden sie den anfänglichen Schock schnell und erholen sich. Ihre Reaktionen sind zeitlich begrenzt und werden nicht chronisch. Die Beobachtung tierischen Verhaltens kann uns zeigen, wie wir mit Hilfe unserer instinktiven Fähigkeit Traumata überwinden können. Außerdem können wir erleben, wie wir die Aktivität unserer Instinkte behindern.

Die Erfahrung des ganzheitlichen inneren Empfindens schafft in uns die Voraussetzungen für die Wiederherstellung unserer Verbindung zum Tier. Wissen, Wahrnehmen und Empfinden fokussieren unsere Aufmerksamkeit auf die Heilung. Die Natur hat nicht uns vergessen, sondern wir die Natur. Das Nervensystem eines Traumatisierten ist nicht geschädigt, sondern wie beim Winterschlaf erstarrt. Die Aktivierung unseres ganzheitlichen inneren Empfindens ermöglicht uns, wieder mit Wärme und Vitalität zu leben. Es verhindert außerdem, daß posttraumatische Reaktionen chronisch werden. Einige Mechanismen zur natürlichen Auflösung von Traumata haben wir mit Tieren gemeinsam; über andere verfügen nur wir Menschen – letzteres gilt insbesondere für unsere hochentwickelten Denk- und Sprachprozesse.

Wir werden uns nun mit dem Teil des Gehirns beschäftigen, der in der Traumadiskussion eine besonders wichtige Rolle spielt. Das Reptiliengehirn ist die Heimat der Instinkte. Die einzige Möglichkeit, bewußt zu unseren Heilkräften in Beziehung zu treten, ist unsere Empfindungsfähigkeit und das ganzheitliche innere Empfinden. Empfindungen sind die Sprache des Reptiliengehirns. Biologisch und physiologisch ist dieser Gehirnteil für alle Tiere einschließlich des Menschen von großer Bedeutung. In ihm sind die instinktgebundenen Pläne für Verhaltensweisen kodiert, die das Überleben der Spezies durch Selbsterhaltung und Fortpflanzung sichern. Alle unwillkürlichen Veränderungen, die die lebenswichtigen Körperfunktionen betreffen, werden von diesem Gehirnteil gesteuert. Das Reptiliengehirn ist die Grundstruktur, aus der sich alles höhere Leben entwickelt hat. Zwar können höhere Tiere seine Funktion erweitern oder scheinbar außer Kraft setzen, doch sind die vom Reptiliengehirn geprägten Verhaltensweisen der Schlüssel zur Enträtselung des Traumas. Mit ihrer Hilfe erleben wir uns als menschliche Tiere.

Wenn das Reptiliengehirn spricht, dann lausche!

Es war nicht seine Schuld, sagte er. Oh, natürlich, sagte Lex, er hat uns praktisch gefressen, und es war nicht seine Schuld. Er ist ein Fleischfresser. Er tat nur, was er eben tut.
MICHAEL CRICHTON, *Jurassic Park*

Ein Reptil hat nicht die Möglichkeit, eine bewußte Entscheidung zu treffen. Jede Bewegung ist vom Instinkt bestimmt. Allein der Instinkt steuert die Suche nach Nahrung, Schutz und einem geeigneten Partner für die Fortpflanzung. Alle Verteidigungsstrategien sind genetisch in einem primitiven und äußerst effektiven Gehirn gespeichert. Die Verhaltensweisen sind Bestandteile von rhythmischen Zyklen, über die das Reptil keinerlei Kontrolle hat. Tag um Tag, Jahreszeit um Jahreszeit, Jahr um Jahr, Hunderte

Millionen von Jahren lang sind diese Rituale des Lebens wiederholt worden. Warum? Weil sie funktionieren.

Ein Insekt kriecht auf eine Eidechse zu, die sich auf einem Baumstamm sonnt. Die Zunge der Eidechse schnellt vor, und das Insekt ist verschwunden. Die Eidechse überlegt nicht, ob sie hungrig ist. Es interessiert sie nicht, ob das Insekt sauber genug ist, um es zu fressen. Und sie überlegt auch nicht, ob sie am betreffenden Tag schon genug Kalorien konsumiert hat. Sie ißt einfach – ebenso wie sie schläft, sich fortpflanzt, wegläuft, erstarrt, kämpft. Das vom Instinkt bestimmte Leben ist einfach. Die Eidechse braucht nichts im Gedächtnis zu behalten, nichts zu planen, nichts zu lernen – ihr Instinkt regelt alles.

Wie alle Säugetiere haben auch die Antilope und der Gepard (siehe Kapitel 1) ein Gehirn, das neben dem Reptilienkern auch eine differenziertere Struktur, die limbisches System genannt wird, umfaßt. Dem limbischen System entspringen komplexere emotionale und soziale Verhaltensweisen, die dem Reptil fehlen. Sie ersetzen nicht die instinktiven Impulse, die dem Reptilienhirn entstammen, sondern ergänzen und erweitern diese. Das limbische System empfängt Signale vom Reptilienkern und entwickelt aufgrund dieser Information differenziertere Reaktionen. Dieser Entwicklungssprung ermöglicht den Säugetieren mehr Verhaltensalternativen, als einem Reptil zur Verfügung stehen.

Daß eine Antilopenherde grast, kommuniziert und flieht wie ein einziger Körper, hängt teilweise mit der zusätzlichen Information des limbischen Systems zusammen. Abgesehen von ihrer instinktiven Fluchtreaktion haben die Antilopen entdeckt, daß ihre Überlebenschancen als Gruppe größer sind. Mit dem limbischen System entwickelten sich die Emotionen. Emotionen bieten den Säugetieren eine differenziertere Möglichkeit, Informationen zu speichern und zu kommunizieren, und sie bereiteten außerdem der Verstandesentwicklung den Weg.

Der Instinkt legt die Parameter fest, die jede Spezies dazu veranlassen, Gedanken und eine Sprache zu entwickeln. Bei einem gesunden Menschen arbeiten Instinkt, Emotionen und Intellekt darauf hin, in jeder Situation über die größte Zahl von Entscheidungsmöglichkeiten zu verfügen.

Eins mit der Natur

Hängen, Schwingen, Pulsieren, die verletzlichste und unstofflichste Kreatur [die Qualle] verfügt zu ihrer Verteidigung über die Gewalt und Macht des ganzen Meeres, dem sie ihr Tun und Lassen ebenso wie ihr Wollen anvertraut hat.

URSULA LE GUIN, *Lathe of Heaven*

Ein Insekt nähert sich der Zunge einer Eidechse und hört auf zu existieren. Eine Antilopenherde wittert Gefahr und versucht, sich als Einheit in Sicherheit zu bringen. Diese Beispiele veranschaulichen, daß Tiere in der Lage sind, äußere Signale augenblicklich in instinktive Reaktionen, die aus ihrem Inneren kommen, umzusetzen. Tier und Umgebung sind eins, und es besteht keine Trennung zwischen Reiz und Reaktion.

Kein Organismus veranschaulicht diesen Einklang besser als die Qualle oder die Amöbe. Indem letztere sich pulsierend und wogend ihren Weg durch ein flüssiges Medium bahnt, dessen Beschaffenheit sich nicht wesentlich von ihrer eigenen unterscheidet, bewegt sie sich im Einklang mit ihrer Umgebung. Die kleinste Veränderung in ihrer Umgebung ruft bei ihr sofort eine Reaktion hervor. So verändert die Amöbe ihre Bewegungsrichtung, um sich auf eine Nahrungsquelle zuzubewegen oder sich von einer giftigen Substanz zu entfernen. Die äußeren Signale, die die Amöbe empfängt, und ihre Reaktion manifestieren sich gleichzeitig, als wären sie ein Ereignis. Sie treten praktisch synchron ein und sind synonym.

Diese Art von Einklang ist von entscheidender Bedeutung für das Überleben aller Organismen. Wie könnten wir ohne ihn angemessen und rechtzeitig auf Möglichkeiten und Gefahren reagieren? Das Mittel, diesen Einklang zu erreichen, ist der Körper. Bei Menschen kommt diese Erfahrung im Empfindungsvermögen und im ganzheitlichen inneren Empfinden zum Ausdruck.

Sicheinstimmen

Die erste Fährte ist der Anfang einer Schnur, an deren Ende sich ein Wesen bewegt; ein Geheimnis, das alle paar Schritte etwas über sich preisgibt und dir immer mehr über sich erzählt, bis du das Wesen fast sehen kannst, noch bevor du es erreicht hast.
Aus *The Tracker* von TOM BROWN,
so wie er die Geschichte William Jon Watkins erzählte

In der heutigen Welt sind die meisten Menschen nicht in der Lage, mit den Nuancen ihrer inneren und äußeren Landschaften in Einklang zu bleiben. Doch ist dieses Gewahrsein bis auf den heutigen Tag der Schlüssel zur Lebensweise vieler Naturvölker. Nehmen wir als Beispiel den Fährtensucher in der Wildnis.

Um mit seiner Umgebung im Einklang zu sein, muß er seiner »tierischen« Reaktionen und seines ganzheitlichen inneren Empfindens ständig gewahr sein. Dadurch wird er sich nicht nur der eigenen Reaktionen, sondern auch derjenigen seiner Beute bewußter. Der Fährtensucher und das Tier, dem er auf der Spur ist, werden eins. Er weiß, ob es krank oder verwundet, hungrig oder müde ist. Er weiß, wann es gejagt oder sich gepaart und wie lange es geschlafen hat. Aufgrund der Fußspuren erkennt er, wo das Tier getrunken hat. Eine Schneeverwehung in der Nähe eines Buschs verrät ihm, wo das Tier geschlafen hat. In der Ebene, wo der Wind alle Zeichen verweht, läßt sich der Fährtensucher von seiner Empfindung des »Einsseins« mit dem Tier leiten. Sein Instinkt verrät ihm, in welche Richtung das Tier weitergezogen ist. Ein gemeinsamer Geist verbindet ihn mit dem Wesen, das er verfolgt.

Obgleich der Fährtensucher sich mit dem verfolgten Tier in völligem Einklang befindet, muß er auch der anderen Signale in seiner Umgebung gewahr bleiben, denn es kann sein, daß er selbst von hungrigen oder neugierigen Tieren verfolgt oder beobachtet wird. Seine Sicherheit hängt von der Präsenz seines ganzheitlichen inneren Empfindens ab. Seine Sinne, die völlig auf die Situation eingestimmt sind, nehmen selbst die leisesten Geräusche und Bewegungen wahr. Ein inneres Gefühl warnt ihn, wenn irgend etwas nicht in Ordnung ist. Er nimmt Gerüche intensiv und vielfältig, Farben hell und leuchtend wahr. Alles ist mit Lebenskraft erfüllt. In diesem Gewahrsein erlebt er Dinge als schön, die ihm andernfalls banal erscheinen könnten – einen Zweig, eine Raupe, den Tautropfen auf einem Blatt.

Während der Fährtensucher mit diesen Eindrücken in Einklang ist, empfindet er ein tiefes Wohlbehagen. Er ist bereit zu reagieren, wachsam und doch entspannt. Seine optimalen »Orientierungsreaktionen« vermitteln ihm Selbstvertrauen und die Sicherheit, alle potentiellen Probleme rechtzeitig erkennen und lösen zu können.

Wildlebende Tiere überleben durch diese instinktiven Reaktionen und erreichen das Einssein mit ihrer Umgebung. Menschen können weitaus mehr profitieren, wenn sie lernen, diese tierischen Reaktionen zu nutzen. Sie erweitern unsere Möglichkeiten, mit der Umgebung in Verbindung zu treten und das Gefühl des Lebendigseins und der Vitalität zu verstärken. Wenn wir gesund sind und nicht unter einem Trauma leiden, bereichern die instinktiven Reaktionen unser sinnliches Erleben, erweitern sie die Vielfalt unserer Erfahrungen und vermitteln unserm Leben die Empfindung des Staunens.

Die Orientierungsreaktion

Wenige Schritte von ihm entfernt fraß der Hadosaurus weiter. Grant schaute sich die beiden vorstehenden Luftlöcher auf dem oberen Teil des Schnabels an. Offenbar konnte der Dinosaurier Grant nicht riechen. Und obwohl sein linkes Auge ihn direkt anschaute, reagierte das Wesen aus irgendeinem Grunde nicht auf ihn. Grant erinnerte sich noch daran, daß auch der Tyrannosaurus ihn in der vergangenen Nacht nicht gesehen hatte. Er beschloß, ein Experiment durchzuführen. Er hustete. Augenblicklich erstarrte der Hadosaurus. Sein großer Kopf regte sich plötzlich nicht mehr, und seine Kiefer hörten auf zu kauen. Nur das Auge bewegte sich und suchte nach dem Ursprung des Geräuschs. Da es jedoch keine Gefahr entdeckte, fing er schon im nächsten Augenblick wieder an zu kauen.

MICHAEL CRICHTON,
Jurassic Park

Stellen Sie sich vor, Sie gehen gemächlich über eine offene Wiese, und plötzlich taucht an der Peripherie Ihres Sehfeldes ein Schatten auf. Wie würden Sie reagieren? Sie unterbrechen instinktiv Ihre vorherigen Bewegungen. Vielleicht ducken Sie sich auch leicht, und Ihr Herzschlag verändert sich, da Ihr autonomes Nervensystem aktiviert wird. Nach diesem unmittelbaren aufmerksamen Innehalten öffnen sich Ihre Augen weit. Ohne eine entsprechende Willensentscheidung zu treffen, wendet sich Ihr Kopf dem Schatten zu, um ihn genau zu lokalisieren und zu identifizieren. Spüren Sie Ihre Muskeln. Was tun sie?

Ihre Hals-, Rücken-, Bein- und Fußmuskeln bewirken zusammen eine Drehung des Körpers, der sich nun instinktiv ausdehnt und verlängert. Ihre Augen werden kleiner, während Ihr Becken und Ihr Kopf sich horizontal bewegen, um Ihnen einen optimalen Überblick zu ermöglichen. In welchem inneren Zustand befinden Sie sich? Welche weniger klar definierbaren Aspekte von sich selbst spüren oder empfinden Sie beim Anblick des Schattens? Die meisten Menschen werden in einer solchen Situation hellwach und aufmerksam, neugierig darauf, was vor sich geht. Vielleicht wird Ihr Wunsch, herauszufinden, was der Schatten ist, durch eine Spur Erregung und eine Vorahnung angespornt. Auch das Gefühl einer sich anbahnenden Gefahr kann im Spiel sein.

Wenn ein Tier eine Veränderung in seiner Umgebung spürt, hält es nach dem Ursprung der Störung Ausschau. Es kann sein, daß dabei nur ein Auge langsam die Umgebung absucht. Das Tier orientiert sich auf einen potentiellen Partner oder eine Nahrungsquelle hin und weg von jeglicher Gefahr. Deutet nichts darauf hin, nimmt ein Tier wie der Hadosaurus seine vorherige Aktivität einfach wieder auf. Das Verhalten eines Tieres beim Auftauchen eines Reizes wird »Orientierungsreaktion« genannt.

Diese instinktiven Reaktionen sind ebenso primitiv wie das Reptiliengehirn, das sie organisiert. Sie ermöglichen es einem Tier, sich fließend der sich ständig verändernden Umgebung anzupassen. Alle Tiere (einschließlich der Menschen) verfügen über diese koordinierten Muster der Muskelbewegung und der Sensorik. Trotz der Entwicklungen, die uns Menschen von einer Eidechse und einer Antilope unterscheiden, rufen neue Geräusche, Gerüche und Bewegungen in der Umgebung bei uns die gleichen grundlegenden Reaktionsmuster hervor.

Ivan Pawlow, der große russische Physiologe, erkannte und beschrieb diese Orientierungsreaktionen in seinem monumentalen Werk über die Konditionierung bei Tieren. Er nannte sie den »Shto eta takoe«-Reflex. Eine relativ wörtliche Übersetzung dieses Ausdrucks würde »›Was ist es?‹-Reflex« lauten. Dem Gemeinten näher käme eine Übersetzung wie: »Was ist das?« oder »Was geht hier vor?« oder »Heh, Mann, was ist da los?« – womit das in der Reaktion zum Ausdruck gebrachte Erstaunen und die darin mitschwingende Neugier erfaßt wären. Diese beiden Aspekte des unmittelbaren Reagierens und des Untersuchens werden allgemein als die entscheidenden Charakteristika der Orientierung angesehen. Für Menschen wie für andere Tiere sind Erwartung, Überraschung, Wachheit, Neugierde und die Fähigkeit, Gefahr zu spüren, allesamt Formen kinästhetischen und sensorischen Gewahrseins, die aus den Verhaltensweisen zur Orientierung entstehen. Traumatisierten stehen diese Möglichkeiten nur in vermindertem Maße zur Verfügung. Oft aktiviert bei ihnen jeder Reiz die erstarrte (traumatische) Reaktion, statt der adäquaten Orientierungsreaktion. Hört beispielsweise ein traumatisierter Kriegsveteran die Fehlzündung eines Autos, kann es sein, daß er aus Angst kollabiert.

Orientierungsreaktionen sind für Tiere das wichtigste Mittel, um sich mit ihrer Umgebung in Einklang zu bringen. Die ständigen Reaktionen gehen ineinander über, passen sich den jeweiligen Gegebenheiten an und ermöglichen dadurch ein Spektrum von Entscheidungen. Die Ermittlung dessen, wo »es« ist, was »es« ist und ob »es« gefährlich ist oder den eigenen Wünschen entspricht, findet zunächst im Unbewußten statt.

Eine Freundin erzählte mir eine Geschichte, die das Wirken dieses tierischen Instinkts veranschaulicht. Auf einer Reise durch Afrika nahmen Anita, ihr Ehemann und der dreijährige Sohn der beiden in Kenia an einer Safari teil. Sie reisten in einem Lastwagen durch die Massai-Mara-Wüste und hatten angehalten, um zu rasten. Sie und ihr Mann saßen im Wagen gegenüber; ihr dreijähriger Sohn befand sich neben einem offenen Fenster auf dem Schoß des Vaters. Sie sprachen über die Tiere, die sie gesehen hatten, als meine Freundin plötzlich quer durch das Innere des Wagens schoß und scheinbar ohne jeden ersichtlichen Grund das Fenster zuschlug. *Dann* erst sah sie – d.h., wurde ihr bewußt – die Schlange, die sich außerhalb des Fahrzeugs aus dem Gras erhoben hatte, nur wenige Schritte vom Gesicht ihres Sohnes entfernt.

Die Reaktion der Mutter war ihrer bewußten Wahrnehmung der Schlange vorausgegangen. Eine Verzögerung hätte in diesem Fall tödliche Folgen haben können. Beim Auftauchen unerwarteter Reize reagiert und orientiert sich der instinktive Teil des Gehirns oft, bevor wir uns dieser neuen Information bewußt geworden sind, und organisiert sofort eine adäquate Reaktion.

Fliehe, kämpfe ... oder erstarre

Während Grant beobachtete, griff ein einzelner Unterarm sehr langsam empor und teilte den Farn neben dem Gesicht des Tiers. Der Greifarm, den Grant sah, hatte starke Muskeln. An der Hand befanden sich drei Greiffinger, die alle in gebogenen Krallen endeten. Die Hand drückte den Farn sanft und gemächlich zur Seite. Grant lief es kalt über den Rücken, und er dachte, er jagt uns. Für ein Säugetier wie einen Menschen hat die Art, wie Reptilien ihre Beute jagen, etwas unbeschreiblich Fremdartiges. Kein Wunder, daß Menschen Reptilien haßten. Die Ruhe, die Kühle, das Tempo – all dies wirkte befremdlich. Wenn man unter Alligatoren oder anderen großen Reptilien lebte, wurde man an eine andere Art von Leben erinnert, an eine andere Art von Welt...

MICHAEL CRICHTON, *Jurassic Park*

Bestimmte Spezies haben Mechanismen entwickelt, die besonders gut geeignet sind, ihnen ihre Sicherheit zu garantieren. Um nicht entdeckt und angegriffen zu werden, benutzt das Zebra eine Tarnung, die Schildkröte versteckt sich, Maulwürfe verkriechen sich in Erdlöchern, Hunde, Wölfe und Kojoten rollen sich auf den Rücken und nehmen so eine Unterwerfungshaltung ein. Die Verhaltensweisen des Kämpfens, Fliehens und Erstarrens sind so primitiv, daß sie sogar vor dem Reptilienhirn entstanden sind. Diese

Überlebensmechanismen sind bei allen Spezies zu finden, von den Spinnen und Kakerlaken bis zu den Primaten und den Menschen.

Universelle und primitive Verhaltensweisen zur Sicherung des Überlebens werden »Kampf-oder-Flucht«-Strategien genannt. Wenn eine Situation einen Angriff erforderlich macht, kämpft die bedrohte Kreatur. Wird sie den Kampf wahrscheinlich verlieren, läuft sie weg, falls sie dies kann. Über diese Möglichkeiten wird nicht bewußt entschieden, sondern sie werden vom Reptilienhirn und limbischen System instinktiv ausgelöst. Wenn ein Tier sich weder durch Kampf noch durch Flucht in Sicherheit zu bringen vermag, hat es noch eine dritte Verteidigungsmöglichkeit: die des Erstarrens – der Bewegungslosigkeit. Diese Reaktion ist ebenso universell und grundlegend für das Überleben wie Kampf und Flucht. Aus unerklärlichen Gründen wird dieser dritten Strategie in biologischen und psychologischen Schriften meist keine Bedeutung beigemessen, die derjenigen der Kampf-oder-Flucht-Reaktion ebenbürtig ist. Ungeachtet dessen ist das Erstarren in bedrohlichen Situationen eine ebenso nützliche Strategie wie Kampf oder Flucht, und oft sogar die beste.

Auf biologischer Ebene ist Erfolg nicht unbedingt gleichbedeutend mit Gewinnen. Entscheidend ist aus dieser Perspektive das Überleben, ganz gleich *wie* einem Lebewesen dies gelingt. Das Ziel heißt lebendig bleiben, bis die Gefahr vorüber ist, und sich später mit den Folgen auseinandersetzen. Die Natur fällt kein Werturteil darüber, welche Strategie die überlegene ist. Wenn der Kojote das scheinbar tote Opossum unbehelligt liegen läßt, erwacht dieses nach einer Weile wieder aus seiner Bewegungslosigkeit und verschwindet. Dabei ist ihm völlig gleichgültig, ob es in dieser Situation eine bessere Alternative gehabt hätte. Tiere verstehen das Erstarren nicht als Zeichen von Schwäche oder Unzulänglichkeit – und diesen Fehler sollten auch wir nicht machen.

Der Zweck des Flüchtens oder Kämpfens ist klar: Beide Reaktionen dienen dazu, einer Gefahr zu entkommen. Was die Reaktion des Erstarrens, die Immobilitätsreaktion, bewirken soll, ist weniger offensichtlich. Letztlich entscheidet allein die Natur darüber, welche instinktive Reaktion bei einer bestimmten Spezies die Wahrscheinlichkeit des Überlebens generell erhöht. Kein Tier, nicht einmal der Mensch, kann bewußt Einfluß darauf nehmen, ob es beziehungsweise er auf eine Bedrohung mit Erstarren reagiert oder nicht. Wenn ein Tier merkt, daß es in der Falle sitzt und durch Kampf oder Flucht der Gefahr nicht mehr entkommen kann, bietet ihm das Erstarren verschiedene Vorteile.

Erstens töten und fressen viele Raubtiere regungslos daliegende Beutetiere nur, wenn sie sehr hungrig sind. Bewegungslosigkeit ist eine Nachahmung des Todeszustandes, die das Raubtier zu dem Fehlschluß verleitet, daß das Fleisch des Beutetiers schlecht sein könnte. Aufgrund dieser Täuschung hat das Beutetier eine Chance zu entkommen.

Zweitens haben Raubtiere größere Schwierigkeiten, eine potentielle Beute zu entdecken, wenn diese sich nicht bewegt. Dies gilt insbesondere, wenn die Beutetiere sich durch ihre Körperfärbung oder andere Eigenschaften ihrer äußeren Erscheinung tarnen. Manche Tiere können ihre Beute nur erkennen, wenn sie sich bewegt. Beispielsweise erkennen Frösche und Eidechsen Insekten im Gras nur, wenn diese sich bewegen. Außerdem werden viele Raubtiere nicht stimuliert, bewegungslose Beutetiere anzugreifen; ein regloser Körper ruft bei ihnen oft keine Aggression hervor.

Ein dritter Aspekt des Erstarrens ist, daß das plötzliche Zusammenbrechen eines einzelnen Tiers innerhalb einer Gruppe ein angreifendes Raubtier für kurze Zeit ablenken und dadurch dem Rest der Gruppe die Flucht ermöglichen kann.

Und es gibt noch einen vierten Grund für das Erstarren: In einer Welt, in der alle Tiere irgendwo in der Nahrungskette ihren Platz haben und in der sie sowohl Raubtier als auch Beutetier sein können, ermöglicht ihnen die Natur durch einen schmerzlindernden Mechanismus, daß sie im Augenblick des Todes möglichst wenig zu leiden brauchen.

Die Rückkehr zur normalen Aktivität

Ich habe die Immobilitäts- oder Erstarrungsreaktion besonders hervorgehoben, weil sie bei Menschen oft zur Entstehung eines Traumas führt. Tiere leiden gewöhnlich nicht unter den Folgen des Sich-tot-Stellens, wie auch immer ihre Version dieses »Spiels« beschaffen sein mag. Wenn wir Tiere genau beobachten, können wir erkennen, wie sie dies schaffen.

Eine Herde Rotwild grast auf einer Waldlichtung. Ein Zweig knackt. Sofort sind alle Tiere der Herde hellwach – bereit, in den Wald zu fliehen. Werden sie in die Enge getrieben, so kann es sein, daß sie kämpfen. Kein Tier regt sich. Ihre Muskeln sind angespannt, sie lauschen und schnuppern in die Luft (Orientierung), um die Geräuschquelle ausfindig zu machen. Wenn sie zu der Ansicht kommen, daß das Geräusch unwichtig ist, fahren sie fort, ihr nachmittägliches Mahl zu kauen, ihre Jungen zu reinigen und zu nähren und sich in der Sonne zu wärmen. Folgt ein weiterer Reiz, wechseln die Tiere sofort in den Zustand der extremen Wachsamkeit (Hypervigilanz) und sind wieder bereit, zu fliehen oder zu kämpfen. Können sie keine reale Bedrohung entdecken, wenden Sie sich Sekunden später wieder ihren vorherigen Aktivitäten zu.

Beobachtet man die Tiere sorgfältig durch ein Fernglas, so kann man den Übergang von der aktivierten Wachsamkeit zur normalen, entspannten Aktivität beobachten. Sobald die Tiere überzeugt sind, daß ihnen keine Gefahr droht, fangen sie häufig an zu vibrieren, zu zucken und leicht zu zittern. Dieser Prozeß beginnt mit einem leichten Zucken im oberen Bereich des Halses und an den Ohren, und er breitet sich dann in der Brust, den Schultern und schließlich im Bauch, dem Becken und den Hinterläufen aus. Dieses leichte Zittern des Muskelgewebes zeigt, wie der Organismus zwischen extrem unterschiedlichen Zuständen des Nervensystems wechselt. Das Rotwild durchläuft diesen rhythmischen Zyklus, der jedesmal initiiert wird, wenn es in Erregung versetzt wird, Dutzende, vielleicht sogar Hunderte von Malen täglich. Die Tiere bewegen sich leicht und in einem erkennbaren Rhythmus zwischen entspannter Wachheit und angespannter Hypervigilanz hin und her.

Tiere als Lehrer

Tiere, die in der Wildnis leben, können uns als Maßstab für Gesundheit und Vitalität dienen, und sie ermöglichen uns auch einen Einblick in den biologischen Heilungsprozeß. An der Art, wie sie sich verhalten, können wir erkennen, wie wir uns verhalten würden, wenn unsere Reaktionen ausschließlich vom Instinkt bestimmt wären. Tiere sind unsere Lehrer, da sie uns die Natur im Gleichgewichtszustand veranschaulichen.

Ein Problem bei der Traumabehandlung war die übertriebene Konzentration auf den inhaltlichen Aspekt des traumaauslösenden Ereignisses. Traumatisierte entwickeln oft eine Identifikation mit der Rolle des »Traumaüberlebenden«, statt sich als Tiere zu erleben, die über eine instinktive Heilkraft verfügen. Die Fähigkeit des Tiers, sich nach bedrohlichen Situationen zu regenerieren, kann uns Menschen als Modell dienen und uns helfen, die eigenen angeborenen Heilfähigkeiten zu finden. Wenn wir die instinktiven Strategien nutzen wollen, mit deren Hilfe wir uns von belastenden Nachwirkungen traumatischer Erlebnisse befreien können, müssen wir unserer tierischen Natur Beachtung schenken.

8
Wie Biologie zur Pathologie wird: Erstarren

Die Bühne ist bereit

Traumasymptome entstehen in einem spiralförmigen Prozeß, der mit primitiven biologischen Mechanismen beginnt. Im Zentrum dieses Prozesses steht die Immobilitäts- oder Erstarrungsreaktion, ein Überlebensmechanismus, der vom Reptilienhirn aktiviert wird.

Um auf Bedrohungen zu reagieren, kann der Organismus kämpfen, fliehen oder erstarren. Diese Verhaltensweisen sind Bestandteile eines Verteidigungssystems. Wenn es unmöglich ist, zu kämpfen oder zu fliehen, kontrahiert der Organismus instinktiv und greift zu seiner letzten Möglichkeit, der Erstarrung. Während dieses Sichzusammenziehens wird die Energie, die durch den Kampf oder durch die Flucht verbraucht worden wäre, komprimiert und im Nervensystem gebunden. In dieser emotionalen Erregung, in der oft Angstgefühle überwiegen, verwandelt sich nun eine fehlgeschlagene Kampfreaktion in Wut, und eine mißglückte Fluchtreaktion weicht einem Gefühl der Hilflosigkeit. Ein Mensch, der sich in diesem Zustand befindet, kann immer noch zu einer blitzschnellen Fluchtreaktion oder zu einem vehementen Gegenangriff übergehen, falls sich die Chance dazu bietet. Gelingt es dem Organismus, die aktivierte Energie zu neutralisieren, indem er flieht oder sich verteidigt und dadurch der Bedrohung begegnet, entsteht kein Trauma.

Es kann aber auch sein, daß die Energie so lange komprimiert wird, bis Wut, Schrecken oder Hilflosigkeit ein Aktivierungsniveau erreicht haben, das die normale Funktionsweise des Nervensystems außer Kraft setzt. An diesem Punkt tritt die Immobilität ein, und der Betreffende erstarrt oder kollabiert. Nun werden die gewaltigen für das Überleben aktivierten Energiemassen nicht, wie im instinktiven Reaktionsschema vorgesehen, wieder entladen, sondern in Verbindung mit den übermächtigen emotionalen Zuständen des Schreckens, der Wut und der Hilflosigkeit gebunden.

Schuld ist der Neokortex

Warum können sich Menschen nicht ebenso selbstverständlich in diese unterschiedlichen Reaktionsweisen hineinbegeben und sich wieder daraus lösen wie Tiere? Eine Ursache hierfür ist unser hochentwickelter Neokortex (der rationale Teil unseres Gehirns), der, motiviert durch Angst und ein starkes Kontrollbedürfnis, die instinktiven Impulse und Reaktionen des Reptiliengehirns beeinträchtigen kann. Dies gilt besonders für einige unserer subtileren instinktiven Reaktionen, die es uns ermöglichen, durch Auflösung der erstarrten Energie die Entstehung eines Traumas zu verhindern. Der Prozeß der Energieentladung kann nur erfolgreich sein, wenn er von den aus dem Reptilienhirn entstammenden Impulsen initiiert und gespeist wird. Der Neokortex muß die aus dem instinktiven Teil des Gehirns stammende Information aufgreifen und weiterverarbeiten, statt sie kontrollieren und ihre Wirkung unterbinden zu wollen.

Der Neokortex ist jedoch nicht mächtig genug, um die instinktiven Abwehrreaktionen auf Bedrohungen und Gefahren außer Kraft zu setzen. In dieser Hinsicht sind wir Menschen immer noch fest mit unserem tierischen Erbe verbunden. Tiere hingegen besitzen keinen hochentwickelten Neokortex, der die Rückkehr zur normalen Funktionsweise nach einer Überlebensreaktion behindern könnte. Bei Menschen entstehen Traumata, weil ein instinktiver Reaktionszyklus zwar initiiert wird, aber nicht zum Abschluß kommt.

Angst und Immobilität

Die Immobilitätsreaktion ist bei Tieren normalerweise zeitlich begrenzt. Beim Menschen ist es schwieriger, den Erstarrungszustand wieder aufzulösen, weil die mobilisierte Energie durch Angst im Nervensystem des Betreffenden gebunden wird. Es entsteht ein Teufelskreis, der den natürlichen Abschluß der Immobilitätsreaktion verhindert. So wie Erschrecken und Wut bei der Erstarrung eine Rolle gespielt haben, tragen sie später zu deren Aufrechterhaltung bei – obwohl gar keine reale Bedrohung mehr existiert.

Wenn man sich einer körnerpickenden Taube lautlos von hinten nähert und sie sanft aufhebt, erstarrt sie. Legt man sie dann auf den Rücken, bleibt sie mehrere Minuten lang in dieser Position liegen, wobei sie die Füße in die Luft streckt. Nach diesem tranceartigen Zustand nimmt sie ihre normale Körperhaltung wieder ein und hüpft oder fliegt davon, als sei nichts geschehen. Wird die Taube hingegen von einem Menschen erschreckt, versucht sie zu entfliehen. Wird sie nach einer wilden Verfolgungsjagd gefangen und festgehalten, verfällt sie ebenfalls in den Zustand der Immobilität – doch bleibt der erschrockene Vogel dann wesentlich länger im Zustand der Erstarrung als bei der ersten Szene. Beim Erwachen aus der Trance ist die Taube diesmal sichtlich nervös. Es kann sein, daß sie wild mit den Flügeln schlägt, mit dem Schnabel auf jedes erreichbare Ziel einhackt oder mit unkoordinierten Bewegungen davonfliegt. Angst verstärkt und verlängert Immobilität sehr stark. Außerdem läßt sie den nachfolgenden Prozeß der Mobilisierung zu einem angstvollen Ereignis werden.

»So wie sie hineingehen, kommen sie auch wieder heraus«

Wenn wir beim Eintreten in den Immobilitätszustand stark aktiviert und erschrocken sind, verlassen wir ihn mit ähnlichen Empfindungen. »So wie sie hineingehen, kommen sie auch wieder heraus«, sagen Mediziner in Armeelazaretten oft über verwundete Soldaten. Wenn ein Soldat vor einer Operation unter Angst- und Panikgefühlen leidet, muß erwartet werden, daß er in einem Zustand völliger Desorientierung aus der Narkose aufwacht. Biologisch betrachtet reagiert er wie ein Tier, das um sein Leben kämpft, nachdem es verängstigt und gefangen worden ist. Der Impuls, in einem Zustand rasender Wut anzugreifen oder zu fliehen, ist biologisch gesehen der Situation des Betreffenden angemessen. Wenn ein gefangenes Beutetier aus der

Immobilität erwacht, kann sein Überleben von einer solchen aggressiven Reaktion abhängen, falls sich das Raubtier noch in der Nähe befindet.

Ähnlich ist es bei Frauen, die vergewaltigt worden sind. Wenn sie den erlittenen Schock überwinden (was häufig Monate oder sogar Jahre dauert), spüren sie oft den Impuls, die Täter zu töten, und manchmal haben sie auch tatsächlich die Möglichkeit, dies zu tun. Einige Frauen sind wegen solcher Taten vor Gericht gestellt und wegen »geplantem« Mord verurteilt worden, weil ihre Tat aufgrund der Zeitspanne zwischen dem traumatischen Erlebnis und ihrer Reaktion auf dasselbe als »geplant« verstanden wurde. Zumindest einigen dieser Frauen ist womöglich Unrecht getan worden, weil die Richter das biologische Drama mißverstanden haben, das sich bei den Betreffenden abgespielt haben könnte. Die Frauen könnten aufgrund einer tiefgreifenden, dem Selbstschutz dienenden Wutreaktion gehandelt haben, die ihnen einen Gegenangriff ermöglichen sollte, nachdem sie den Zustand der Immobilität verlassen hatten und ihre für den Überlebenskampf mobilisierte Energie wieder frei wurde. Derartige Vergeltungsaktionen können biologischen Ursprungs sein, sie müssen also nicht unbedingt als Ausdruck einer geplanten Rache verstanden werden. Einige dieser Morde hätten durch eine effektive Behandlung des posttraumatischen Schocks verhindert werden können.

Bei posttraumatischen Angstzuständen wird die Immobilität primär von innen aufrechterhalten. Der Impuls zu aggressiven Handlungen ist für die Traumatisierten so beängstigend, daß sie ihn häufig nach innen und gegen sich selbst richten, statt ihm mit äußeren Aktivitäten Ausdruck zu geben. Diese implodierte Wut nimmt die Form einer Angstdepression sowie die vielfältigen Symptome von posttraumatischem Streß an. Sie verbleiben in einem Teufelskreis des Schreckens, der Wut und der Immobilität.

Wie der Tod selbst

In Kapitel 7 haben wir uns mit dem biologischen Vorteil der Immobilitätsreaktion für Beutetiere beschäftigt. Oft gelingt es Beutetieren, einem Raubtier vorzuspiegeln, daß seine Beute schon tot ist. Doch reagiert nicht nur das

Raubtier auf den Erstarrungszustand, als ob das Beutetier tot wäre, sondern auch die Physiologie des erstarrten Tiers selbst. Tatsächlich können Tiere an einer »Überdosis Immobilitätsreaktion« sterben. Das Reptilienhirn hat die völlige Kontrolle über Leben und Tod. Wenn es wiederholt die Botschaft empfängt, daß das Tier, zu dem es gehört, tot ist, kann es sich entsprechend verhalten, und der Tod tritt ein. In den meisten Fällen jedoch empfängt das Reptilienhirn diese Botschaft nicht ständig. Das Tier verbleibt eine Zeitlang im Zustand der Immobilität, und danach kommt es zu einer Energieentladung in Form von Zittern und Schütteln des Körpers, wodurch der Vorgang zum Abschluß gelangt.

Durch unser hochentwickeltes Gehirn ist es für uns Menschen wesentlich schwieriger, den Zustand der Erstarrung wieder zu verlassen. Wir haben Angst, die Reaktionen der Energieentladung zu erfahren oder zu kollabieren, und verbleiben deshalb wesentlich länger in der Immobilität als Tiere. Zudem teilt der Neokortex uns mit, daß sich die Erstarrung wie der Tod anfühlt, und diese Erfahrung versuchen Menschen um jeden Preis zu vermeiden. Tiere verfügen nicht über einen solchen Schutzmechanismus. Leben und Tod sind für sie ein rein biologisches Phänomen. Wir Menschen wissen, was der Tod bedeutet, und wir fürchten ihn. Wir vermeiden den Tod sogar in unseren Träumen. Haben Sie schon einmal geträumt, Sie würden fallen, und sind dann unmittelbar vor dem Aufschlagen aufgewacht? Oder Sie würden gejagt, um dann den Bruchteil einer Sekunde vor der tödlichen Bedrohung aufzuwachen? Die Furcht vor dem Tod verhindert, daß wir so lange beim ganzheitlichen inneren Empfinden bleiben, bis die Immobilitätsreaktion ihren natürlichen Abschluß findet. Weil die meisten von uns diesen Zustand nicht würdigen, bleiben Traumasymptome bestehen und werden dadurch immer komplexer.

Wenn wir die todesähnlichen Empfindungen zulassen würden und gleichzeitig die damit auftretenden Angstgefühle abkoppeln könnten, wären wir in der Lage, durch die Immobilitätsreaktion hindurchzugehen und sie zum Abschluß zu bringen. Derartige Prozesse sind allein mit der Strategie »Zähne zusammenbeißen und durch« nicht zu bewältigen. Der

Organismus empfängt Signale, die ihn vor Gefahren warnen. Wenn wir auf die Erstarrung mit Schrecken oder Wut reagieren oder in diesem Zustand eine Todeserfahrung erleben, verhalten wir uns emotional genauso wie in der traumatisierenden Situation selbst. Den Weg aus dem Erstarrungszustand finden wir, indem wir mit Hilfe des ganzheitlichen inneren Empfindens lernen, die Situation in abgestufter Form und einem relativ sicheren Kontext zu erfahren. Dabei ist zu bedenken, daß die Zeit, die es erfordert, durch die Immobilitätsreaktion hindurchzugehen und zum Abschluß zu bringen, tatsächlich relativ kurz ist, so unendlich lang sie im Augenblick des Erlebens auch erscheinen mag.

Die kumulative Wirkung

Posttraumatische Symptome entstehen nicht über Nacht. Bis die Erstarrungsreaktion chronisch wird und sich Traumasymptome entwickeln, vergehen Monate. Wir haben deshalb genügend Zeit, um unsere unabgeschlossene physiologische Reaktion auf ein potentiell traumatisierendes Erlebnis aufzulösen, bevor sich Symptome verfestigen – *wenn* wir wissen, was wir tun müssen. Die meisten Menschen sind sich jedoch nicht einmal im klaren, daß irgend etwas getan werden müßte. Deshalb entwickeln viele beim Erleben traumatischer Ereignisse schwere, dauerhafte Symptome.

Physiologisch ist jedes erneute Erleben des Erstarrens und späteren Wiederauftauens mit der ersten derartigen Erfahrung identisch, doch wird bei jedem neuen Erstarrungsvorgang die zur Bewältigung der Situation mobilisierte Energiemenge größer; es tritt also ein kumulativer Effekt auf. Diese größere Energiemenge macht die Bildung neuer Symptome erforderlich. Die Immobilitätsreaktion bildet sich also nicht nur zu einem chronischen Zustand aus, sondern wird auch immer intensiver. Entsprechend häufen sich auch die Symptome, jene verzweifelten Versuche unseres Körpers, die mobilisierte Energie unter Kontrolle zu bringen.

Wie Biologie zu Pathologie wird

Wenn große Bereiche unseres Neokortex durch einen chirurgischen Eingriff oder einen Unfall zerstört würden, könnten wir immer noch in irgendeiner Form leben. Bekämen jedoch unser Reptilienhirn oder die damit verbundenen Strukturen nur einen winzigen »Kratzer« ab, würden sich unsere Verhaltensmuster gewaltig verändern – und bei anderen Säugetieren ist das genauso. Es entstünden extreme Störungen des psychophysischen Gleichgewichts, die sich in geänderten Mustern des Schlafs, der Aktivität und Aggression, des Essens und der Sexualität spiegeln würden. Durch Laborexperimente hat man festgestellt, daß Tiere nach derartigen Eingriffen entweder völlig regungslos oder hyperaktiv werden. Es kann sein, daß sie gar nichts mehr fressen oder sich überfressen und an ihrer Gier sterben. Auch kann sie eine derartige Besessenheit von sexuellen Impulsen überfallen, daß sie ihre übrigen Grundbedürfnisse nicht mehr erfüllen können, oder Sex wird für sie völlig uninteressant, so daß sie sich nicht mehr paaren und keinen Nachwuchs mehr aufziehen. Die Veränderungen, zu denen es nach solchen experimentellen Eingriffen kommt, sind so tiefgreifend, daß die betreffenden Tiere unter normalen Bedingungen nicht überleben können. Ähnliche Dysfunktionen können auch durch elektrische Stimulation primitiver Hirnregionen hervorgerufen werden. Außerdem werden sie – wenn auch nicht im gleichen Maße – durch posttraumatischen Streß erzeugt.

Bei Traumata kann die Pathologie als dysfunktionaler Gebrauch aller Aktivitäten (physiologischer, emotionaler und mentaler) verstanden werden, die dem Nervensystem zur Regulierung der aktivierten Energie dienen. Die Pathologie (d.h. die Symptome) wird gewissermaßen zum Sicherheitsventil des Organismus, das immer gerade soviel Druck abläßt, daß das System funktionsfähig bleibt. Abgesehen davon, daß die Immobilitätsreaktion das Überleben sichert und eine schmerzstillende Wirkung hat, spielt sie auch bei der Unterbrechung von Regelkreisen im Nervensystem eine wichtige Rolle. Ohne sie könnten Menschen die Aktivierung großer Energiemengen in unausweichlichen Krisensituationen möglicherweise nicht überleben. Selbst die Symptome der Erstarrungsreaktion erscheinen in einem positiven

Licht, wenn wir uns vor Augen führen, was wohl geschähe, wenn das System nicht über dieses Sicherheitsventil verfügen würde.

Bei Bestehen eines pathologischen Zustandes nutzt der Organismus sein ganzheitliches inneres Empfinden, um jeden Gedanken, jedes Gefühl und jedes Verhalten zu erleben. Dies hilft ihm, die für den Überlebenskampf mobilisierte und noch nicht genutzte Energie unter Kontrolle zu halten. Die vom Reptilienhirn regulierten Funktionen (wie Essen, Schlafen, Sex und allgemeine Aktivität) bilden einen fruchtbaren Boden, in dem Symptome Wurzeln schlagen können. Anorexie, Schlaflosigkeit, Promiskuität und manische Hyperaktivität sind nur einige Beispiele dafür, welche Störungen sich entwickeln können, wenn die natürlichen Funktionen des Organismus gestört werden.

9
Wie Pathologie zu Biologie wird: Die Auflösung des Erstarrungszustandes

... Energie ist reiner Genuß.
William Blake

Die vulkanische Energie des Traumas, von der in Kapitel 8 die Rede war, wird durch die Kombination von Angst und Immobilität gebunden. Um durch das Trauma hindurchzugelangen, müssen wir die normalerweise zeitlich begrenzte Immobilität von der mit ihr assoziierten Angst entkoppeln. Wenn ein verängstigtes Tier den Zustand der Immobilität verläßt, befindet es sich in Bereitschaft zum Gegenangriff, oder es konzentriert seine Energie darauf, zu entkommen. Die gesamte Energie, die das Tier zuvor bei seinem verzweifelten Kampf oder seiner Flucht aufgeboten hatte (bevor es kollabierte und erstarrte), taucht bei seinem Erwachen aus der Erstarrung schlagartig wieder auf und kann dann zur Sicherung des Überlebens genutzt werden. Wenn wir Menschen aus dem Zustand der Immobilität erwachen, werden wir häufig von übermächtigen Gefühlsaufwallungen erfaßt. Wenn wir uns um die in diesen Gefühlen zum Ausdruck kommende Energie nicht sofort kümmern, kann sie sich mit Wut- und Schreckensgefühlen verbinden, die dadurch ungeheuer stark werden. Angstgefühle und insbesondere die Angst davor, uns selbst und anderen Gewalt anzutun, bewirken ein erneutes Erstarren, das dann oft als erstarrter Schrecken auf unbegrenzte Zeit ausgedehnt wird. Dies ist der Teufelskreis des Traumas.

Noch einmal Nancy

Als ich Nancy half, sich zu entspannen (siehe Kapitel 2), fing sie an, sich aus ihrem alten Erstarrungszustand zu lösen. Dadurch erlebte sie plötzlich die starke Erregung, die Wut und den Schrecken, die sie fast ihr ganzes Leben lang unter Kontrolle gehalten hatte. Durch die aktive Fluchtreaktion auf das vorgestellte innere Bild des angreifenden Tigers gelang es ihr Jahrzehnte nach dem traumatischen Erlebnis, ihre Energie aus dem Erstarrungszustand zu befreien. Durch die Mobilisierung einer intensiven, biologisch angemessenen Reaktion konnte sie die bei der Auflösung der Immobilität entstandene Erregung neutralisieren. Indem sie ihre vorherige Hilflosigkeit gegen eine aktive Reaktion austauschte, ließ Nancy die physiologischen Bedürfnisse zu ihrem Recht kommen. Ihr Organismus lernte in dieser Situation, daß er nicht zu erstarren brauchte. Der Kern der traumatischen Reaktion liegt letztendlich auf der physiologischen Ebene, dort, wo die Heilung beginnt.

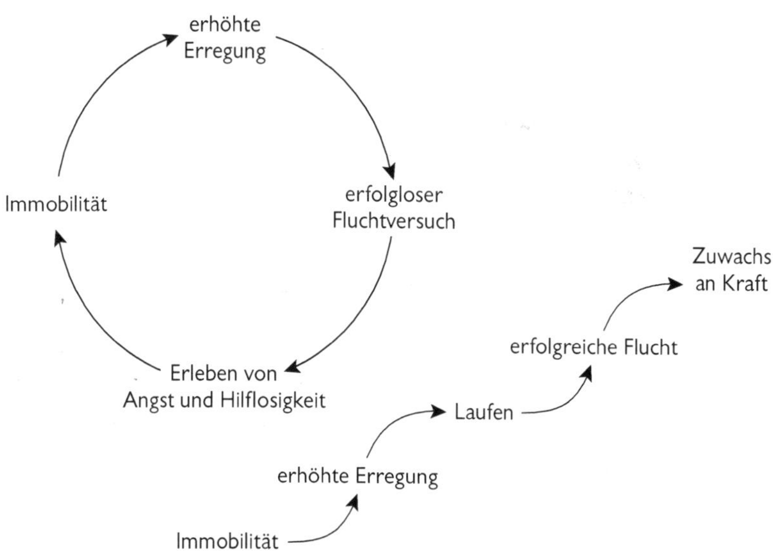

Abbildung 1: Die Biologie von Nancys Transformation

Alles ist Energie

Die Kräfte, die der Immobilitätsreaktion zugrunde liegen, und die traumatischen Emotionen des Schreckens, der Wut und der Hilflosigkeit sind biologische Energien. Wie wir Kontakt zu ihnen herstellen und sie integrieren, entscheidet darüber, ob wir weiterhin in einem Zustand der Erstarrung und der Ohnmacht leben oder ob es uns gelingt, durch all dies hindurchzugehen und wieder aufzutauen. Wir erhalten eine Menge Unterstützung, wenn wir sie zu nutzen wissen. Bei adäquater Betreuung können wir unsere Ängste bezwingen. Wenn wir unsere hochentwickelten Denk- und Wahrnehmungsfähigkeiten voll nutzen, können wir die Traumareaktion bewußt überwinden. Doch sollte dieser Prozeß allmählich vonstatten gehen. Bei der Arbeit mit den starken kathartischen und wechselhaften Ausdrucksformen der Wut, des Schreckens und der Ohnmacht tun wir gut daran, in kleinen Schritten voranzugehen.

Das Bestreben, die Erstarrungsreaktion zum Abschluß zu bringen, bleibt bestehen, ganz gleich, wie lange dieselbe schon existiert. Dieser Impuls wird bei der Durcharbeitung der Traumasymptome zu unserem wichtigsten Verbündeten. Selbst wenn es uns nicht gelingt, das Angestrebte perfekt zu erledigen, bleibt das Bestreben und gibt uns weitere Chancen.

Nancys erstaunliche »Heilung« war aufgrund des richtigen Fluchtzeitpunkts möglich, nämlich in dem Augenblick, als ihre panische Erregung den Höhepunkt erreichte. In den Jahren nach jener denkwürdigen Therapiesitzung mit Nancy gelang es mir allmählich, das Rätsel der Traumaheilung zu lösen. Der Schlüssel, den ich fand, lag in der Möglichkeit, auf eine sanfte Weise mit den machtvollen Energien zu arbeiten, die in den Traumasymptomen gebunden sind.

Marius

Die folgende Beschreibung der Odyssee eines jungen Mannes veranschaulicht die Verfeinerung der Strategien zur Traumaheilung. Marius ist ein schmächtiger, intelligenter, scheuer, jungenhaft wirkender Eskimo Mitte 20, der in einem entlegenen Dorf in Grönland aufgewachsen ist. Als ich ihn fragte, ob ich die Sitzung mit ihm in einem Buch beschreiben dürfe, ohne dabei seinen Namen und seine Identität bekanntzugeben, öffneten sich seine Augen weit. »Nein, es ist eine Ehre für mich«, sagte er. »Benutze bitte meinen vollständigen Namen, damit meine Familie und meine Freunde aus meinem Heimatdorf wissen, daß es um mich geht.« Was nun folgt, ist Marius Inuusuttoq Kristensens Geschichte.

Als Marius in Kopenhagen an einer Ausbildung teilnimmt, berichtet er über seine Tendenz zu Angst- und Panikgefühlen, die besonders in Gegenwart von Männern, die er bewundert und deren Anerkennung er sich wünscht, auftreten. Diese Angst kommt bei ihm als allgemeines Schwächegefühl in den Beinen und stechender Schmerz an der Seite seines rechten Beins zum Ausdruck, oft in Verbindung mit Übelkeitsgefühlen. Während er über diese Erfahrung berichtet, fühlen sich sein Kopf und sein Gesicht warm an, er errötet und fängt an zu schwitzen. Danach erzählt er von einem Erlebnis, das er im Alter von acht Jahren hatte.

Auf dem Rückweg von einer Wanderung allein durch die Berge war er einmal von drei wilden Hunden angegriffen und ins rechte Bein gebissen worden. Er erinnert sich noch daran, wie sich der Biß angefühlt hatte und wie er in den Armen eines Nachbarn aufgewacht war. Auch das Bild seines Vaters steht noch vor ihm, wie dieser, als man ihn nach Hause brachte, zur Tür kam und offensichtlich verärgert war. Über diese Ablehnung fühlte er sich verbittert, wütend und verletzt. Er erinnert sich noch, daß seine neue Hose zerrissen und mit Blut beschmiert war. Während Marius dies beschreibt, ist er sichtlich empört. Ich bitte ihn, mir mehr über die Hose zu erzählen. Seine Mutter hatte sie ihm am Morgen des gleichen Tages geschenkt und ihn damit völlig überrascht. Sie hatte das Kleidungsstück selbst aus Eisbärenfell genäht. Sein Ausdruck wechselt plötzlich zu starker Freude und Stolz über. Marius hält in freudiger Erregung seine Arme vor sich, als würde er das weiche Fell noch spüren und seine Wärme genießen: »Solche Hosen tragen auch die Männer des Dorfes, die Jäger.«

Seine Erregung wird noch stärker. Er beschreibt die Hose ausführlich und stellt sich vor, sie mit seinen Händen zu fühlen.

Ich fragte ihn: »Marius, spürst du auch deine Beine in der Hose?«

»Ja, ich spüre meine Beine. Sie fühlen sich so stark an wie die der Männer, wenn sie jagen.«

Während sich die Bilder und Körperempfindungen entfalten, sieht er eine weite Felslandschaft vor sich. Ich fordere ihn auf, gleichzeitig seine Hose zu spüren und auf die Felsen zu schauen.

»Meine Beine wollen springen. Sie fühlen sich leicht an wie Sprungfedern, geschmeidig und stark.« Er berichtet von einem langen Stock, der neben einem Felsen liegt und den er aufhebt.

»Was ist das?« frage ich.

»Ein Speer.«

Er fährt fort: »Ich verfolge einen großen Eisbären. Ich bin mit den anderen Männern zusammen, aber ich werde den Bären erlegen.«

An seinen Oberschenkel-, Becken- und Rumpfmuskeln sind kleine Bewegungen zu erkennen, während er sich vorstellt, daß er beim Verfolgen der Spur des Bären von Fels zu Fels springt.

»Jetzt sehe ich ihn. Ich bleibe stehen und ziele mit meinem Speer auf ihn.«

»Ja«, sage ich, »spüre das in deinem ganzen Körper, spüre deine Füße auf den Felsen, die Stärke deiner Beine und die leicht gekrümmte Haltung deines Rückens und deiner Arme. Spüre die Kraft, die in alldem zum Ausdruck kommt.«

Dieses Rollenspiel dient der Stimulation seiner instinktiven, aggressiven Verhaltensweisen, die durch die erlebte Niederlage beim Angriff der wilden Hunde gestört worden waren. Es stärkt die Raubtierreaktionen, die ihm später helfen werden, die Erstarrung, zu der es bei jenem Angriff kam, aufzulösen.

»Ich sehe den Speer fliegen«, sagt er.

Wieder sind an seinem Körper kleine Haltungsveränderungen zu erkennen. Seine Arme und Beine zittern leicht. Ich fordere ihn auf, sich diese Empfindungen zu vergegenwärtigen. Er berichtet über ein Aufwallen freudiger Erregung.

»Ich habe es geschafft! Ich habe ihn mit meinem Speer erlegt!«

»Was tun die Männer jetzt?« frage ich in der Hoffnung, dadurch erneut Raubtierimpulse zu wecken.

»Sie schneiden dem Bären den Bauch auf, nehmen die Eingeweide heraus und ziehen ihm das Fell ab … um … Hosen und Mäntel daraus zu machen. Danach werden sie das Fleisch ins Dorf tragen.«

»Spüre deine Hose, Marius, und halte dabei deine Hände auf den Beinen.« Ich helfe ihm, die Empfindungen in seinen Beinen zu einer Ressource zu machen. Diese Ressourcen können im Laufe der Zeit gestärkt werden, wodurch auch die Chancen einer erfolgreichen Flucht wachsen.

Tränen treten ihm in die Augen.

»Bist du in der Lage, es zu tun?« frage ich ihn.

»Ich weiß nicht … Ich habe Angst.«

»Spüre deine Beine, spüre deine Hose.«

Dann brüllt er dramatisch in der Eskimosprache, wobei seine Stimme allmählich höher wird: »… Ja, ich schneide den Bauch auf, da ist viel Blut … Ich nehme die Eingeweide heraus. Jetzt ziehe ich das Fell ab. Ich sehe ein Glitzern und Schimmern. Es ist ein wunderschönes Fell, dick und weich. Es wird sehr warm sein.«

Sein Körper wird erneut von Schauern erfaßt, die Gefühle der Stärke und des Triumphs ausdrücken. Die Erregung ist sehr stark und am ganzen Körper erkennbar. Sie nähert sich dem Niveau während des Angriffs der wilden Hunde.

»Wie fühlst du dich, Marius?«

»Ich habe ein wenig Angst … Ich weiß nicht, ob ich jemals ein so starkes Gefühl gespürt habe … Ich glaube, es ist okay … Ich fühle mich meist sehr stark und voller Energie. Ich glaube, ich kann darauf vertrauen … Ich weiß nicht … es ist stark.«

»Spüre deine Beine, spüre deine Füße, berühre die Hose mit deinen Händen.«

»Ja, ich fühle mich jetzt ruhiger. Es fühlt sich nicht mehr wie ein Energieansturm an … mehr wie Stärke.«

»Gut, mach dich jetzt auf den Rückweg ins Dorf.« Ich lenke ihn, nun mit neuen Ressourcen ausgestattet, in die Richtung des traumatischen Augenblicks.

Einige Minuten vergehen. Dann krümmt sich sein Rumpf, und er hält inne. Sein Herzschlag wird schneller, und sein Gesicht rötet sich. »Ich sehe die Hunde, sie kommen auf mich zu.«

»Spüre deine Beine, Marius, und berühre die Hose mit den Händen«, fordere ich ihn mit scharfer Stimme auf. »Spüre deine Beine, und schau, was passiert.«

»Ich wende mich ab. Ich sehe die Hunde. Ich sehe einen Pfahl, einen Elektrizitätsmast. Ich wende mich ihm zu. Ich wußte nicht, daß ich mich daran erinnern konnte.« Marius wird bleich. »Ich werde schwach.«

»Spüre die Hose, Marius«, fordere ich ihn erneut auf, »spüre die Hose mit deinen Händen.«

»Ich laufe.« Die Farbe kehrt in sein Gesicht zurück. »Ich spüre meine Beine. Sie sind stark, wie auf den Felsen.« Er wird wieder bleich und schreit: »Agh! Mein Bein! Es brennt wie Feuer! Ich kann mich nicht bewegen! Ich versuche es, aber ich kann mich nicht bewegen ... Ich kann nicht ... Ich kann mich nicht bewegen. Jetzt ist es taub ... Mein Bein ist taub, ich spüre es nicht .«

»Dreh dich um, Marius. Schau den Hund an. Schau ihn dir an.«

Das ist der entscheidende Punkt. Ich gebe Marius eine Rolle mit Papierhandtüchern. Wenn er jetzt wieder erstarrt, könnte er erneut traumatisiert werden. Er nimmt die Papierrolle und preßt sie zusammen, während ich ebenso wie die anderen Gruppenteilnehmer darüber staune, wieviel Kraft er beim Verdrehen der Papierrolle entwickelt. Er zerreißt sie fast in zwei Teile.

»Jetzt der andere. Schau ihn direkt an ... Schau ihm in die Augen.«

Diesmal stößt er Wut- und Triumphschreie aus. Ich lasse ihm ein paar Augenblicke Zeit, damit er sich an seine Körperempfindungen gewöhnen und dieses Maß an Intensität integrieren kann. Dann fordere ich ihn erneut auf, sich die Szene anzuschauen.

»Was siehst du?«

»Ich sehe sie ... Sie sind alle blutig und tot.« (Sein Erfolg beim Erlegen und Ausweiden des vorgestellten Eisbären hat ihn darauf vorbereitet.)

Sein Kopf und seine Augen wenden sich langsam nach rechts.

»Was siehst du?«

»Ich sehe den Elektromast, es sind Trittsteige daran.«

»Okay, spüre deine Beine, spüre deine Hose.«

Ich will ihn gerade auffordern, zu laufen, um die Fluchtreaktion zum Abschluß zu bringen, da ruft er: »Ich laufe... Ich spüre meine Beine. Sie sind stark wie Sprungfedern.«

Dabei sind durch seine Hose hindurch rhythmische Wellenbewegungen zu erkennen, und sein ganzer Körper zittert.

»Ich klettere ... klettere ... Ich sehe sie unter mir ... Sie sind tot, und ich bin in Sicherheit.« Er fängt an, leise zu schluchzen, und wir warten ein paar Minuten.

»Was erlebst du jetzt?«

»Es fühlt sich so an, als würde ich von riesigen Armen getragen. Der Mann hat mich in seinen Armen. Seine Hände umfassen mich. Ich fühle mich sicher.« Marius berichtet über Zäune und Häuser im Dorf, anschließend schluchzt er leise.

»Wir kommen zum Haus meiner Familie, und ich klopfe an die Tür. Die Tür öffnet sich ... mein Vater ... er ist sehr aufgeregt, holt ein Handtuch ... Mein Bein blutet stark ... Meine Hose ist zerrissen ... Er ist sehr aufgebracht ... Er ist nicht wütend auf mich, er macht sich nur große Sorgen. Es tut weh, die Seife tut weh.«

Marius schluchzt nun in großen, sanften Wellen.

»Es tut weh. Aber ich weine, weil er nicht wütend auf mich ist ... Mir wird klar, daß er aufgebracht war und Angst hatte. Ich empfinde am ganzen Körper Vibrationen ... Ich spüre ein ruhiges, warmes Gefühl. Er liebt mich.«

Marius zittert noch eine Zeitlang leicht, und warme Schweißperlen bilden sich auf seiner Haut.

Ich frage ihn: »Wie fühlt es sich jetzt in deinem Körper an, wo du spürst, daß dein Vater dich liebt?«

Nach einem Schweigen antwortet er : »Ich spüre Wärme. Es ist sehr warm und friedvoll. Ich brauche jetzt nicht mehr zu weinen. Es ist alles gut. Er hatte nur Angst. Es stimmt nicht, daß er mich nicht liebt.«

Traumatransformation (renegotiation)

Zunächst hatte sich Marius nur an die blutige Hose, die Fleischwunde am Bein und an die zurückweisende Reaktion seines Vaters erinnert. Doch war auch ein positiver Ansatz, der für die Heilung genutzt werden konnte, vorhanden: seine Fellhose. Diese Hose fungierte als eine Art roter Faden, der die erfolgreiche Transformation des traumatischen Ereignisses ermöglichte.

Das Bild der zerrissenen und blutigen Hose weckte bei Marius die emotionale Erinnerung an das erlebte Trauma, und die Erinnerung, daß seine Mutter ihm die Fellhose geschenkt hatte, weckte in ihm ein Glücksgefühl. Er war über das Geschenk dieses ersten Symbols seiner Männlichkeit hocherfreut gewesen. Der Gang in die Berge war für ihn eine Initiation, ein Übergangsritual. Seine Hose hatte bei diesem initiatischen Umherstreifen in der Wildnis als Objekt der Macht fungiert. Durch sein zu Anfang der Sitzung ausgedrücktes Bedürfnis, »vor Freude zu springen«, aktivierte er Ressourcen in Form von motorischen Mustern, die bei der Auflösung seiner Erstarrungsreaktion eine wichtige Rolle spielten.

Zur erfolgreichen Transformation eines Traumas kommt es, wenn die auf die Adaptation des Erlebten hinwirkenden Ressourcen des Betreffenden gleichzeitig mit dem Erregungsgrad wachsen. Wenn der Traumatisierte sich von der Peripherie seiner Erfahrung auf den erstarrten »Schockkern« zubewegt, werden seine unaufgelösten Erstarrungsmuster durch flexible Muster neutralisiert, während der Aktivierungsgrad ansteigt.

Indem ich Marius aufforderte, sich der anfänglichen positiven Erfahrung mit seiner Hose bewußt zu bleiben und sich allmählich auf den traumatischen »Schockkern« des Erstarrens zuzubewegen, ermöglichte ich die Verbindung zwischen der positiven Erfahrung und seiner früheren Erfahrung der Niederlage und Zurückweisung. Dadurch gelangte er in den Besitz neuer Ressourcen – seiner natürlichen Aggression und Kompetenz. Als er mit diesem neu gefundenen Vertrauen das Bild der Felslandschaft vor sich sieht, formieren sich seine Ressourcen. Durch das Springen von Fels zu Fels und das Finden und Ergreifen des Speers bereiten ihn seine inneren kreativen Kräfte auf die bevorstehende Herausforderung vor. Er hat wie die Jäger den (imaginären) Eisbären verfolgt und ist als Aggressor aufgetreten. Marius hat die Bilder und das Gefühl des Wiedererstarkens seiner Beine sowie die Beziehung zu den Männern aus seinem Dorf als Ressourcen hinzugewonnen. Mit dieser Macht ausgestattet tritt er seiner gefährlichen Beute entgegengetreten und tötet sie. Während er den imaginären Bären ausweidet, nähert er sich einem Gefühl der Ekstase. Es ist für Marius überaus wichtig, daß diese Erfahrung trotz ihres imaginären Charakters aufgrund des ganzheitlichen inneren Empfindens in jeder Hinsicht ebenso real ist wie die ursprüngliche traumatische Erfahrung – also mental, physiologisch und spirituell.

In der nächsten Ereignissequenz kommt es zur entscheidenden Konfrontation. Im Bewußtsein seiner Kraft und mit einem Gefühl des Triumphs macht er sich auf den Rückweg in sein Dorf. Sein Gewahrsein ist erweitert worden. Zum ersten Mal sieht und beschreibt er den Weg und die Hunde. Vorher waren ihm diese Bilder nicht zugänglich, weil sie durch eine Amnesie vom Bewußtsein ausgeschlossen waren. Er merkt, daß er sich von den angreifenden Hunden entfernt und auf den Elektromast zubewegt. Nachdem er die Kraft in seinen Beinen erfahren hat, ist Marius kein Opfer der Immobilitätsreaktion mehr. Er kann nun eine Entscheidung treffen. Das ekstatische Zittern, das sich als Energie beim Erlegen des Beutetiers manifestiert hat, wird in die Fähigkeit zu laufen umgewandelt. Doch dies ist nur der Anfang: Er kann zwar laufen, aber ist noch nicht in der Lage zu fliehen! Ich fordere ihn auf, zurückzukehren und den Angreifern entgegenzutreten, damit er nicht wieder in den Zustand der Immobilität zurückfällt. Dieses Mal geht er zum Gegenangriff über, zuerst, um seiner Wut Ausdruck zu geben, später mit dem gleichen triumphierenden Gefühl, das er beim Erlegen und Ausweiden des Bären erlebt hat. Sein Vorhaben gelingt ihm. Marius ist siegreich, also kein Versager mehr.

Damit ist die Transformation des traumatischen Erlebnisses aber noch nicht abgeschlossen. In der nächsten Sequenz orientiert sich Marius auf den Mast hin und bereitet sich vor zu laufen. Er hatte diese Handlung vor vielen Jahren initiiert, doch war er bis zu diesem Augenblick nicht in der Lage gewesen, sie tatsächlich auszuführen. Mit Hilfe seiner neuen Ressourcen bringt er die Flucht zum Abschluß, indem er fortläuft. Dies ist im Sinne der linearen Abfolge unsinnig, denn er hat die Angreifer ja bereits getötet. Doch im Sinne seines instinktiven Verhaltens ist die Sequenz logisch. Er hat nun die seit seinem achten Lebensjahr bei ihm bestehende Immobilitätsreaktion zum Abschluß gebracht. Als ich ein Jahr nach dieser Sitzung nach Dänemark kam, hörte ich, daß Marius nicht mehr unter der Angst litt, an der wir gearbeitet hatten. Die Transformation hatte sich also als dauerhaft erwiesen.

Somatisches Erleben – schrittweise Transformation

Diese schrittweise und »mythische« Transformation von Marius' Kindheitstrauma umfaßt verschiedene Elemente. In mehr als tausend Behandlungssitzungen habe ich gelernt, daß Marius' Erfahrung nicht nur deshalb einen so mythischen Charakter hatte, weil er einem Naturvolk angehört, sondern weil die Transformation eines Traumas ihrem Wesen nach immer eine mythopoetische Heldenreise ist. Zu dieser Reise können wir alle aufbrechen, weil wir menschliche Tiere sind – selbst diejenigen unter uns, die nie einen Schritt aus der Stadt gegangen sind. Der Prozeß einer Traumaauflösung kann uns über unsere sozialen und kulturellen Grenzen hinausführen und ein umfassenderes, universelleres Erleben eröffnen. Anders als bei Nancys plötzlicher Flucht vor dem imaginären Tiger vollzog sich die Transformation bei Marius allmählicher.

Somatisches Erleben ist eine sanfte, schrittweise Methode der Transformation eines Traumas. Mit Hilfe des ganzheitlichen inneren Empfindens werden die gewaltigen Kräfte mobilisiert, die in den Traumasymptomen gebunden sind. Dieser Prozeß ähnelt dem sukzessiven Abschälen der Zwiebelhäute, wodurch der traumatisierte Kern zum Vorschein kommt. Eine technische Erläuterung, wie es zur Entwicklung dieser Prinzipien kam, geht über die Zielsetzung dieses Buches hinaus.

Die Heilung eines Traumas erfordert Zeit. Bevor die Genesung eintritt, kann der Traumatisierte dramatische und schmerzhafte Augenblicke und öde Zeiten erleben, in denen nichts zu geschehen scheint. Obgleich die Heilung im Fall von Marius dramatisch war und teilweise in mythische

Dimensionen vorstieß, lag der Schlüssel zur Auflösung seines Traumas darin, daß er sein Erbe als kompetentes und mit vielen Ressourcen ausgestattetes menschliches Wesen anerkennen und sich wieder zu eigen machen mußte.

Marius' Heilungsprozeß ist sicherlich inspirierend für uns alle. Wir müssen uns vergegenwärtigen, daß der Keim für diese Heilung in der physiologischen Entladung der ungeheuren Energiemenge lag, die in der Immobilität gebunden war. In Marius' Fall gelang es, gemeinsam eine Möglichkeit zur allmählichen Nutzung jener gebundenen und komprimierten Energie zu finden.

Für uns alle ist die Bewältigung eines Traumas eine Heldenreise, in deren Verlauf es stets Augenblicke brillanter Kreativität und tiefgründigen Lernens, aber auch Zeiten harter, ermüdender Arbeit gibt. Wir können einen gefahrlosen und sanften Weg aus der Erstarrung finden, ohne vom Geschehen überwältigt zu werden. Teile eines solchen Prozesses können in einer komprimierten Situation wie der oben beschriebenen Sitzung mit Marius zum Abschluß gebracht werden. Andere Phasen haben weniger eindeutige Anfangs- und Endpunkte, da sie sich über längere Zeiträume erstrecken.

Elemente der Traumatransformation

Wenn wir uns Marius' Geschichte vergegenwärtigen, finden wir darin bestimmte Elemente, die für die Heilung der Nachwirkungen traumatischer Erlebnisse von entscheidender Bedeutung sind. Beim Erzählen seiner Geschichte bleibt Marius an der blutigen Hose und an der Zurückweisung seines Vaters hängen. In diesem Augenblick enthält dieses statische Bild (eine Art Schnappschuß) den Sinn des gesamten Erlebnisses. Daß ein Ereignis in einem einzigen Bild kondensiert wird, ist charakteristisch für Traumata. Infolge dieses Erlebnisses fühlte sich Marius unterlegen, ungeheuer verletzt und zurückgewiesen. Wenn er während der Sitzung die Emotionen erfährt, die er mit dem Bild seiner blutbeschmierten Hose verbunden hat, ohne daß er sie zu analysieren oder die Kontrolle über sie zu erlangen versucht, beginnt er, eine Veränderung jener Gefühle zu erleben. Seine Fellhose, die zuvor Niederlage, Verletztheit und Zurückweisung repräsentierte, wird nun zum Katalysator für die entgegengesetzten Gefühle. Im Bild des Geschenks seiner Mutter ist für ihn das Gefühl enthalten, aus Freude auf und ab zu springen.

Durch Kontakt zu seinem ganzheitlichen inneren Empfinden findet Marius inmitten von Schmerz und Verletztheit einen Rohdiamanten. Statt in seinem Schmerz zu versinken, nimmt er das Juwel und bringt nun als Erwachsener seine initiatische Wanderung von der Kindheit zum Mannsein und schließlich zur Individuation zum Abschluß. Nach der Freude über das Geschenk der Fellhose fängt er an, freudige Erregung von Angsterregung zu unterscheiden. Durch diese Entkopplung unternimmt er einen weiteren wichtigen Schritt zur Aufweckung des Tigers.

In der nächsten Sequenz gelingt es Marius, seine Erregung zu verstärken und zu vertiefen. Indem er die Hose mit seinen Händen und seine Beine in der Hose spürt, entwickelt er mit Hilfe des ganzheitlichen inneren Empfindens eine tiefe Ressource. Dadurch werden wir auf unserem individuellen Weg zur Transformation geleitet.

Von der Liebe bekommen wir »weiche Knie«; bei traumatischen Erlebnissen knicken uns die Beine weg. Indem Marius durch Identifikation mit den Jägern des Dorfes die Verbindung zu seinen Beinen wiederherstellte, verwurzelte er sich in seinem eigenen Körper und in der sozialen Welt. Das Wiederfinden unseres Bodens ist ein wichtiger Schritt auf dem Weg zur Traumaheilung.

Indem er sich in den Bergen wandern und über die Felsen springen sah, entwickelte Marius ein ganzheitliches Empfinden seiner Kraft und Beweglichkeit. Diese Beweglichkeit ist einerseits die reale Federkraft unserer Beine, im metaphorischen Sinne aber auch die Beweglichkeit, mit der wir aus dem Trauma zurückfedern und es zum Abschluß bringen.

Als nächstes verfolgt Marius den imaginierten Bären und bereitet sich darauf vor, ihn zu erlegen. Dazu mobilisiert er seine Aggression, die er als Kind bei einem traumatischen Erlebnis verloren hatte. Die Reaktivierung der Aggression ist ein weiteres wichtiges Element bei der Heilung der

Traumanachwirkungen. Dadurch gewinnt Marius die Kraft für die letzten Schritte zur Auflösung des Traumas. Marius transformiert die komplexe Emotion der Angst in Freude und triumphierende Meisterschaft. Indem er in seiner Vorstellung den Bären erlegt, sichert er durch ein aktives Eingreifen ins Geschehen seinen Sieg. Marius ist nun nicht mehr das ohnmächtige, unterlegene Kind. Indem er Schritt für Schritt seine erstarrte Reaktion gegen ein aktives, aggressives Verhalten austauscht, modifiziert er sein Trauma.

An diesem Punkt der Transformation taucht neben dem aggressiven Gegenangriff eine aktive Fluchtreaktion (Laufen) auf. Marius erlebt in seiner Imagination, wie er den Mast hinaufklettert und sich dann die Szene von oben anschaut. Er beendet also den Transformationsprozeß durch die Orientierungsreaktion. Dieser Akt ermöglicht ihm, seine Angst vor der freudigen Erregung, lebendig zu sein, zu überwinden.

Generell könnte man die Strategie bei der Transformation eines Traumas wie folgt beschreiben: Zunächst müssen wir uns mit dem ganzheitlichen inneren Empfinden verbinden. Danach können wir uns den Strömen unserer Empfindungen anvertrauen, wozu das Zittern und andere Formen spontaner Energieentladung gehören. Mit Hilfe des ganzheitlichen inneren Empfindens sind wir in der Lage, die dysfunktionale Verbindung zwischen Erregung und Angst aufzulösen. Weil der Erregungszustand mit einer energetischen Ladung verbunden ist, die wir als freie Energie erhalten wollen, müssen wir sie erden. Elastische, federnde Kraft ist das Gegenteil von Hilflosigkeit. Der Baum wird durch sein Wurzelsystem, das ihn mit der Erde verbindet, stark und elastisch und damit widerstandsfähig. Die Wurzeln nehmen Nahrung aus dem Boden auf und erstarken dadurch. Außerdem ermöglicht die *Erdung* dem Baum, sich im Wind des Wandels zu bewegen, ohne daß er entwurzelt wird. *Federn* könnte man definieren als die Fähigkeit, sich in rhythmischem Wechsel zu erden und zu »enterden«. Diese Spannkraft ist sozusagen eine »dynamische Form der Erdung«. Aggressivität ist die biologische Fähigkeit, bei der Verfolgung von Zielen Energie einzusetzen, insbesondere wenn es um den Gebrauch des Instinkts geht. Im Immobilitätszustand, dem Zustand der Traumatisierung, ist der Zugang zu diesen stärkenden Energien versperrt. Die

Reaktivierung der natürlichen Aggression ist ein wichtiger Schritt auf dem Weg zur Traumaheilung. Die Wiederentdeckung der persönlichen Macht entspricht dem Anerkennen der eigenen Autorität. Sie leitet sich von der Fähigkeit her, über die Orientierung und Anwendung der eigenen Energien selbst zu entscheiden. Meisterschaft ist die autonome Verfügungsgewalt nützlicher Techniken im erfolgreichen Umgang mit Bedrohungen. Orientierung ist das Erkennen der eigenen Position im Hinblick auf die Umstände und die Umgebung. Mit Hilfe dieser Faktoren lassen sich die Rückstände traumatischer Erlebnisse transformieren.

Weil jede Verletzung innerhalb des Lebens existiert und sich das Leben ständig erneuert, ist in jeder Verletzung der Keim zur Heilung und Erneuerung enthalten. Sobald unsere Haut von einem Fremdkörper durchdrungen wird, leitet unsere evolutionäre Weisheit eine genau kalkulierte Reihe biochemischer Vorgänge ein. Unser Körper ist in der Lage, sich durch ständige Selbstkorrektur zu erneuern. Das gleiche gilt auch für die Heilung der Seele und des Geistes.

Teil II
Traumasymptome

10
Der Kern der traumatischen Reaktion

Erregung – Was emporsteigt, muß wieder herunterkommen

Wenn wir eine Gefahr wahrnehmen oder spüren, daß wir bedroht werden, steigt unsere Erregung. Dadurch wird Energie für Überlebensreaktionen mobilisiert. Stellen Sie sich vor, Sie stehen am Rande einer steilen Klippe und sehen in der Tiefe die zerklüfteten Felsen. Achten Sie bei dieser Vorstellung darauf, was Sie in Ihrem Körper spüren. Die meisten Menschen werden dabei in eine starke Erregung versetzt. Bei vielen macht sich die Energiemobilisierung in Form von Hitzeempfindungen oder eines Ansteigens der Herzfrequenz bemerkbar. Vielleicht fühlen Sie eine Anspannung in der Kehle und im Schließmuskel des Anus. Auf andere Menschen wirkt die Nähe einer Gefahr anregend; sie erleben solche Situationen als positive Herausforderung.

Die meisten Menschen genießen jenes natürliche Hochgefühl, das gewöhnlich mit starken Erregungszuständen verbunden ist. Heute suchen viele das Erlebnis todesnaher Gefahr durch Aktivitäten wie Bungeejumping, Fallschirmspringen und Drachenfliegen wegen dieses euphorischen Gefühls. Ich habe mit zahlreichen Kriegsveteranen gearbeitet, die darüber klagten, daß sie sich nie mehr so vital gefühlt hätten wie während ihrer Kampfeinsätze. Menschen suchen in ihrem Leben Herausforderungen, und wir alle können die Energie, die wir brauchen, um uns in solchen Situationen behaupten zu können, nur durch erhöhte Erregung mobilisieren. Wenn ein biologischer Erregungszyklus bei einem Menschen zum Abschluß gelangt, erfährt der Betreffende eine tiefe Zufriedenheit.

Ein solcher Zyklus läuft wie folgt ab: Am Anfang steht eine Herausforderung oder Bedrohung, mit der wir konfrontiert werden. Dadurch werden wir in Erregung versetzt. Sie erreicht ihren Höhepunkt, wenn wir Kräfte mobilisieren, um der Herausforderung oder Bedrohung zu begegnen. Haben wir unser Ziel erreicht oder uns verteidigt, wird die Erregung verringert. Auf diese Weise erreichen wir schließlich einen Zustand der Entspannung und Zufriedenheit.

Traumatisierte haben meist ein tiefes Mißtrauen gegenüber dem Erregungszyklus. Bei einem Traumaopfer ist der Erregungszustand an die Erfahrung des Erstarrens durch Angst gekoppelt. Um nicht mit dieser Angst konfrontiert zu werden, vermeiden es Traumatisierte, den Erregungszyklus zum Abschluß zu bringen. Dadurch bleiben sie in einem Teufelskreis der Angst gefangen. Für Traumaopfer ist es wichtig, sich ein einfaches Naturgesetz zu vergegenwärtigen: Was emporsteigt, muß wieder herunterkommen. Wenn wir lernen, dem Erregungszyklus zu vertrauen, und wir in der Lage sind, mit ihm zu fließen, schaffen wir die Voraussetzung zur Traumaheilung.

Es folgt eine Zusammenstellung der häufigsten Anzeichen für einen erhöhten Erregungszustand:

- physisch: Ansteigen der Herzfrequenz; Atemprobleme (z. B. schneller, flacher, keuchender Atem); kalter Schweiß; muskuläre Spannungen, die sich in Form von Kribbeln äußern;
- mental: Ansturm von Gedanken; starke Beschleunigung der Geistestätigkeit; erhöhte Besorgnis.

Wenn diese Gedanken und Empfindungen das ganzheitliche innere Empfinden nutzen und dem natürlichen Fluß folgen, erreichen sie zunächst ihren Gipfelpunkt, nehmen dann wieder ab und lösen sich schließlich ganz auf. Im Laufe dieses Prozesses können Phänomene wie Zittern, Schütteln, Vibrationen, Wellen von Wärmeempfindungen, tiefe Atmung, eine Verlangsamung der Herzfrequenz, warmer Schweiß, Entspannung der Muskeln und ein generelles Gefühl der Erleichterung, des Wohlbehagens und der Sicherheit auftreten.

Ein Trauma bleibt ein Trauma, ganz gleich, wodurch es verursacht worden ist.

Ein Trauma entsteht, wenn ein Ereignis im Organismus eine Wirkung hervorruft, die nicht aufgelöst wird. Solche Blockaden lassen sich mit Hilfe des ganzheitlichen inneren Empfindens beseitigen. Ein Wiedererleben des ursprünglichen Ereignisses kann von Wert sein, ist es aber oft nicht. Traumasymptome ahmen manchmal das Ereignis nach, durch das sie entstanden sind, oder lassen es wiederaufleben. Doch ist eine Heilung nur möglich, wenn es dem Betroffenen gelingt, zum traumatischen Reaktionsprozeß in Kontakt zu treten.

Die folgende Übung soll Ihnen helfen zu verstehen, warum die Reaktion des Organismus auf eine bedrohliche Situation wichtiger ist als das ursächliche Ereignis. In der Übung geht es nicht um das Trauma selbst, sondern um die physiologische Reaktion, die die Voraussetzung für die Entstehung eines Traumas schafft. Die Übung vermittelt auch einen Eindruck, wie sich ein Trauma anfühlt (denn dies empfinden die meisten Menschen ähnlich), und sie gibt auch Aufschluß darüber, woran ein Trauma zu erkennen ist.

ÜBUNG

Wenn Sie sich während irgendeines Teils dieser Übung sehr unwohl oder stark belastet fühlen, sollten Sie sofort damit aufhören. In manchen Fällen bewirkt die Übung eine zu starke Aktivierung. Tritt dies bei Ihnen ein, so empfehle ich Ihnen, sich an einen erfahrenen Therapeuten zu wenden.

Sie brauchen für die Übung einen Stift, Papier und eine Uhr mit Sekundenzeiger oder Digitalanzeige. (Sie können die Übung aber auch ausführen, wenn Sie keine solche Uhr besitzen.) Nehmen Sie den Stift in die Hand, stellen Sie die Uhr so auf, daß Sie sie sehen können, setzen Sie sich bequem hin, und treten Sie zu Ihrem ganzheitlichen inneren Empfinden in Kontakt. Fühlen Sie Ihre Arme und Beine, und registrieren Sie, wie die Unterlage, auf der Sie sitzen, Ihren Körper trägt. Beziehen Sie anschließend auch die anderen Empfindungen in Ihr Gewahrsein ein – wie sich Ihre Kleidung auf der Haut anfühlt, das Gewicht des Buches auf Ihrem Schoß usw. Dies brauchen Sie, um die Übung ausführen zu können.

Sobald Sie sich Ihre aktuellen Körperempfindungen vergegenwärtigt haben, können Sie mit dem nächsten Schritt der Übung fortfahren. Die besten Ergebnisse erzielen Sie, wenn Sie die einzelnen Teile der Übung unmittelbar nacheinander ausführen. Lesen Sie zu diesem Zweck die Anleitung zunächst vollständig durch. Versuchen Sie beim Lesen, mit Hilfe Ihres ganzheitlichen inneren Empfindens zu Ihren Gefühlen und Gedanken in Kontakt zu treten.

Teil 1: Setzen Sie sich bequem hin, und stellen Sie sich vor, Sie fliegen mit in einem Flugzeug in 10.000 Meter Höhe über das Land. Der Flug ist bisher zwar etwas unruhig verlaufen, aber es ist nichts außergewöhnliches passiert. Versuchen Sie Ihr Gewahrsein so gut wie möglich zu fokussieren, und überlassen Sie Ihrem ganzheitlichen inneren Empfinden die Führung. Plötzlich hören Sie eine laute Explosion – Bumm! – und darauf folgt eine tiefe Stille. Die Triebwerke des Flugzeugs sind ausgefallen! Wie reagiert Ihr Körper auf diese Situation?

Achten Sie auf die Reaktion Ihrer Atmung –

Ihres Herzschlags –

die Temperatur in den verschiedenen Teilen Ihres Körpers – Vibrationen, unwillkürliche Zuckungen und die Intensität der Bewegungen –

Ihre Haltung –

Ihre Augen –

Ihren Hals –

Ihre Seh- und Hörfähigkeit –
Ihre Muskeln –
Ihren Bauch –
Ihre Beine –

Machen Sie sich zu jedem dieser Punkte eine kurze Notiz über Ihre Reaktionen, und notieren Sie sich auch den jeweiligen Zeitpunkt in Minuten und Sekunden.

Atmen Sie nun tief, und entspannen Sie sich. Lassen Sie Ihren Körper zu jenem Wohlbehagen zurückkehren, das Sie vor Beginn der Übung empfunden haben. Achten Sie darauf, wie Ihr ganzheitliches inneres Empfinden dies wahrnimmt. Wenn Sie sich bereit fühlen, können Sie mit dem nächsten Teil der Übung fortfahren. Notieren Sie sich auch zu Beginn des zweiten Teils die Zeit in Minuten und Sekunden.

Teil 2: Stellen Sie sich vor, Sie sitzen vor dem Haus eines Freundes auf den Stufen der Eingangstreppe und warten darauf, daß er nach Hause kommt. Es ist warm, und der Himmel ist klar. Da Sie nicht in Eile sind, lehnen Sie sich entspannt zurück und genießen den Tag. Plötzlich sehen Sie, daß ein Mann, den Sie schon vorher bemerkt hatten, direkt auf Sie zukommt und mit einer Pistole herumfuchtelt. Wie reagiert Ihr Körper auf diese neue Situation?

Beenden Sie die Übung wie bei Teil I.

Teil 3: Stellen Sie sich vor, Sie fahren in Ihrem Auto auf der Autobahn. Der Verkehr ist nicht besonders stark, und Sie sind noch 20 Minuten von Ihrem Ziel entfernt. Plötzlich bekommen Sie Lust, sich Musik anzuhören. Als Sie gerade das Radio einschalten wollen, kommt ein Sattelschlepper über den Mittelstreifen direkt auf Ihr Auto zugeschossen. Wie reagiert Ihr Körper darauf?

Beenden Sie die Übung ebenso wie die vorangegangenen Teile.

Teil 4: Vergleichen Sie die Notizen, die Sie sich zu den ersten drei Teilen der Übung gemacht haben. Wie sehr ähneln sich Ihre Reaktionen auf die drei Szenarios?

Was ist jeweils anders?

Wie leicht fällt es Ihnen, sich jetzt wieder zu entspannen?

Notieren Sie sich, wieviel Zeit Sie nach jeder Übung gebraucht haben, um sich wieder zu entspannen.

Die meisten Menschen reagieren auf alle drei geschilderten Szenarios ähnlich. Jedes Ereignis – ob real oder imaginär –, das ein Trauma erzeugen kann, löst bestimmte physiologische Reaktionen aus, die sich von Mensch zu Mensch hauptsächlich in ihrer Stärke unterscheiden. Man kann sogar noch weiter gehen und sagen, daß alle Tiere ähnlich auf solche Ereignisse reagieren. Falls es Ihnen nach der Übung schwerfällt, sich wieder zu beruhigen, sollten Sie die Augen öffnen und sich auf einen angenehmen Aspekt Ihrer Umgebung konzentrieren. Immer wenn es Menschen oder Tieren an Ressourcen fehlt, um mit einer gefährlichen Situation fertig zu werden, geraten sie in eine starke Erregung. Daneben treten noch andere physiologische Veränderungen ein, die sich in allen Fällen stark ähneln. Deshalb können Sie lernen, das Anfangsstadium eines Traumas zu erkennen, genauso wie Sie durch die letzte Übung gelernt haben, die anfängliche Reaktion auf Gefahr zu erkennen. Wie kommen jene Ähnlichkeiten der Reaktionsweise in Ihrem Körper zum Ausdruck?

Die vier Traumakomponenten

Jedes Trauma umfaßt vier Komponenten, die bei jedem Traumatisierten in geringerem oder stärkerem Maße zu finden sind:

- ein außergewöhnlich starker Erregungszustand
- eine psychophysische Kontraktion,
- eine Dissoziation,
- Erstarren (Immobilität), in Verbindung mit einem Gefühl der Hilflosigkeit.

Diese Komponenten bilden zusammen den Kern der traumatischen Reaktion. Sie treten bei einem traumatischen Erlebnis als erste auf. Jeder von uns hat irgendwann in seinem Leben schon einmal so auf Ereignisse reagiert. Doch wenn sie alle zusammen und über einen längeren Zeitraum auftreten, ist anzunehmen, daß ein unaufgelöster traumatischer Rest zurückgeblieben ist.

Wenn wir lernen, diese vier zentralen Komponenten der traumatischen Erlebnisse zu beobachten, sind wir auf dem besten Weg, ein Trauma zu erkennen. Alle übrigen Symptome entwickeln sich aus den vier genannten Faktoren, sofern die zur Abwehr des traumatischen Ereignisses mobilisierte Energie nicht innerhalb einiger Tage, Wochen oder Monate abgebaut oder integriert wird.

Starke Erregung (hyperarousal)

Wenn Menschen unter Konflikten oder starkem Streß leiden, treten bei ihnen meist eine Beschleunigung der Herz- und Atemfrequenz, starke Erregung, Schlafstörungen, Angespanntheit, Zittern, Fahrigkeit, Gedankenrasen und manchmal Angstanfälle auf. Obwohl solche Symptome nicht immer das Bestehen eines Traumas anzeigen, entstehen sie gewöhnlich durch starke Erregungszustände. Unter den vier Grundkomponenten ist die außergewöhnlich starke Erregung zweifellos die wichtigste.

Wenn Sie sich die vorige Übung noch einmal vergegenwärtigen, werden Sie merken, daß sie einen Eindruck von jenem wichtigen Zustand vermitteln sollte. Der Körper mobilisiert seine Energieressourcen, um sich gegen eine potentielle Bedrohung zur Wehr setzen zu können. Geht es in einer solchen Situation um das nackte Überleben, so wird natürlich wesentlich mehr Energie mobilisiert. Doch selbst wenn uns klar ist, daß wir die für den Überlebenskampf mobilisierte Energie wieder neutralisieren müssen, ist es nicht immer leicht, dies auch tatsächlich zu tun. Denn wie viele instinktive Prozesse unterliegt auch diese starke Erregung nicht der Kontrolle unseres Willens. Dies läßt sich auf einfache Weise anhand eines Experiments zeigen, das Sie in der folgenden Übung ausführen sollen.

ÜBUNG

Haben Sie sich in den drei Szenarios der vorigen Übung die Reaktionen in Ihrem Körper vorgestellt, oder handelte es sich um unwillkürliche Reaktionen auf die vorgestellten Szenarios? Mit anderen Worten: Haben Sie etwas getan, um diese Reaktionen auszulösen, oder sind diese ohne Ihr Zutun ausgelöst worden?

Versuchen Sie nun, derartige Reaktionen absichtlich in Ihrem Körper auszulösen, ohne sich ein bedrohliches Szenario vorzustellen. Stellen Sie fest, ob Sie Ihren Körper durch Willenskraft dazu bringen können, ähnlich zu reagieren, wie er es bei der Vorstellung jener drei Szenarios getan hat, und versuchen Sie, dies

bezüglich Ihrer Augen,
bezüglich Ihrer Haltung,
bezüglich Ihrer Muskeln
und bezüglich Ihres Erregungsgrades zu erreichen.

Versuchen Sie nun, alle Aspekte gleichzeitig zu beeinflussen.

Vergleichen Sie Ihre Erfahrung in dieser Übung mit der vorherigen. In welcher Hinsicht ähneln sich die Erfahrungen? Und wie unterscheiden sie sich?

Die meisten Menschen können die Muskelanspannung und die Bewegungen, die den Zustand starker Erregung kennzeichnen, in etwa nachahmen, wenn auch meist nicht mit dem Maß an Koordination, mit dem sie in realer Gefahr reagieren. Erhöhte innere Erregungszustände treten wesentlich wahrscheinlicher auf, wenn Sie alle Teile der physischen Reaktion gleichzeitig nachzuvollziehen versuchen. Und selbst die einzelne bewußte Mobilisierung ist immer noch wirksamer, als wenn Sie Ihrem Nervensystem schlicht befehlen: »Versetze dich jetzt auf der Stelle in einen Zustand starker Erregung!« Die meisten Menschen sind nicht in der Lage, mit Hilfe eines solchen Appells ein entsprechend hohes Erregungsniveau zu erreichen. Starke Erregung ist eine Reaktion des Nervensystems auf Bedrohungen, wobei es sich um innere und äußere, reale und imaginäre Bedrohungszustände handeln kann.

Kurzfristig betrachtet dienen die drei übrigen Grundkomponenten der traumatischen Reaktion – Kontraktion, Dissoziation und das Gefühl der Hilflosigkeit – dem Schutz des Organismus. Diese natürlichen Funktionen schützen uns vor der äußeren Bedrohung, durch welche die Erregungsreaktion ausgelöst worden ist, und auch vor der inneren Bedrohung, die entsteht, wenn die mobilisierte Energie nicht für die aktive Verteidigung benutzt wird. Traumasymptome entwickeln sich als Versuch, mit dem Problem der aktivierten, aber nicht verbrauchten Energie fertig zu werden. Wenn solche Symptome entstehen, liegt ihnen und ihrer spezifischen Konstellation ein bestimmtes Motiv oder Thema zugrunde. Daß es sich dabei um Kontraktion, Dissoziation und das Gefühl der Hilflosigkeit handelt, ist wohl kaum überraschend.

Kontraktion

Schauen Sie sich Ihre Notizen zur ersten Übung dieses Kapitels noch einmal an. Wie viele Ihrer Körperreaktionen deuten auf Kontraktion oder Anspannung hin?

Das Phänomen der Kontraktion kann sich im gesamten Körper manifestieren. Es kennzeichnet unsere früheste Erfahrung von Bedrohungen und beeinflußt alle Funktionen und alle Teile unseres Körpers essentiell.

Wenn wir auf eine lebensbedrohliche Situation reagieren, wird die dabei auftretende starke Erregung anfänglich von einer physischen Kontraktion und einer Einschränkung unserer Wahrnehmung begleitet. Das Nervensystem versucht auf diese Weise sicherzustellen, daß sich alle unsere Bemühungen auf die Bedrohung konzentrieren, um optimal reagieren zu können. Durch die Kontraktion verändern sich Atmung, Muskeltonus und Haltung eines Menschen. Durch die Verengung der Blutgefäße in der Haut, in den Gliedmaßen und im Bauchbereich steht den Muskeln, die sich bereits im Zustand der Anspannung befinden und sich auf die Verteidigung vorbereiten, mehr Blut zur Verfügung.

Gleichzeitig wird eine Form von Hypervigilanz, eines Zustandes extremer Wachheit, hervorgerufen. Ein Wanderer, der plötzlich eine Klapperschlange vor sich liegen sieht, hört in diesem Augenblick weder das Murmeln eines nahen Bachs noch das Zwitschern der Vögel in den Bäumen. Er sieht auch nicht die wunderschönen Wildblumen und die kunstvollen Muster der Flechten auf den Felsen, und ebensowenig interessiert ihn in diesem Augenblick, was er zu Mittag essen oder ob er zuviel Sonne abbekommen wird. Seine Aufmerksamkeit ist völlig auf die Schlange konzentriert. Wir alle haben schon Geschichten über Menschen gehört, die in bedrohlichen Situationen außergewöhnlichen Mut und erstaunliche Kräfte entwickelten. Eine Frau, die ein Auto hochzuheben vermag, das beim Ölwechsel auf ihren Sohn im Teenageralter herabgefallen ist, nutzt die Energie, die ihr Nervensystem zur Bewältigung dieser lebensbedrohlichen Situation mobilisiert. Starke Erregung und der psychophysische Zustand der Kontraktion ermöglichen zusammen die erfolgreiche Bewältigung von Aufgaben, zu deren Ausführung wir unter normalen Umständen niemals in der Lage wären. Wenn Sie in jenem Zustand starker Erregung und psychophysischer Kontraktion nicht aktiv werden, schafft ein Teil der nicht verbrauchten Energie einen Zustand permanenter starker Erregung. Mit der restlichen dysfunktionalen Energie wird der Zustand der Kontraktion perpetuiert, und es werden ähnlich organisierte, aber wesentlich komplexere Traumasymptome erzeugt, beispielsweise chronische Hypervigilanz, Angst- und Panikanfälle oder bedrängende visuelle Phänomene.

Wenn es der Kontraktion nicht gelingt, die Energie des Organismus in ausreichendem Maße auf die Verteidigung zu lenken, aktiviert das Nervensystem andere Mechanismen, beispielsweise die Erstarrungsreaktion und Dissoziation, um mit dem Zustand der übermäßigen Erregung fertig zu werden. Mit Hilfe von Kontraktion, Dissoziation und Erstarren versucht unser Nervensystem, Situationen zu bewältigen, in denen wir uns verteidigen müßten, es aber nicht können.

Dissoziation

Ich habe keine Angst davor, zu sterben. Ich möchte nur nicht dabei sein, wenn es passiert.
WOODY ALLEN

In diesen zwei Sätzen beschreibt Woody Allen ziemlich akkurat die Rolle der Dissoziation: Sie bietet uns einen ersten Schutz vor der Macht der stärker werdenden Erregung. Wenn eine lebensbedrohliche Situation über längere Zeit bestehenbleibt, schützt uns die Dissoziation vor dem Schmerz des Todes. In seinem persönlichen Tagebuch hat der Forscher David Livingstone sehr anschaulich eine Begegnung mit einem Löwen in den afrikanischen Savannen geschildert.

> Ich hörte ein Brüllen. Erschrocken drehte ich mich halb um und schaute zurück. Ein Löwe machte sich gerade zum Sprung auf mich bereit. Ich befand mich auf einer kleinen Bodenerhebung. Er erwischte mich im Sprung an der Schulter, und wir fielen zusammen an einer etwas tiefer gelegenen Stelle auf den Boden. Während er schrecklich nah an meinem Ohr brüllte, schüttelte er mich, so wie ein Terrier eine Ratte schüttelt. Der Schock versetzte mich in einen Zustand der Erstarrung, ähnlich demjenigen, in den eine Maus versetzt wird, nachdem die Katze sie zum ersten Mal geschüttelt hat. Mit dieser Erstarrung war eine Art Traumzustand verbunden, in dem ich keinen Schmerz und auch keinerlei Schrecken mehr verspürte, obwohl ich mir dessen, was geschah, sehr bewußt war. Was ich erlebte, ähnelte dem, was Patienten beschreiben, die während einer Operation mit Chloroform betäubt werden: Sie sehen alles, was im Operationssaal geschieht, spüren aber das Messer des Chirurgen nicht. Dieser einzigartige Zustand war nicht durch irgendeinen mentalen Prozeß eingetreten. Durch das Schütteln war jede Angst verflogen, so daß ich beim Anblick des Tiers keinerlei Schrecken mehr verspürte. In diesen Zustand werden wahrscheinlich alle Tiere versetzt, bevor

> sie von einem Raubtier getötet werden. Wenn das tatsächlich so ist, ist es eine barmherzige Vorkehrung unseres gütigen Schöpfers zur Linderung des Todesschmerzes.

Die beste Möglichkeit, den Zustand der Dissoziation zu verstehen, besteht darin, ihn zu erleben. In seiner schwächsten Form manifestiert er sich als eine Art Benommenheit. Seine stärkste Manifestation ist das Syndrom der sogenannten multiplen Persönlichkeit. Weil bei einer Dissoziation die Kontinuität des ganzheitlichen inneren Empfindens eines Menschen zusammenbricht, ist dieser Zustand fast immer mit Verzerrungen des Zeitgefühls und der Wahrnehmung verbunden. Eine schwache Form von Dissoziation liegt jener Erfahrung zugrunde, die so viele Menschen machen, wenn sie vom Einkaufen nach Hause fahren und plötzlich merken, daß sie angekommen sind, ohne sich daran erinnern zu können, wie sie ihr Haus erreicht haben. Ihre letzte Erinnerung war, daß sie den Laden verlassen und sich ins Auto gesetzt haben, um nach Hause zu fahren. Dissoziation ist auch im Spiel, wenn wir unsere Schlüssel »irgendwo« hinlegen und uns dann nicht mehr an den Ort erinnern können. Manchmal gestehen wir in solchen Situationen stillschweigend die zeitweilige Abwesenheit des ganzheitlichen inneren Empfindens ein, indem wir scherzend über uns selbst (oder andere) sagen, wir (oder sie) seien wohl kurzzeitig »abgetreten« – mit anderen Worten: nicht ganz bei uns selbst oder in unserem Körper gewesen. In solchen Formen kann sich die Dissoziation in unserem Alltagsleben manifestieren. Besonders deutlich erleben wir dieses Phänomen, wenn wir uns in lebensbedrohlichen Situationen befinden. Stellen Sie sich vor, Sie würden auf einer engen Bergstraße mit Ihrem Auto um eine scharfe Kurve fahren. Plötzlich müssen Sie einem direkt auf Sie zukommenden Lastwagen ausweichen, um einen Frontalzusammenstoß zu vermeiden. Während Sie auf den Abhang zufahren, ziehen die Bilder vom aktuellen Geschehen wie in Zeitlupe an Ihnen vorüber. Dann merken Sie ganz ruhig und ohne jede Angst, daß Sie jemand anderem vom Straßenrand aus zuschauen, als ginge es nicht um Ihren eigenen drohenden Tod.

Ebenso kann eine Frau während einer Vergewaltigung, ein Soldat im feindlichen Sturmangriff oder ein Unfallopfer ein Gefühl völliger Losgelöstheit vom eigenen Körper erleben. Ein Kind, das sexuell mißbraucht wird, kann dieses Geschehen im Zustand der Dissoziation von einem Punkt an der Decke aus beobachten und Mitleid mit dem wehrlosen Kind unten am Boden empfinden oder dabei auch völlig empfindungslos sein.

Dissoziation ist eines der klassischen und gleichzeitig auch eines der subtilsten Traumasymptome – und eines der geheimnisvollsten. Der Mechanismus, durch den sie entsteht, läßt sich weniger leicht erklären als die Art, wie sie erfahren wird. Die Dissoziation scheint das wichtigste Mittel zu sein, das Menschen bei traumatischen Geschehnissen Erfahrungen aushalten läßt, die eigentlich unerträglich sind – beispielsweise den Angriff eines Löwen oder eines Vergewaltigers, das frontale Näherkommen eines Autos oder des Skalpells eines Chirurgen. Dissoziation kann zu einem chronischen Zustand werden, und wird die aktivierte starke Energie nicht neutralisiert, können sich komplexe Symptome daraus entwickeln.

Menschen, die als kleine Kinder wiederholt traumatische Erfahrungen gemacht haben, sehnen sich oft nach dem Zustand der Dissoziation. Sie dissoziieren schnell und habituell, ohne sich dessen bewußt zu sein. Andere dissoziieren, wenn sie in einen starken Erregungszustand versetzt werden oder wenn bei ihnen unangenehme traumatische Bilder oder Empfindungen auftauchen. In jedem Fall hilft die Dissoziation, die nicht neutralisierte Energie starker Erregungszustände von unserer generellen alltäglichen Erfahrung fernzuhalten. Gleichzeitig unterbricht sie die Kontinuität des ganzheitlichen inneren Empfindens und hindert dadurch Traumatisierte, effektiv an der Auflösung ihrer Symptome zu arbeiten. Deshalb müssen wir uns dieses Phänomens bewußt werden.

ÜBUNG

Wenn Sie einen Eindruck gewinnen wollen, wie sich der Zustand der Dissoziation anfühlt, setzen Sie sich bequem auf einen Stuhl und stellen sich vor, daß Sie auf einem Floß liegen, das auf einem See schwimmt. Spüren Sie, wie Sie dahintreiben, und erheben Sie sich ganz allmählich über Ihren Körper. Sie schweben wie ein langsam aufsteigender Ballon in den Himmel und sehen sich unten liegen.

Wie empfinden Sie diese Erfahrung?

Was geschieht, wenn Sie versuchen, Ihren Körper zu spüren?

Wechseln Sie noch ein paarmal zwischen Ihrem Körper und dem Gefühl, über ihm zu schweben, hin und her. Auf diese Weise bekommen Sie einen Eindruck von Dissoziation.

Manchen Menschen gelingt diese Übung leicht, anderen nur schwer. Wie ich bereits erwähnt habe, können sich Traumasymptome um die Kontraktion oder die Dissoziation organisieren. Natürlich fällt es Menschen, die dissoziative Symptome bevorzugen, leichter, entsprechende Übungen auszuführen, als Menschen, die den Zustand der Kontraktion bevorzugen. Wenn Sie mit der Schwebeübung Schwierigkeiten haben, fällt Ihnen vielleicht die folgende Übung leichter.

ÜBUNG

Setzen Sie sich bequem auf einen Stuhl, der Ihrem Körper Halt gibt. Beginnen Sie mit der Übung, indem Sie an einen Ort denken, an dem Sie gern einmal Urlaub machen möchten – einen langen, wirklich erholsamen bezahlten Urlaub. Weil es ein wunderbarer Urlaub werden soll, sollten Sie einen wirklich wunderschönen Ort dafür auswählen. Nun können Sie nach Herzenslust phantasieren.

Vergnügen Sie sich...

Genießen Sie...

Beantworten Sie unmittelbar vor Ihrer Rückkehr von jenem wundervollen Ort die folgende Frage:

Wo sind Sie?

Wahrscheinlich werden Sie als Antwort den gewählten Urlaubsort nennen. Sie werden also vermutlich nicht sagen, daß Sie sich in Ihrem Körper befinden. Und wenn Sie nicht in Ihrem Körper sind, befinden Sie sich im Zustand der Dissoziation. Gratuliere!

Wiederholen Sie die Übung, um den Zustand der Dissoziation besser zu erkennen. Bei diesen Übungen geht es nicht darum, Dissoziationen generell zu verhindern. Vielmehr sollen sie zu erkennen lernen, wann sie eintreten. Sie können sich im Zustand der Dissoziation befinden und sich gleichzeitig bewußt sein, was um Sie herum geschieht. Diese Fähigkeit, auf zwei Dinge zu fokussieren, ist wichtig für den Prozeß der Heilung und der Reintegration. Falls Sie Widerstand verspüren, diese Fähigkeit der dualen Fokussierung des Bewußtseins zu erlernen, respektieren Sie dies, und verlangsamen Sie Ihre Bemühungen. Vermutlich will Ihr Organismus Ihnen vermitteln, daß die Dissoziation bei der Organisation Ihrer Traumasymptome eine wichtige Rolle spielt. Vergegenwärtigen Sie sich von Zeit zu Zeit, daß das Bewußtsein gleichzeitig auf zwei Punkte fokussieren kann, und versuchen Sie gelegentlich, diesen Zustand zu erreichen.

Die Dissoziation tritt in verschiedenen Formen auf, bei denen es immer zu einer grundlegenden Trennung zwischen der Person und dem Körper, einem Teil des Körpers oder einem Teil einer Erfahrung kommt. Sie manifestiert sich als Spaltung zwischen:

1. Bewußtsein und Körper;
2. einem Teil des Körpers, beispielsweise dem Kopf oder den Gliedmaßen und dem restlichen Körper;
3. dem Ich und den Emotionen, Gedanken oder Empfindungen;
4. dem Ich und der Erinnerung an einen Teil eines Ereignisses oder ein Ereignis als Ganzes.

Wie sich eine Dissoziation manifestiert, beeinflußt die Entwicklung der Symptome. Außerdem gibt es Anzeichen, daß die Nutzung der Dissoziation bei der Reaktion auf Traumata sowohl durch genetische Faktoren als auch durch die Persönlichkeitsstruktur beeinflußt wird.

Benommenheit und Vergeßlichkeit zählen offensichtlich zu den Symptomen, die sich aufgrund der Dissoziation entwickeln. Bei einigen anderen Symptomen ist weniger leicht zu erkennen, daß sie gleichen Ursprungs sind.

Leugnen ist wahrscheinlich eine leichte Form von Dissoziation. Es kommt dabei zu einer Abspaltung der Erinnerung an ein bestimmtes Ereignis (oder einer Folge von Ereignissen) oder der Gefühle, die mit demselben verbunden sind. Wir können leugnen, daß ein Ereignis überhaupt stattgefunden hat, oder so tun, als ob dies unwichtig sei. Wenn ein Mensch, den wir sehr lieben, stirbt, können wir uns so verhalten, als sei nichts geschehen, weil es einfach zu schmerzhaft für uns wäre, unsere Empfindungen zuzulassen. Irgendwann überkommen uns dann ungeheuer starke Emotionen. Wenn die Gefühle, die wir zuvor geleugnet haben, integriert werden und die Energie, die im Leugnen gebunden war, wieder freigesetzt wird, tritt an die Stelle des Leugnens Angst, Wut, Trauer oder Scham. Ist die gebundene Energie zu stark und ist es zu schmerzhaft, die geleugneten Gefühle zuzulassen, kann das Leugnen zu einem chronischen Zustand werden – einem »eisernen« Beharren, daß ein bestimmtes Ereignis niemals stattgefunden hat.

Physische Erkrankungen sind häufig die Folge einer teilweisen Dissoziation, bei welcher der Kontakt eines Körperteils zu den übrigen Teilen unterbrochen wird. Wenn beispielsweise die Verbindung zwischen dem Kopf und dem restlichen Körper gestört wird, können Kopfschmerzen entstehen. PMS kann durch eine Störung zwischen den Organen der Beckenregion und dem restlichen Körper auftreten. Ebenso können Magen-Darm-Störungen, chronische Rückenbeschwerden und andere chronische Schmerzen durch partielle Dissoziationszustände in Verbindung mit Kontraktionszuständen entstehen.

Hilflosigkeit

Hilflosigkeit steht in enger Beziehung zu der primitiven, universellen biologischen Reaktion auf übermächtige Bedrohungen – zur Erstarrungsreaktion. So wie man starke Erregung als das Gaspedal des Nervensystems bezeichnen könnte, erfüllt das Gefühl der völligen Hilflosigkeit die Funktion einer Bremse. Wer das Buch *Unten am Fluß* von Richard Adams gelesen hat, erinnert sich vielleicht noch daran, daß die Kaninchen in dieser Geschichte jedesmal erstarren, wenn sie im Dunkeln Autoscheinwerfer auf sich zukommen sehen. Dies ist ein gutes Beispiel für die Erstarrungsreaktion.

Anders als beim Autofahren, wo Bremse und Gaspedal zu verschiedenen Zeitpunkten benutzt werden, treten bei einer traumatischen Reaktion Bremse und Gaspedal gleichzeitig in Aktion. Da das Nervensystem das Ende einer Bedrohung nur daran erkennt, daß die für die Verteidigung mobilisierte Energie wieder neutralisiert ist, fährt es so lange mit der Mobilisierung von Energie fort, bis es zum Abbau oder zur Neutralisierung der aktivierten Reserven kommt. Gleichzeitig erkennt das Nervensystem, daß die Energiemenge innerhalb des Systems so gewaltig ist, daß der Organismus nicht damit fertig werden kann, und tritt deshalb so kräftig auf die »Bremse«, daß alles augenblicklich erstarrt – der Zustand der Immobilität. Durch das völlige Erstarren des Organismus wird die ungeheure Energiemenge unter Kontrolle gehalten.

Das Gefühl der Hilflosigkeit, das Menschen in solchen Situationen erleben, ist nicht mit dem normalen Gefühl der Hilflosigkeit zu vergleichen, das jeden Menschen von Zeit zu Zeit überkommt. Das Gefühl, völlig erstarrt und hilflos zu sein, ist keine Einbildung und auch kein Schabernack, den unsere Vorstellungskraft uns spielt, sondern entspricht einem realen Zustand. Der Körper kann sich nicht bewegen. Es handelt sich hier um ein Gefühl der Lähmung, das so tief reicht, daß die davon Befallenen weder schreien noch sich bewegen oder irgend etwas fühlen können.

Unter den vier zentralen Komponenten der traumatischen Reaktion ist Ihnen die Hilflosigkeit höchstwahrscheinlich noch unbekannt, es sei denn, Sie sind in Ihrem Leben schon einmal mit einer übermächtigen Bedrohung konfrontiert worden. Doch tritt dieses Gefühl fast immer in der Anfangsphase jenes Überwältigtseins auf, mit dem Menschen gewöhnlich auf traumatische Erlebnisse reagieren. Wenn Sie Ihre Reaktionen auf die drei Szenarios aus der Übung am Anfang dieses Kapitels genau untersuchen, werden Sie möglicherweise ein schwaches Gefühl der Hilflosigkeit erkennen. In einer realen, wirklich katastrophalen Situation ist das Gefühl der Hilflosigkeit natürlich ungleich stärker. Nach dem Ende der Bedrohung klingt das intensive Gefühl der Hilflosigkeit ebenso ab wie die Immobilitätsreaktion, verschwindet aber nicht völlig. Wenn wir aufgrund des Erlebten traumatisiert werden, bleibt ein Echo dieser Erstarrung in uns zurück.

Wie die Erregung und die Kontraktion spiegelt auch das Gefühl der Hilflosigkeit physiologische Prozesse, die sich im Inneren unseres Körpers abspielen. Wenn wir uns in einer Gefahr trotz eines erhöhten Erregungszustandes weder verteidigen noch fliehen können, wendet unser Nervensystem als nächste Strategie die der Erstarrung an. Fast jedes Lebewesen verfügt über diese instinktive Verteidigungsstrategie, und wir werden uns auch in den folgenden Kapiteln immer wieder mit dieser faszinierenden Art der Reaktion beschäftigen. Sie spielt sowohl bei der Entstehung als auch bei der Transformation eines Traumas die entscheidende Rolle.

Die Entstehung eines Traumas

Starke Erregung, Kontraktion, Hilflosigkeit und Dissoziation sind allesamt zunächst normale Reaktionen auf Bedrohungen, die nicht in jedem Fall zu Traumasymptomen werden. Nur wenn sie habituellen und chronischen Charakter annehmen, bilden sich Symptome. Wenn die ersten Reaktionen über Monate bestehenbleiben, macht sich dies schließlich im ganzen Leben des Traumaopfers bemerkbar.

Die Entstehung eines Traumas kann also weitreichende Folgen haben. Die in diesem Kapitel beschriebenen Übungen werden Ihnen helfen, herauszufinden, wie sich die hier beschriebenen Reaktionen anfühlen. Wenn die vier Grundkomponenten chronisch werden, erzeugen sie eine Angst, die aufgrund ihrer Stärke unerträglich werden kann. Schlimmstenfalls können die Symptome zu einem allgemeinen traumatischen Angstzustand zusammenwachsen, der Traumatisierte in jedem Augenblick ihres Lebens begleitet.

So komplex Symptome auch erscheinen mögen, immer wird irgendeine Kombination der vier Grundkomponenten erkennbar bleiben. Dadurch können Sie unterscheiden, ob bestimmte Symptome auf ein Trauma zurückzuführen sind oder nicht.

11
TRAUMASYMPTOME

Wenn unser Nervensystem auf eine Gefahr reagiert, stellt es große Mengen von Energie bereit. Verbrauchen wir diese mobilisierte Energie durch eine aktive und effektive Verteidigung, so kehrt das Nervensystem wieder zu seiner normalen Funktionsweise zurück. Unser ganzheitliches inneres Empfinden fühlt sich dann befriedigt und genießt den errungenen Triumph. Ist es uns hingegen nicht gelungen, die Bedrohung abzuwehren, verbleibt die aktivierte Energie in unserem Körper. Damit entsteht ein Problem, das sich selbst perpetuiert. Auf der physiologischen Ebene bilden unser Körper und unser Geist ein ganzheitliches System. Wir erkennen, daß wir uns in Gefahr befinden, wenn wir eine äußere Bedrohung wahrnehmen, und unser Nervensystem wird aktiviert.

Die Wahrnehmung einer realen Bedrohung signalisiert ebenso Gefahr wie ein aktivierter Zustand (auch ohne entsprechende Wahrnehmung). Die Botschaft, daß wir uns in Gefahr befinden, erreicht uns nicht nur durch das, was wir tatsächlich sehen (selbst wenn wir es nur peripher wahrnehmen), sondern auch über unbewußte Empfindungen, die sogenannten »Bauchgefühle«. Wenn jemand in bedrohlicher Haltung auf uns zukommt, signalisiert dies Gefahr, doch die Erhöhung der Herzfrequenz, die Anspannung der Bauchmuskulatur, die Einschränkung und gleichzeitige Intensivierung des Gewahrseins auf einen engen Fokus sowie die allgemeine Veränderung des Muskeltonus sind ebenfalls Gefahrenanzeichen. Wird diese Energie nicht neutralisiert, verhält sich der Organismus, als bestünde die Gefahr weiterhin. Er stimuliert dann ununterbrochen das

Nervensystem, um das erreichte Bereitschafts- und Erregungsniveau aufrechtzuerhalten.

In dieser Situation entstehen die dauerhaft belastenden Traumasymptome. Das Nervensystem aktiviert alle seine physiologischen und biochemischen Mechanismen, um der Bedrohung zu begegnen, doch kann es diesen erhöhten Erregungszustand nicht aufrechterhalten, wenn es nicht die Gelegenheit zu einer effektiven Reaktion erhält. Das Nervensystem allein ist nicht in der Lage, die aktivierte Energie wieder zu entladen. Dadurch entsteht ein Teufelskreis, der zu einer Überlastung des Systems führt. Gelingt es dem Organismus nicht, sein Gleichgewicht wiederzuerlangen, kompensiert er seinen Erregungszustand durch Phänomene, die wir heute als Traumasymptome bezeichnen.

Verschiedene Phasen

Das Nervensystem kompensiert einen sich selbst perpetuierenden Erregungszustand, indem es Anpassungen initiiert, durch welche die Energie schließlich in Form von »Symptomen« gebunden wird. Diese Adaptationen fungieren für das Nervensystem als Sicherheitsventil. Die ersten Traumasymptome treten gewöhnlich schon kurz nach dem ursächlichen Ereignis auf. Wie bereits erwähnt, ermöglichen sie dem Organismus, die ungeheure Energiemenge zu binden, die durch die Reaktion auf die Bedrohung aktiviert worden ist.

Da die Erfahrung jedes Menschen einzigartig ist, kann man keine vollständige Liste aller Traumasymptome zusammenstellen. Doch gibt es Symptome, die das Bestehen eines Traumas anzeigen und bei den meisten Traumatisierten zu finden sind.

Generell treten einige Traumasymptome meist früher auf als andere. Im vorigen Kapitel haben wir uns mit den zuerst auftretenden Symptomen, die den Kern der Traumareaktion bilden, beschäftigt:

- ungewöhnlich starke Erregungszustände
- Kontraktion
- Dissoziation (einschließlich Leugnen)
- Gefühl der Hilflosigkeit

Andere Symptome, die zur gleichen Zeit oder etwas später auftreten, sind:

- Hypervigilanz (ständiges Auf-der-Hut-Sein)
- bedrängende Vorstellungen
- extreme Empfindlichkeit gegenüber Licht und Geräuschen
- Hyperaktivität
- übertriebene emotionale Reaktionen und Schreckreaktionen
- Alpträume und nächtliches Erschrecken
- abrupte Stimmungsschwankungen wie Wut- und Schamreaktionen
- verringerte Streßtoleranz
- Schlafstörungen

Mehrere der genannten Symptome können auch in späteren Phasen auftreten. Die Liste ist nicht für diagnostische Zwecke gedacht, sondern soll helfen, ein Gefühl für die progressive Manifestation von Traumasymptomen zu entwickeln. In der nächsten Phase treten folgende Symptome auf:

- Panikanfälle, Angstzustände und Phobien
- geistige Leere oder das Gefühl, losgelöst über den Dingen zu schweben
- übertrieben starke Schreckreaktionen
- extreme Sensibilität gegenüber Licht und Geräuschen
- Hyperaktivität
- übertrieben starke emotionale Reaktionen
- Alpträume und nächtliches Erschrecken
- Vermeiden bestimmter Umstände (Vermeidungsverhalten)
- Vorliebe für gefährliche Situationen
- häufiges Weinen
- abrupte Stimmungsumschwünge wie Wutreaktionen oder Schamgefühle
- übertrieben starke oder verringerte sexuelle Aktivität
- Amnesie und Vergeßlichkeit
- Unfähigkeit zu lieben, andere Menschen zu umsorgen oder dauerhafte Beziehungen zu entwickeln
- Angst vor dem Tod, vor dem Verrücktwerden oder davor, nur kurz zu leben
- verringerte Streßtoleranz
- Schlafstörungen

Die letzte Gruppe umfaßt Störungen, die erst nach längerer Zeit entstehen und denen meist einige der früher auftretenden Symptome vorausgegangen sind. Sie werden feststellen, daß einige Symptome in allen drei Listen vertreten sind. Es gibt keine feste Regel dafür, welches Symptom ein Organismus unter welchen Umständen entwickelt. Zudem ist keine dieser Listen vollständig. Zu den Symptomen, die gewöhnlich zuletzt auftreten, zählen:

- exzessive Scheu
- mehr oder weniger starke Einschränkung der emotionalen Reaktionsfähigkeit
- Unfähigkeit, Verpflichtungen einzugehen
- chronische Müdigkeit oder allgemeine Mattigkeit
- Störungen des Immunsystems und endokrine Störungen wie Über- oder Unterfunktion der Schilddrüse
- psychosomatische Krankheiten, insbesondere Kopfschmerzen, Hals- und Rückenprobleme, Asthma, Störungen des Verdauungssystems, Darmkrämpfe und starke prämenstruelle Störungen
- Depressionen, Angst vor drohendem Unheil
- Gefühle der Entfremdung und Isolation – des Todes bei lebendigem Leibe
- verringertes Interesse am Leben
- Angst vor dem Sterben, Verrücktwerden oder davor, nur kurz zu leben
- häufiges Weinen
- abrupte Stimmungsschwankungen
- übertrieben starke oder verminderte sexuelle Aktivität
- Amnesie oder Vergeßlichkeit
- Gefühle der Hilflosigkeit und dementsprechende Verhaltensweisen
- Unfähigkeit, andere Menschen zu lieben, zu unterstützen oder dauerhafte Beziehungen einzugehen
- Schlafstörungen
- niedrigere Streßtoleranz und verringerte Fähigkeit, Pläne zu entwickeln

Natürlich werden nicht alle diese Symptome ausschließlich durch Traumata verursacht, und nicht jeder Mensch, der unter einem oder mehreren der genannten Symptome leidet, muß traumatisiert worden sein. Beispielsweise kann eine Grippe ein allgemeines Gefühl des Unwohlseins und Symptome im Bauchbereich verursachen, die Traumasymptomen ähnlich sind. Doch verschwinden Grippesymptome im Gegensatz zu Traumasymptomen gewöhnlich nach ein paar Tagen wieder. Letztere können stabil (ständig präsent) oder instabil (sie kommen und gehen) sein, sich aber auch jahrzehntelang verbergen. Meist treten sie nicht einzeln auf, sondern in bestimmten Konstellationen, sogenannten »Syndromen«, die im Laufe der Zeit immer komplexer und von der ursprünglichen traumatischen Erfahrung unabhängig werden. Zwar deuten bestimmte Symptome oft auf eine bestimmte Art von Trauma hin, doch läßt sich andererseits kein Symptom definitiv mit einem bestimmten Trauma in Verbindung bringen. Wie Menschen auf traumatische Erlebnisse reagieren, hängt von vielen Faktoren ab, unter anderem von der Art und Stärke des Erlebnisses, von der Situation des Geschehens und von den persönlichen Ressourcen, über die die betroffene Person zu jenem Zeitpunkt verfügte.

Und immer wieder gehen wir im Kreis ...

Entspannung macht mich nervös.
ANONYMUS

Eines der heimtückischsten Charakteristika von Traumasymptomen ist, daß sie durch die ursprüngliche Reaktion des Organismus auf Gefahr sich selbst perpetuieren. Hauptsächlich aus diesem Grund versagen die meisten Therapieformen bei der Traumabehandlung. Bei einigen Menschen bewirkt diese ständige Verteidigungsbereitschaft, daß die einmal entwickelten Symptome stabil bleiben. Bei anderen entsteht durch sie eine Vielzahl zusätzlicher Verhaltensweisen oder Prädispositionen, die alle als Traumasymptome verstanden werden können und dem Nervensystem helfen sollen, die Situation unter Kontrolle zu halten.

Vermeidungsverhalten

Mit Hilfe der Traumasymptome wehrt sich der Organismus gegen die Erregung, die durch die permanente Wahrnehmung einer Bedrohung erzeugt wird. Dieses Verteidigungssystem vermag großem Streß jedoch nicht lange standzuhalten. Bei seinem Zusammenbruch wird die durch das traumatische Erlebnis erzeugte Energie und die Botschaft einer unmittelbar drohenden Gefahr wieder aktiviert. Wenn wir unter den Nachwirkungen eines Traumas leiden, reicht das bloße Meiden streßverursachender Situationen nicht aus, um einen Kollaps unseres Nervensystems zu verhindern. Wenn wir kritische Situationen zu vermeiden versuchen, schafft unser Nervensystem selbst solche Anlässe. In der Folge werden wir mit alltäglichen Frustrationen nicht so leicht fertig, wie wir es mit einem normal funktionsfähigen Nervensystem könnten.

Schon harmlose Alltagsereignisse, die wir sonst auf die leichte Schulter nehmen würden, können das diffizile System zur Kontrolle der permanent aktivierten Energie im Nervensystem eines Traumatisierten empfindlich stören. Bei solchen Menschen kann sich ein sogenanntes »Vermeidungsverhalten« entwickeln, das den erstarrten Erregungszustand unter Kontrolle halten soll. Auch Vermeidungsverhalten ist ein Traumasymptom. Es beschränkt unser Leben auf Situationen, in denen wir uns nicht der Gefahr aussetzen, daß unsere erstarrte Energie aktiviert wird. Wenn wir beispielsweise Angst haben, noch einmal in einen Unfall verwickelt zu werden, vermeiden wir möglicherweise, mit dem Auto zu fahren. Wenn die Erregung, in die wir bei einem Ballspiel kommen, bei uns einmal einen Panikanfall ausgelöst hat, meiden wir unter Umständen Ballspiele. Wenn wir während einer sexuellen Begegnung Flashbacks erleben, kann dies zur Folge haben, daß unser Interesse an Sex deutlich abnimmt. Jedes Ereignis, das zu einer Veränderung unseres normalen Energieniveaus führt, kann unangenehme Emotionen und Empfindungen auslösen. Wenn wir uns bemühen, Umstände zu meiden, die zu einer Veränderung des energetischen Gleichgewichtszustandes führen könnten, wird unser Leben dadurch immer stärker eingeschränkt.

Angst vor sogenannten negativen Emotionen

Wenn unser normales Energiegleichgewicht sich verändert, erleben wir das traumatische Ereignis erneut. Nun wird es schwieriger, die Vorgänge zu verstehen, denn was wir erfahren, beruht teilweise auf der falschen Einschätzung der freiwerdenden Energie.

Die Energie, die unser Nervensystem aktiviert, um uns vor Gefahr zu schützen, ist in ihrer reinen Form vital und wirkt positiv anregend. Wenn sie daran gehindert wird, ihre Funktion zu erfüllen und uns zu schützen, wandelt sich ein großer Teil in Angst-, Wut-, Haß- und Schamgefühle um – eine Symptomkonstellation, die sich entwickelt, um die nicht neutralisierte Energie unter Kontrolle zu halten. Diese sogenannten »negativen« Emotionen werden dann eng mit der Vitalenergie selbst assoziiert sowie mit den übrigen Symptomen, aus denen sich der Cluster der Traumanachwirkungen zusammensetzt.

Wenn wir unter einem Trauma leiden, besteht bei uns eine so enge Verbindung zwischen der Lebensenergie und den negativen Emotionen, daß wir beide nicht voneinander zu unterscheiden vermögen. Erforderlich wäre in diesem Fall eine Reaktion, durch welche die aktivierte Energie verbraucht bzw. neutralisiert wird. Kommt es tatsächlich zu einer solchen Reaktion, kann ihre Wirkung uns erschrecken und unerträglich erscheinen – was teilweise damit zusammenhängt, daß wir die freigesetzte Energie als negativ ansehen. Wegen dieser Angst unterdrücken wir die Energie gewöhnlich oder neutralisieren sie bestenfalls unvollständig.

Stabilisierung mit Hilfe von Medikamenten

Traumatisierte können auch versuchen, sich mit Hilfe von Medikamenten zu stabilisieren oder auf diese Weise ihre Symptome zu unterdrücken. Viele probieren diese Möglichkeit auf Anraten eines Arztes aus, wohingegen andere aus eigenem Antrieb zu derartigen Mitteln greifen – was im schlimmsten Fall Drogenmißbrauch sein kann.

Um unsere Situation zu stabilisieren, benötigen wir eine stützende Struktur, die energetisch so stark ist, daß die Symptome nicht provoziert und damit aktiviert werden. Solche Strukturen kann man mit stabilen

Staudämmen vergleichen. Traumaopfer befinden sich häufig in einer Tretmühle, auf die sie keinerlei Einfluß haben. Unter Umständen vermeiden wir zwanghaft Situationen, die authentische Freude und Entspannung hervorrufen, weil dadurch jener homöostatische Zustand gestört werden könnte, den unsere Symptome benötigen, um stabil zu bleiben.

Der Ausweg aus dem Teufelskreis

Somatisches Erleben (Somatic Experiencing®) bietet die Möglichkeit, diesem Teufelskreis zu entkommen. Wenn wir ein Trauma anhand seiner Symptome und nicht nur aufgrund des verursachenden Ereignisses definieren, können wir Perspektiven entwickeln, die uns helfen, Traumata schon im Stadium ihrer Entstehung zu erkennen. Wir folgen unseren natürlichen Reaktionen, statt den inneren Heilungsprozeß zu blockieren.

Die Reise, die zu Gesundheit und Vitalität zurückführt, ist jedoch keineswegs kurz und leichtzunehmen. Jeder Schritt, so klein er auch sein mag, ist wichtig und verdient Beachtung. Im Gegensatz zu vielen anderen Reisen, die wir im Laufe unserer Entwicklung unternehmen, hat diese ein Ende – ein Zustand der Bereicherung und Erfüllung. Das Leben ist schon schwer genug, wenn wir gesund sind. Leiden wir hingegen unter den Folgen eines traumatischen Erlebnisses, kann es unerträglich werden. Wie Sie in den nachfolgenden Kapiteln sehen werden, wird jeder noch so kleine Schritt in Richtung Ganzheit zu einer Ressource, die wir für den Heilungsprozeß nutzen können. Denn die Voraussetzung für eine Heilung ist, daß wir den Einklang mit unseren natürlichen Wurzeln wiederherstellen.

Wenn Traumanachwirkungen chronisch werden, haben wir keine Möglichkeit, die Kontrolle über unseren Körper wiederzuerlangen. Es ist jedoch möglich, das Nervensystem absichtlich in einen erhöhten Erregungszustand zu versetzen und die aktivierte Energie allmählich abzubauen. Denken Sie stets daran, daß übermäßige Erregungszustände und die mit ihnen assoziierten Mechanismen eine direkte Folge der unwillkürlichen Energiemobilisierung angesichts einer Bedrohung sind. Der Ursprung dieser Mechanismen liegt im Nervensystem, und wir erfahren sie in unserem Körper. Deshalb können wir auch nur in unserem Körper erfolgreich an ihnen arbeiten. Dabei ist das Nervensystem vollständig engagiert, und wir nehmen mit Hilfe des ganzheitlichen inneren Empfindens Kontakt zu ihm auf.

12
Die Realität eines traumatisierten Menschen

Die Prämisse dieses Buches lautet, daß ein Trauma durch einen natürlichen physiologischen Prozeß entsteht, der nicht zum Abschluß gelangt. Traumata entstehen nicht aufgrund der speziellen Persönlichkeitsstruktur eines Menschen – zumindest gibt eine solche nicht den Anstoß zu ihrer Entstehung.

In Kapitel 10 haben wir uns damit beschäftigt, wieweit die vier grundlegenden Traumasymptome – außergewöhnlich starke Erregung, psychophysiologische Kontraktion, Dissoziation und Hilflosigkeit – direkt auf die physiologischen Veränderungen zurückzuführen sind, die eintreten, wenn wir uns bei dem Versuch, auf eine lebensbedrohliche Situation zu reagieren, machtlos fühlen. Im vorliegenden Kapitel werden wir uns diese Symptome näher anschauen.

Die Bedrohung, die nirgends zu finden ist

Nur wenige Symptome geben uns einen besseren Einblick in das Wesen eines traumatischen Erlebnisses als das Symptom der übermäßigen Wachsamkeit oder Hypervigilanz. Hypervigilanz ist eine direkte und augenblickliche Manifestation des starken Erregungszustandes, in den wir bei Gefahren versetzt werden. Hypervigilanz behindert insbesondere die Orientierungsreaktion, weil sie Traumatisierte in einen permanenten Zustand lähmender Angst versetzt.

Übermäßige Wachsamkeit entsteht, wenn der durch eine wahrgenommene Gefahr induzierte starke Erregungszustand eine verstärkte, zwanghafte

Orientierungsreaktion hervorruft. Diese deformierte Orientierungsreaktion ist so machtvoll, daß der Betroffene alles daransetzt, den Ursprung der Bedrohung zu identifizieren. Dabei handelt es sich nicht um eine Wahrnehmung in der äußeren Umgebung, sondern um die Reaktion auf einen inneren Erregungszustand.

Bleibt der Erregungszustand bestehen (weil es uns als zu bedrohlich erscheint, die aktivierte Energie zu neutralisieren), befinden wir uns in einer Situation, in der wir nicht gewinnen können. Selbst wenn es uns gelingt, eine äußere Quelle der Bedrohung zu identifizieren, bleibt die Hypervigilanz bestehen, weil auch der innere Erregungszustand weiterhin existiert. Wir versuchen unablässig, den Ursprung der Bedrohung (Wo ist sie?) und ihr Wesen (*Was* ist sie?) zu identifizieren, weil die primitive Orientierungsreaktion dies tut, sobald das Nervensystem in einen erhöhten Erregungszustand versetzt wird. Nur existiert oft gar keine reale äußere Bedrohung.

Hypervigilanz ist eine der Strategien, mit der wir die nach einem erfolglosen Verteidigungsversuch verbliebene Energie zu kontrollieren versuchen. Mit Hilfe der Hypervigilanz leiten wir im Rahmen unserer obsessiven Suche nach einer Gefahr einen Teil jener ungenutzten Energie in die Muskeln unseres Kopf-, Nacken- und Augenbereichs. Unser rationales Gehirn kann ziemlich irrational reagieren, wenn es mit der inneren Erregung in Kontakt tritt. Beide suchen dann gemeinsam nach äußeren Gefahrenquellen. Durch diese dysfunktionale Aktivität wird ein großer Teil der Energie in zunehmendem Maße zwanghaft. Im Zustand der Hypervigilanz wird jede Veränderung – also auch Veränderungen unserer eigenen inneren Zustände – als Bedrohung erlebt. Was als unbegründete Paranoia erscheinen mag, kann in Wahrheit unsere Interpretation des durch sexuelle Erregung hervorgerufenen positiven Zustands sein oder gar auf der Wirkung des Koffeins in einer Limonade beruhen.

Wenn die Erstarrungsreaktion sich immer weiter verfestigt, wird auch die Tendenz zur Hypervigilanz und die generelle Abwehrhaltung stärker. Menschen, die unter Hypervigilanz leiden, sind ständig extrem wachsam, und sie entwickeln oft einen etwas verschlagenen, ängstlichen oder scharfsichtigen

Blick. Eine wachsende Tendenz, Gefahren zu sehen, wo es gar keine gibt, ist für sie ebenso typisch wie eine Verringerung ihrer Neugier, lustvoller Gefühle und der allgemeinen Lebensfreude. Alle diese Reaktionen entwickeln sich, weil wir uns im tiefsten Inneren einfach nicht sicher fühlen.

Wir sind einerseits ständig zu einer Verteidigungsreaktion bereit, andererseits jedoch nicht in der Lage, eine solche erfolgreich auszuführen. Wir suchen zwanghaft nach einer unauffindbaren Bedrohung, selbst wenn sich eine reale Gefahr direkt vor uns befindet. Das Nervensystem kann so stark engagiert sein, daß es nicht mehr in der Lage ist, diesen Aktivierungsgrad aus eigener Kraft zu reduzieren. Dies kann zu Störungen unserer physiologischen Rhythmen (z. B. des Schlafs) als auch unseres allgemeinen Verhaltens führen. Wir können uns dann nicht einmal mehr in den seltenen Augenblicken entspannen, in denen wir uns eigentlich sicher genug fühlen.

Mrs. Thayer

Mrs. Thayer ist eine Gestalt aus der Kurzgeschichte »The Wind Chill Factor« von M. K. Fischer. Sie veranschaulicht sehr lebendig und zutreffend die Wirkung von Hypervigilanz. Mrs. Thayer ist eine Ärztin, die in einem kleinen Haus am Meer allein einen heftigen winterlichen Schneesturm erlebt. »Sie fühlt sich wohl, ihr ist warm, und offenbar beunruhigen sie die möglichen Folgen des Sturms nicht, denn sie schlummert ein. Vor Tagesanbruch wird sie unsanft in die reale Welt zurückgezerrt, als hätte jemand sie an ihrem langen Haupthaar hineingezogen.« Sie spürt das Pochen Ihres Herzens bis zur Kehle. Der Körper ist heiß, doch die Hände fühlen sich kalt und feucht an. Sie befindet sich in einem Zustand höchster Panik. Sie ist überzeugt davon, daß das, was sie erlebt, nichts mit physischer Angst zu tun hat. »Sie fürchtete sich nicht davor, allein oder im Sturm auf den Dünen zu sein. Sie hatte keine Angst vor körperlichen Angriffen, vor Vergewaltigung und all diesen Dingen ... Sie war ganz einfach in Panik.« Mrs. Thayer kämpft gegen den übermächtigen Drang zu fliehen, indem sie sich einzureden versucht: »Hier [im Haus] werde ich den Sturm überleben, oder ich werde hinauslaufen, über die Dünen brüllen und bald in Wellen und Wind sterben.«

Offensichtlich ist Mrs. Thayers Panik inneren Ursprungs. Um Dostojewskis *Aufzeichnungen aus einem Kellerloch* zu paraphrasieren: Niemand kann leben, wenn er nicht in der Lage ist, sich selbst zu erklären, was mit ihm geschieht. Könnten sie eines Tages nicht mehr sich selbst etwas erklären, würden sie annehmen, sie seien verrückt geworden, und dies wäre für sie die letzte verbliebene Erklärungsmöglichkeit. Dostojewskis Empfindungen spiegeln sich in dem Ausspruch eines Psychologen unserer Zeit, Paul Zimbardo, der schreibt: »Die meisten Geisteskrankheiten sind keine kognitiven Beeinträchtigungen, sondern eine Interpretation unzusammenhängender oder unerklärlicher innerer Zustände.« Die meisten Menschen müssen unerklärliche Erfahrungen unbedingt erklären.

Mrs. Thayers Bedürfnis, den Grund ihrer Panik zu finden, ist die normale biologische Reaktion auf einen starken inneren Erregungszustand. Tatsächlich besteht der Sinn und Zweck der Orientierungsreaktion darin, das Unbekannte in unserer Erfahrung zu identifizieren. Dies ist besonders wichtig, wenn das Unbekannte eine Bedrohung sein könnte. Erkennen wir nicht, was uns bedroht, bringen wir uns als Traumatisierte unmerklich selbst in eine Falle.

Wie Dostojewski und Zimbardo zum Ausdruck bringen, haben Menschen große Probleme, zu akzeptieren, daß irgendein Aspekt ihrer Erfahrung sich einfach nicht erklären läßt. Sobald die primitive Orientierungsreaktion aktiviert worden ist, fühlen wir uns gezwungen, nach einer Erklärung zu suchen. Nur selten benutzen wir dabei unsere machtvollen kognitiven Fähigkeiten, um den Sinn des Geschehens zu erkennen. Selbst wenn unsere Denkfähigkeit gut entwickelt ist, können unsere kognitiven Fähigkeiten das primitive Bedürfnis, den Grund unserer Panik zu finden, nicht völlig neutralisieren. Gelingt es unserem Körper/Geist hingegen, die Ursache unseres Leidens zu finden (wie bei dem Beispiel von Nancy in Kapitel 2), wird das primitive Bedürfnis befriedigt. Daraufhin kann eine natürliche Verteidigungsreaktion stattfinden, wodurch die Erfahrung zum Abschluß gebracht wird. In vielen Fällen ist dies ein gewaltiger Schritt auf die Traumaheilung zu.

Gewöhnlich benutzen wir unsere kognitiven Fähigkeiten, um uns noch genauer über das Wesen einer Ursache zu informieren und ihr einen

Namen zu geben (oder sie in unserer Erinnerung zu speichern). Indem wir dies tun, trennen wir uns stärker von der Erfahrung ab. Diese Distanz ist für die Keime des Traumas ein fruchtbarer Boden, in dem sie Wurzeln schlagen und aufgehen können. Ein Tier, das keinen Grund für seinen erhöhten Erregungszustand finden kann, erstarrt, statt zu fliehen. Als Mrs. Thayers extremer Impuls zu fliehen durch die Erstarrungsreaktion abgelöst wird, rationalisiert sie (mit Hilfe ihres Neokortex), daß sie das Verlassen des Hauses nicht überleben würde. Ihr fehlt nicht nur eine Erklärung für ihren extremen physischen Erregungszustand, sondern sie bringt sich auch noch in eine Zwangslage, indem sie sich einredet, bei einem Fluchtversuch würde sie sterben. So verfängt sich Mrs. Thayer in einem engen Netz angstinduzierter Immobilität, das sie selbst geschaffen hat.

Wie die Kinder von Chowchilla (siehe Kapitel 2) hat auch Mrs. Thayer mehr Angst zu fliehen, als eingesperrt zu bleiben. Ihr Neokortex versucht vergeblich, die Situation zu *erklären*, während ihr Reptilienhirn sie zum *Handeln* zwingt. Völlig verwirrt, richtet sie schließlich die gesamte Aufmerksamkeit auf ihre rasende Atmung und blendet jede andere Wahrnehmung aus. Als sie schließlich ihr zwanghaftes Bemühen, die Situation zu verstehen, aufgibt, ermöglicht sie es ihrem Reptilienhirn, seine instinktive Aktivität zu beenden und die außerordentlich große Energiemenge zu neutralisieren, die sich in ihr gestaut hat. Uns wird nicht gesagt, warum sich diese Energie dort befindet, und vielleicht ist dies auch Mrs. Thayer nicht klar. Zu ihrem (und unserem) Glück spielt es keine Rolle. Indem sie sich auf das ganzheitliche innere Empfinden ihres Atmens konzentriert, neutralisiert sie die Energie, die ihren Panikanfall hervorgerufen hat.

Ohne Synthetisieren neuer Informationen kann kein Lernen stattfinden

Eines der typischen Merkmale von Hypervigilanz ist das Fehlen der normalen Orientierungsreaktion (siehe Kapitel 7). Dies hat für Traumatisierte schwerwiegende Implikationen. Es beeinträchtigt die Fähigkeit, sich in jeder Situation optimal zu verhalten, also nicht nur, wenn eine aktive

Verteidigung erforderlich ist. Die Orientierungsreaktion dient unter anderem der Identifikation neuer Informationen. Bei einer Funktionsstörung führen neu auftauchende Informationen zu Verwirrung und Überlastungserscheinungen. Sie werden nicht assimiliert und für zukünftigen Gebrauch zur Verfügung gestellt, sondern in unorganisierter und unbenutzbarer Form angehäuft, wobei wichtige Elemente falsch zugeordnet oder vergessen werden. Information, die unserem Geist nicht als sinnvoll erscheint, »vergißt« er einfach. In einer solchen Konfusion verkompliziert jedes zusätzlich auftauchende Problem die Situation, so daß ganz gewöhnliche Umstände sich zu einem Alptraum von Frustration, Wut und Angst entwickeln können.

Nehmen wir an, das Licht geht aus, während ich versuche, meinen Schreibtisch in Ordnung zu bringen. Ich vermag nicht angemessen auf dieses unerwartete Ereignis zu reagieren, sondern springe mit dem irrationalen Gedanken auf, jemand könnte in mein Haus einbrechen. Mir wird sofort klar, daß dies wahrscheinlich nicht der Fall ist, doch in meiner irrationalen Panik habe ich einen Stapel sorgfältig geordneter Papiere auf den Boden befördert. Mich überkommt eine heftige Wut, und ich verschwende Energie, indem ich frustriert auf den Tisch schlage. Ich blockiere mich durch unproduktive Gedanken: Ist die Hintertür abgeschlossen? Wer sollte eigentlich die Stromrechnung bezahlen? Ist Pouncer (mein Hund) im Haus oder draußen? Ich finde Streichhölzer und zünde eines an, so daß ein schwacher Lichtschein auf den durcheinandergebrachten Schreibtisch fällt. Wo ist die Stromrechnung? Meine Aufmerksamkeit läßt nach. Ich vergesse, daß das Streichholz noch brennt, und lasse es fallen, als ich mir die Finger daran verbrenne. Das Papier auf dem Schreibtisch fängt Feuer. Ein Schrecken durchflutet mich, und ich fühle mich gelähmt, nicht in der Lage, irgend etwas gegen das Feuer zu unternehmen. Erst einige Sekunden später kann ich mich wieder bewegen. Das zeitweilige Erstarren hat meine motorische Koordination gestört, und meine Bemühungen, die Flammen auszuschlagen, sind unbeholfen und ineffektiv. Da meine verringerte Koordinationsfähigkeit gefährlich werden könnte, werde ich noch hektischer, und mir wird zu spät klar, daß ich in meinem verzweifelten Bemühen, mit der Situation fertig zu werden, die einzige Endfassung meines Buches benutzt habe. Die Flammen erlöschen schließlich von selbst. Wieder beginne ich mit dem Versuch, auf meinem überquellenden Schreibtisch Ordnung zu schaffen. Was hat all dieses Papier hier zu suchen? Habe *ich* es dort hingelegt? Wo ist die Stromrechnung? Ich bin nicht in der Lage, die Implikationen dieses Geschehens zu verstehen, und obwohl mir Freunde und Bekannte oft Ratschläge gegeben haben, wie ich besser Ordnung halten könnte, tue ich weiterhin, was ich immer getan habe. Was sonst könnte ich auch anderes tun? In diesem Zustand bin ich nicht in der Lage zu lernen, ich kann mir keine neuen Verhaltensweisen aneignen, und ich vermag nicht aus den beeinträchtigenden Mustern auszubrechen, die schließlich mein ganzes Leben dominieren werden. Wenn ich keine neuen Verhaltensweisen erlernen, keine Pläne schmieden und keine neuen Informationen assimilieren kann, habe ich keinerlei Möglichkeiten, die Unordnung zu verringern.

Chronische Hilflosigkeit

Chronische Hilflosigkeit entsteht, wenn die Erstarrungs-, Orientierungs- und Verteidigungsreaktionen so eingeengt werden, daß sie sich praktisch nur noch in ganz bestimmten, dysfunktionalen Bahnen bewegen. Chronische Hilflosigkeit ist ebenso wie Hypervigilanz und die Unfähigkeit, neue Verhaltensweisen zu erlernen, ein häufiges Merkmal des Lebens traumatisierter Menschen.

Da die Hilflosigkeit zu einem festen Bestandteil ihres Lebens wird, fällt es ihnen zunehmend schwerer, sich in irgendeiner Hinsicht anders als hilflos zu verhalten.

Alle Traumaopfer erleben dieses Phänomen in einem gewissen Maße. Deshalb fällt es ihnen schwer, in neuartigen Situationen präsent zu sein. Menschen, die sich für hilflos halten und sich damit identifizieren, sind zu einer Flucht oder irgendeiner anderen Vorwärtsbewegung praktisch nicht in der Lage. Sie werden zu Opfern ihrer eigenen Gedanken und Bilder. Wenn ihr Nervensystem auf ein Ereignis oder bestimmte Reize mit einem Anstieg der Erregung reagiert, gehen sie nicht wie ein gesunder Mensch zu einer Orientierungs- oder Verteidigungsreaktion über, sondern wechseln aus dem Erregungszustand sofort in den Zustand der Immobilität und Hilflosigkeit. Dabei übergehen sie ihre übrigen Emotionen ebenso wie die normale Reaktionssequenz. Sie werden zu Opfern, die nur darauf warten, immer wieder zu Opfern zu werden.

Sind wir zu einer normalen Orientierungsreaktion nicht fähig, können wir im Fall einer Bedrohung nicht fliehen, selbst wenn dies aufgrund der Situation eigentlich möglich wäre – weil wir diese Gelegenheit einfach nicht sehen. Zwischen dem Zustand erhöhter Erregung und der Immobilität besteht für uns eine so starke Verbindung, daß wir sie nicht voneinander zu trennen vermögen. Jedesmal, wenn wir in erhöhte Erregung versetzt werden, fühlen wir uns automatisch gelähmt und hilflos. Obgleich das Adrenalin unsere Energiereserven mobilisiert und wir physisch durchaus in der Lage wären, wegzulaufen, ist unser Gefühl der Hilflosigkeit so stark, daß wir weder den Ausgang finden noch fliehen können. Dieses Szenario ist in obsessiven Beziehungen häufig zu finden: Wir wissen vielleicht, daß wir aus der Beziehung ausbrechen wollen, doch die Angst und die Erstarrungsreaktion setzen unsere primitiven Verbindungen zur Umgebung außer Funktion, und so verharren wir gegen unseren Willen in einer Beziehung, aus der wir uns eigentlich befreien wollen. Statt der normalen Orientierungs- und Verteidigungsreaktionen (sowie der Freude und des Gefühls der Lebendigkeit, die mit ersteren verbunden sind) erleben wir Angstzustände, tiefe Gefühle der Hilflosigkeit, Scham, dumpfe Benommenheit, Depression und Persönlichkeitsverlust.

Traumatische Verknüpfung

Bei einer traumatischen Verknüpfung wird ein Reiz fest mit einer Reaktion gekoppelt, und beide zusammen setzen die normalen Orientierungsreaktionen außer Kraft. Der Stimulus löst eine bestimmte Reaktion aus. Wir sind praktisch nicht mehr in der Lage, irgendein anderes Resultat zu erleben. Wenn man Menschen, die nicht unter einem Trauma leiden, das Medikament Yohimbin gibt, erleben sie lediglich eine Erhöhung der Herzfrequenz und des Blutdrucks. Bei Veteranen, die unter einer posttraumatischen Belastungsstörung leiden, führt das gleiche Medikament zu einer völlig anderen Reaktion. Sie erleben unter seinem Einfluß die Schrecken des Krieges wieder, statt seine Wirkung lediglich als physische Empfindungen zu erfahren. Eine solche Reaktion deutet auf eine traumabedingte Verknüpfung hin. Bei Kriegsveteranen sind Erregungszustände und die Emotionen, die in Zusammenhang mit der Erstarrungsreaktion auftreten – Erschrecken, Wut und Hilflosigkeit – unauflöslich miteinander verbunden.

Ein verbreitetes Beispiel für traumabedingte Verknüpfungen ist, daß Traumatisierte bei sexueller Erregung Panikanfälle erleben. Statt daß sie genußvolle Empfindungen erleben, treten bei ihnen Panik, Immobilität und Hilflosigkeit auf. Häufig wird dann vermutet, daß die Betreffenden in der Vergangenheit sexuell mißbraucht worden sind, obwohl die Reaktion in Wirklichkeit auf einer traumabedingten Verknüpfung beruht.

Traumatische Angst

Und kein Großinquisitor hält so schreckliche Torturen bereit wie die Angst ... der er nie entfliehen kann, weder durch Zerstreuung noch durch Lärm noch durch Arbeit oder Spiel, weder bei Tag noch in der Nacht.
SØREN KIERKEGAARD

Der Erregungszustand, der sich nicht auflöst, das ständige Gefühl einer drohenden Gefahr, die unablässige Suche nach ihr, die Unfähigkeit, sie zu finden, Dissoziation, ein Gefühl der Hilflosigkeit – alle diese Elemente zusammen erzeugen die traumatische Angst. Wenn wir nicht in der Lage sind, durch die Immobilitätsreaktion hindurchzugehen und sie zum Abschluß zu bringen, resultiert daraus die biologische Botschaft: »Dein Leben hängt an einem seidenen Faden.« Das Gefühl des unmittelbar drohenden Todes wird durch Gefühle der Wut, des Schreckens, der Panik und der Hilflosigkeit verstärkt. Alle diese Faktoren prägen ein Phänomen, das als traumatische Angst bezeichnet wird.

Das Wort »Furcht« steht in einer engen sprachlichen Beziehung zum Begriff Gefahr, wohingegen »Angst« sich von der griechischen Wortwurzel mit der Bedeutung »fest zusammendrücken« oder »strangulieren« herleitet. Auch im Deutschen sind »Angst« und »eng« verwandt.

Die traumatische Angst ist sehr intensiv und geht weit über das hinaus, was wir gewöhnlich als Angst bezeichnen. Der starke Erregungszustand und die Angst davor, den Erstarrungszustand wieder zu verlassen oder aber völlig von ihm erfaßt zu werden, sowie ein unabweisbares Gewahrsein, daß irgend etwas überhaupt nicht in Ordnung ist – all dies zusammen erzeugt einen fast permanenten Zustand extremer Angst, der im Leben eines stark traumatisierten Menschen alle Erfahrungen prägt. Ebenso wie wir uns des Wassers bewußter sind als der Fisch, der darin schwimmt, kann auch die Angst eines Traumatisierten für die anderen Menschen in seiner Umgebung deutlicher sein als dem Betreffenden selbst. Traumatische Angst manifestiert sich als Nervosität, Gereiztheit und Besorgnis. Menschen, die unter traumatischer Angst leiden, verfallen häufig in Panik und Schrecken, und sie können auf alltägliche Geschehnisse übertrieben heftig reagieren. Diese Störungen sind keine festen Persönlichkeitsmerkmale, sondern Anzeichen dafür, daß das Nervensystem des Betreffenden zeitweilig überlastet ist.

Psychosomatische Symptome

Traumasymptome beeinflussen nicht nur unseren emotionalen und mentalen Zustand, sondern auch unsere physische Gesundheit. Wenn keine andere Ursache für eine körperliche Krankheit zu erkennen ist, sind wahrscheinlich Streß und traumatische Erfahrungen die Auslöser. Ein Trauma kann einen Menschen blind, stumm und taub machen; es kann auch eine Lähmung der Gliedmaßen verursachen; es kann chronische Nacken- und Rückenschmerzen erzeugen, ebenso chronische Müdigkeit, Bronchitis, Asthma, Störungen des Verdauungstrakts, starke prämenstruelle Beschwerden, Migräne und unzählige sogenannte psychosomatische Störungen. Wenn der Körper eines Menschen die durch ein Trauma aktivierte und nicht neutralisierte Energie bindet, wird er leichte Beute für Krankheiten aller Art. Die gebundene Energie nutzt jeden erreichbaren Aspekt unserer Physiologie für ihre Zwecke.

Leugnen

Viele Traumaopfer haben sich mit ihren Symptomen mehr oder weniger abgefunden. Sie leben in einem Zustand der Resignation und versuchen gar nicht mehr, den Weg zu einer normalen, gesünderen Lebensweise zu finden. Leugnen und Amnesie spielen eine wichtige Rolle bei der Verstärkung dieses Zustandes. Obgleich wir jene Menschen, die leugnen, daß sie traumatisiert worden sind (indem sie behaupten, eigentlich sei nichts Besonderes passiert), schnell verurteilen oder kritisieren, sollten wir doch bedenken, daß auch das Leugnen selbst ein Symptom ist. Leugnen und Amnesie können nicht durch willentliche Entscheidungen beeinflußt werden und sind auch keine Anzeichen für Charakterschwäche, Persönlichkeitsstörungen oder absichtliche Unehrlichkeit. Das dysfunktionale Verhaltensmuster ist Teil unserer Physiologie. Zum Zeitpunkt des traumatischen Ereignisses hilft das Leugnen dem Opfer, seine Funktions- und Überlebensfähigkeit zu erhalten. Wird das Leugnen jedoch chronisch, kommt es zu einem Traumasymptom.

Die Auswirkungen des Leugnens oder der Amnesie zu beseitigen erfordert viel Mut. Die dabei freiwerdende Energiemenge kann ungeheuer groß sein und sollte weder herabgespielt noch unterschätzt werden. Der Versuch, die Haltung des Leugnens aufzulösen, ist für Traumatisierte von großer Bedeutung.

Gladys

Gladys' Geschichte mag absurd klingen, sie hat sich aber tatsächlich zugetragen und bewegt sich durchaus im Rahmen des typischen Leugnens. Unterstützung durch Familie, Freunde und von seiten eines Therapeuten kann einem Traumatisierten helfen, das Leugnen oder die Amnesie zu überwinden, doch ist der richtige Zeitpunkt dafür eine rein biologische und physiologische Angelegenheit.

Gladys war von ihrem Arzt, der sie wegen Schilddrüsenproblemen behandelte, an mich überwiesen worden. Der Internist hatte keinen physischen Grund für die immer wieder auftretenden akuten Bauchschmerzen finden können. Als ich Gladys zum erstenmal sah, fielen mir sofort ihre ängstliche Ausstrahlung und ihr wachsamer Blick auf. Ihre Augen schienen förmlich aus dem Kopf herauszuspringen, was nicht nur ein klassisches Anzeichen für Schilddrüsenüberfunktion, sondern auch für Angstzustände und chronische Hypervigilanz ist. Ich fragte sie, ob sie unter Angst leide oder jemals ein Trauma erlebt habe. Sie verneinte beides.

Weil mir klar war, daß Menschen traumatische Erlebnisse manchmal leugnen, fragte ich sie, ob sie in den letzten fünf Jahren etwas erlebt habe, das sie stark verängstigt oder aus der Fassung gebracht hätte. Auch dies verneinte sie. Um sie ein wenig zu beruhigen, bemerkte ich, daß nach einer kürzlich veröffentlichten Studie ein erstaunlich großer Teil der Bevölkerung innerhalb der letzten fünf Jahre etwas Beängstigendes erlebt habe.

»Ach, tatsächlich?« antwortete sie. »Nun ja, ich bin vor ein paar Jahren einmal gekidnappt worden. Aber das fand ich eigentlich nicht besonders beängstigend.«

»Auch nicht ein bißchen?«

»Nein, eigentlich nicht.«

»Was ist denn damals passiert?«

»Ich war mit ein paar Freunden in Colorado zum Skifahren, und wir wollten zum Essen ausgehen. Ein Mann fuhr mit dem Auto vor, öffnete die Tür, und ich stieg ein. Aber er fuhr nicht zum Restaurant.«

»Bekamen Sie da Angst?«

»Nein, es war ein Skiwochenende.«

»Wohin fuhr er?«

»Er fuhr mit mir zu seinem Haus.«

»Hatten Sie denn keine Angst, als er nicht zu dem Restaurant fuhr und Sie statt dessen zu seinem Haus mitnahm?«

»Nein, ich wußte ja nicht, warum er das tat.«

»Oh. Was geschah dann?«

»Er band mich an sein Bett.«

»War das denn nicht beängstigend?«

»Nein, eigentlich ist nichts Besonderes passiert. Er hat mich nur bedroht. Nun ja, vielleicht hatte ich ein wenig Angst. An den Wänden hingen alle möglichen Messer und Revolver.«

»Aber Sie hatten nicht besonders viel Angst?«

»Nein, es ist nichts passiert.«

Als Gladys an jenem Tag die Praxis verließ, wirkte sie äußerlich ruhig und gefaßt. Ihre Behauptung, sie hätte sich während der Entführung oder zu irgendeinem anderen Zeitpunkt nicht geängstigt, dominierte immer noch ihre Erfahrung. Sie ist danach nicht mehr zur Behandlung gekommen.

Gladys' Geschichte mag Ihnen extrem erscheinen, doch ist sie für solche Fälle typisch. Das Leugnen beeinflußt Traumatisierte so lange, bis die primitiven Prozesse, die ihr Überleben garantieren, das Leugnen nicht mehr benötigen. Wir können die Haltung des Leugnens aufgeben, wenn wir uns sicher fühlen, wenn ein anderes Ereignis eine »Erinnerung« aktiviert oder wenn unsere Biologie sagt: »Genug.« Obgleich Freunde, Partner und Therapeuten intervenieren können, um Menschen, die traumatische Erlebnisse leugnen, zu helfen, ist für den Erfolg in jedem Fall eine besondere Sensibilität für den richtigen Zeitpunkt wichtig.

Was Traumaüberlebende erwarten

Das junge Mädchen, das von seinem Vater sexuell mißbraucht wird, erstarrt in seinem Bett, weil es dem Schrecken und der Scham, die mit dieser Erfahrung verbunden sind, nicht durch Weglaufen entkommen kann. Da eine aktive Flucht nicht möglich ist, verändern sich die Reaktionen des Kindes auf normale Reize, und es empfindet keine Neugier und Offenheit mehr. Die Aktivitäten des Mädchens werden eingeschränkt und erstarren in Angst. Das Geräusch von Schritten, auf die ein »normales« Kind mit positiver Erwartung reagiert, löst bei dem mißbrauchten Kind Erschrecken aus.

Findet der Inzest immer noch statt, reagiert das Kind mit einer habituellen Erstarrung. Bei Kindern, die bedroht werden, wird die Immobilität jedoch zu einem Traumasymptom. Die Kinder werden dann sowohl psychisch wie physisch zu Opfern, und diese Haltung begleitet sie durch ihr ganzes Leben. Sie sind nicht in der Lage, die Immobilität völlig hinter sich zu lassen und sich die Möglichkeit einer aktiven Flucht wieder zu erschließen, ganz gleich, in welcher Situation sie sich befinden mögen. Ihre Identifikation mit den Gefühlen der Hilflosigkeit und der Scham wird so stark, daß sie nicht mehr über die Ressourcen verfügen, die sie zur Verteidigung brauchen, wenn sie angegriffen oder unter Druck gesetzt werden.

Alle Menschen, die sich wiederholt als machtlos erleben, entwickeln eine Identifikation mit Zuständen der Angst und Hilflosigkeit. Sie treffen die »Entscheidung«, daß sie hilflos sind, und »beweisen« sich selbst und anderen immer wieder, daß diese Opferrolle ihnen absolut angemessen ist. Sie geben den Gefühlen der Hilflosigkeit auch in Situationen nach, die sie durchaus meistern könnten. Manchmal versuchen sie sogar, das, was sie an sich selbst nicht mögen, zu widerlegen, indem sie absichtlich Gefahr provozieren (counter-phobic reaction). Sie verhalten sich wie Opfer und werden dadurch auch tatsächlich immer wieder zu Opfern.

Berufsverbrecher sagen, daß sie ihre Opfer aufgrund der Körpersprache aussuchen. Aus Erfahrung wissen sie, daß sich bestimmte Menschen nicht so gut wehren können wie andere. Sie halten Ausschau nach verräterischen Signalen, die sie in den steifen, unkoordinierten Bewegungen und im desorientierten Verhalten ihrer potentiellen Opfer finden.

Die letzte Windung

Wenn Traumasymptome komplexer werden, beziehen sie allmählich alle Erfahrungsaspekte des Traumaopfers in ihr Netz ein. Diese Symptome haben eine physiologische Grundlage, doch wenn sie in ihrer Entwicklung die letzte Windung der Spirale erreicht haben, beeinflussen sie die mentalen Aspekte unserer Erfahrung nicht nur, sondern werden zu deren Antriebskraft. Besonders beängstigend ist dabei, daß ein großer Teil dieser Wirkung unbewußt bleibt.

Auch wenn die Wirkung eines Traumas nicht vollständig bewußt ist, ändert dies nichts an seiner kompletten Aktivität. Ein Trauma verstärkt auf heimtückische Weise die Motive und Antriebskräfte, die unser Verhalten dominieren. Deshalb steht ein Mann, der als Kind geschlagen worden ist, als Erwachsener unter dem Zwang, ebenfalls zu schlagen. Sein Bedürfnis, zuzuschlagen, wird durch die in seinen Traumasymptomen gebundene Energie ausgelöst. Solange die ursächliche Energie nicht neutralisiert worden ist, läßt sich ein derartiger unbewußter Zwang nur mit großer Willenskraft zügeln.

Die Wiederholung traumatischer Erlebnisse (re-enactment) ist das Symptom, das die letzte Windung der Spirale bei der Entwicklung von Traumasymptomen beherrscht. Dieser Zwang zur Wiederholung des Selbsterlebten ist äußerst mysteriös und destruktiv – sowohl für uns als einzelne, für die Gesellschaft, in der wir leben, wie auch für die Menschheit als Ganzes.

13
DAS SZENARIO DER TRAUMAWIEDERHOLUNG (RE-ENACTMENT)

Eine persönliche Übung

Es verwundert uns viel zu wenig.
SIGMUND FREUD

Das Bestreben, ein Trauma zum Abschluß zu bringen und zu heilen, ist ebenso machtvoll und hartnäckig wie die Symptome, die durch dieses Bestreben entstehen. Der Drang, durch Wiederholung eines traumatischen Erlebnisses das betreffende Trauma aufzulösen, kann sehr stark und geradezu zwanghaft sein. Wir fühlen uns dann magnetisch von Situationen angezogen, die das ursprüngliche traumatische Erlebnis auf offensichtliche oder auch weniger offensichtliche Weise wiederholen. Ein verbreitetes Beispiel hierfür ist die Prostituierte oder »Stripperin«, die als Kind sexuell mißbraucht worden ist. Wir können ein Trauma entweder in Form physischer Symptome oder als vollständigen Ablauf des Geschehens in einer interaktiven äußeren Situation wiederholen. Derartige Wiederholungen können in persönlichen Beziehungen wie in beruflichen Situationen ausagiert werden, als wiederholte Unfälle oder Mißgeschicke ebenso wie in Form anderer, scheinbar zufälliger Ereignisse. Sie können auch als körperliche Symptome oder psychosomatische Krankheiten zum Ausdruck kommen. Kinder, die ein Trauma erlebt haben, wiederholen dieses häufig in spielerischer Form. Erwachsene wiederholen ihre traumatischen Erfahrungen im Alltagsleben. Der Mechanismus selbst ist unabhängig vom Alter des Traumaopfers.

Aus biologischer Perspektive fällt ein Verhalten, das so machtvoll und unausweichlich ist wie die Wiederholung einer traumatischen Situation, unter die Kategorie »Überlebensstrategien«. Die betreffenden Verhaltensweisen haben sich entwickelt, weil sie für das Überleben der betreffenden Art von Vorteil sind. Deshalb müssen wir uns fragen, worin der Wert der oft mit Gefahren verbundenen Wiederholung traumatischer Situationen, unter denen so viele Traumaopfer und traumatisierte Gesellschaften leiden, bestehen könnte.

Wenn es um das Überleben geht, müssen wir schnell und effektiv das Wichtigste über unsere Umgebung herausfinden. Der Drang, möglichst schnell und effektiv zu lernen und umzulernen, ist entscheidend. Die ersten erfolgreichen Fluchterfahrungen eines jungen Tiers in der Wildnis basieren oft auf »Anfängerglück«. Das Tier muß Verhaltensweisen entwickeln, die die Wahrscheinlichkeit einer erfolgreichen Flucht erhöhen. Deshalb ist die Erziehungszeit bei diesen Tieren sehr kurz und intensiv.

Meiner Ansicht nach »rekapitulieren« Tiere zur Verstärkung dieses Lernprozesses jede gefährliche Situation, die sie erleben, und üben Fluchtmöglichkeiten, *nachdem* die für den Überlebenskampf aktivierte Energie wieder neutralisiert worden ist. Ein Beispiel für dieses Verhalten habe ich einmal in einem Tierfilm gesehen. Drei junge Geparden waren nur knapp einem Löwen entkommen, indem sie schnell ihre Fluchtrichtung verändert hatten und in einen hohen Baum geklettert waren. Nachdem der Löwe sein Vorhaben aufgegeben und sich wieder entfernt hatte, kletterten die jungen Geparden vom Baum und fingen an zu spielen. Jeder von ihnen übernahm abwechselnd die Rolle des Löwen, während die beiden anderen verschiedene Fluchtmanöver ausprobierten. Zuerst übten sie die Flucht im Zickzacksprint, anschließend das Erklettern des Baums, bis schließlich ihre Mutter von der Jagd zurückkam. Dann tänzelten sie stolz um die Mutter herum und informierten sie über ihre abenteuerliche Flucht vor den mächtigen Pranken des Löwen.

Ich nehme an, daß der biologische Ursprung des Drangs, traumatische Situationen zu wiederholen, in dieser »zweiten Phase« der Normalisierung zu suchen ist – im »spielerischen« Üben von Verteidigungsstrategien. Doch wie kann dieser ursprünglich spielerische Überlebensmechanismus zu einem pathologischen, oft tragischen und von Gewalttätigkeit geprägten Wiederholungszwang degenerieren? Die Beantwortung dieser Frage ist ungeheuer wichtig, denn es geht hier nicht nur um das Schicksal individueller Traumaopfer, sondern um das Wohl der ganzen Menschheit. Ein großer Teil der Gewalt, unter der die Menschheit leidet, ist direkt oder indirekt auf unaufgelöste Traumata zurückzuführen, die unablässig wiederholt werden, weil die Traumatisierten auf diese Weise versuchen, ihre Kraft wiederzuerlangen.

Die Gepardenjungen hatten den größten Teil der für den Überlebenskampf mobilisierten Energie im Laufe ihrer erfolgreichen Flucht vor dem Löwen verbraucht (Phase I). Nach der Flucht wirkten sie erleichtert. Dann fingen sie in einer zweiten Phase an, die Erfahrung »spielerisch« zu rekapitulieren. Dies taten sie, um die entsprechenden Verhaltensweisen zu meistern, vielleicht ihren Stolz zum Ausdruck zu bringen und ihr Bewußtsein der eigenen Fähigkeiten zu stärken.

Schauen wir uns nun ein menschliches Szenario genauer an: Sie fahren in Ihrem Auto und sehen ein anderes Fahrzeug direkt auf sich zukommen.

> Ihr Körper mobilisiert instinktiv alle verfügbare Energie, um das drohende Unglück zu verhindern. Während Sie das Steuer herumreißen und dem entgegenkommenden Fahrzeug auszuweichen versuchen, spüren Sie eine starke energetische Entladungsreaktion. Sie bemerken, daß das entgegenkommende Auto ein Mercury Cougar ist. Sie erleben ein Hochgefühl, weil Ihnen die Rettung gelungen ist. Sie fahren an den Straßenrand und fühlen sich immer noch ziemlich erregt, obwohl durch Ihre Reaktion auf die Gefahr eine große Energiemenge verbraucht worden ist. Sie fokussieren Ihr Gewahrsein auf das ganzheitliche innere Empfinden und bemerken ein leichtes Zittern in Ihren Kiefern und im Becken, das sich allmählich im ganzen Körper ausbreitet. Sie spüren Wärme und ein Prickeln in Armen und Händen, während die Energie allmählich abgebaut wird. Sobald Sie sich etwas ruhiger fühlen, beginnen Sie, die Situation zu rekapitulieren.

Sie spielen verschiedene Möglichkeiten durch und kommen zu dem Schluß, daß Sie sich auch durch andere Strategien hätten schützen können – obwohl Sie mit Ihrem Verhalten erfolgreich waren. Sie merken sich die Alternativen und entspannen sich langsam. Dann fahren Sie nach Hause und erzählen Ihrer Familie, was geschehen ist. In der Art, *wie* Sie dies tun, kommt ein gewisser Stolz zum Ausdruck, und Sie haben das Gefühl, daß das Erzählen Sie stärkt. Ihre Familie verhält sich sehr verständnisvoll und ist froh, daß Sie die gefährliche Situation heil überstanden haben. Die mitfühlende Haltung Ihrer Angehörigen berührt Sie zutiefst. Dann überfällt Sie plötzlich eine Müdigkeit, und Sie beschließen, sich vor dem Essen ein wenig hinzulegen. Sie sind ruhig und entspannt und schlummern sofort ein. Nach dem Aufwachen fühlen Sie sich erfrischt und gestärkt. Das Erlebnis ist nun schon Vergangenheit, und Sie sind bereit, sich wieder Ihrem gewohnten Alltag zuzuwenden.

Unglücklicherweise gelingt es Menschen oft nicht, die ungeheuren Energiemengen, die ihr Körper in Gefahrensituationen zu ihrem Schutz mobilisiert, auf natürliche Weise abzubauen. Sie befinden sich dann beim Eintritt in die zweite Phase, in der sie das Erlebte rekapitulieren, in einem Zustand starker Erregung. Dieses erhöhte Energieniveau läßt ein »spielerisches« Wiedererleben der Gefahrensituation nicht zu. Statt dessen werden solche Menschen häufig von erschreckenden Flashbacks heimgesucht, die einem Wiedererleben des traumatischen Ereignisses selbst nahekommen. In Kapitel 16 wird die am weitesten verbreitete Reaktion auf eine unvollständige Energieentladung beschrieben. Die meisten Menschen versuchen, ihre nicht verbrauchte Überlebensenergie unter Kontrolle zu halten, indem sie sie verinnerlichen. Obgleich diese Tendenz in der Öffentlichkeit gewöhnlich für akzeptabler gehalten wird als das »Ausagieren«, ist sie in Wahrheit keineswegs weniger gewaltsam als sich äußernde Gewalttätigkeit. Und es ist auch kein besserer Umgang mit diesen großen Mengen aktivierter Energie.

Wir sollten uns darüber im klaren sein, daß auch das Internalisieren instinktiver Verteidigungsreaktionen die Wiederholung einer traumatischen Situation ist – man könnte sie im Gegensatz zum bereits erwähnten Ausagieren als »Einagieren« bezeichnen. Daß Angehörige unserer Kultur lieber sich selbst als anderen gegenüber gewalttätig werden, hat mehrere Gründe. Natürlich ist es leichter, eine soziale Struktur aufrechtzuerhalten, die sich selbst unter Kontrolle zu halten versucht. Doch glaube ich, daß es für die Tendenz, Gewalttätigkeit zu verinnerlichen, noch einen anderen, wesentlich wichtigeren Grund gibt: Indem wir unseren natürlichen Drang, lebensbedrohliche Ereignisse aufzulösen, internalisieren, leugnen wir, daß dieses Bedürfnis existiert – und dadurch bleibt es verborgen. Einer der positivsten Aspekte der heutigen Eskalation gewalttätigen »Ausagierens« ist, der Tatsache ins Auge zu sehen, daß posttraumatischer Streß ein schwerwiegendes Problem darstellt, ganz gleich, ob er sich in Form des Ausagierens oder des »Einagierens« manifestiert. Wir werden uns nun ein Szenario anschauen, in dem es zum Ausagieren kommt.

> Sie fahren in Ihrem Auto und sehen ein anderes Fahrzeug direkt auf sich zukommen. Ihr Körper ist augenblicklich angespannt, während Sie ein Gefühl der Panik verspüren. Sie erstarren und sehen dem offenbar unvermeidlichen Zusammenstoß hilflos entgegen. Sie haben das Gefühl, die Kontrolle verloren zu haben ... Im letzten Sekundenbruchteil vor der Kollision überwinden Sie das Gefühl der Panik und weichen dem entgegenkommenden Fahrzeug aus. Während das andere Auto an Ihnen vorüberfährt, nehmen Sie wahr, daß es sich um einen Mercury Cougar handelt. Sie fahren an den Straßenrand, halten an und versuchen, sich zu beruhigen. Doch statt dessen erleben Sie einen heftigen »Adrenalinstoß«, und anschließend stellt sich ein Gefühl starker Erregung ein. Über die gewaltige Energie erschrecken Sie, und Sie werden wütend. Dieses Wutgefühl hilft Ihnen, mit der Situation fertig zu werden. Sie schimpfen über den Idioten, der Sie fast getötet hätte. Während Ihr Herz und Ihr Geist noch erregt sind, merken Sie, daß Ihre eiskalten Hände immer noch am Steuer Ihres

Wagens »festkleben«. Sie stellen sich vor, Sie würden jenen Idioten mit aller verfügbaren Kraft erwürgen. Noch während der Erregung tauchen vor Ihren Augen Situationsbilder auf. (Die zweite Phase beginnt, doch Ihre Energie befindet sich weiterhin in einem hochaktivierten Zustand.) Das Panikgefühl kehrt zurück, und Ihr Herz schlägt sehr schnell. Sie verlieren die Beherrschung und spüren, wie die Wut Sie erneut packt. Die Wut ist zu Ihrem Freund geworden – sie hilft Ihnen, mit Ihrem physiologischen Zustand fertig zu werden.

Wieder kehren Ihre Gedanken zu dem Mann in dem entgegenkommenden Fahrzeug zurück. Dieser Kerl hat Ihnen den ganzen Tag verdorben. Sie fragen sich, ob es ihm genauso geht wie Ihnen. Sie bezweifeln dies, weil er ein solcher Idiot ist. Wahrscheinlich ist er einfach gedankenlos weitergefahren und sich gar nicht darüber im klaren, welche Gefahr er durch sein unachtsames Verhalten heraufbeschworen hat. Bei dieser Vorstellung erleben Sie einen neuen Wutanfall, und Sie sind sich ziemlich sicher, daß Sie mit Ihrer Vermutung recht haben. Dann fällt Ihnen plötzlich ein Detail ein: der Fahrzeugtyp. Es war ein gelber Cougar! Während Sie das Bild des Wagens vor sich sehen, wallt Ihre Wut erneut auf. Sie hassen das Auto und seinen Fahrer. Sie werden beiden eine Lektion erteilen.

Also fahren Sie los und suchen nach dem gelben Cougar. Tatsächlich entdecken Sie ihn auf einem Parkplatz am Straßenrand. Ihr Herz rast, und während Sie Ihren Wagen abstellen, erreicht Ihre Erregung einen Gipfelpunkt. Sie werden sich rächen und so der Gerechtigkeit Geltung verschaffen. Sie parken in der Nähe, öffnen die Heckklappe Ihres Wagens, nehmen den Wagenheber heraus, gehen damit zu dem Cougar. Mit dem schweren Eisenwerkzeug schlagen Sie auf die Windschutzscheibe des fremden Fahrzeugs ein und versuchen, Ihre gewaltige Energie auszuagieren. Irgendwann halten Sie inne und schauen um sich. Eine kleine Menschenmenge hat sich um Sie versammelt und starrt Sie fassungslos an. Einige Anwesende haben Angst vor Ihnen, andere halten Sie für verrückt, und wieder andere schauen Sie unverhohlen feindselig an. Einen Augenblick überlegen

> Sie, ob Sie auf die Feindseligen losgehen sollen. Wahrscheinlich sind es Freunde des Mannes, dem der Cougar gehört. Dann wird Ihnen plötzlich klar, was Sie soeben getan haben, und ein Gefühl der Scham überkommt sie. Im nächsten Augenblick wird die Scham von einer Panik abgelöst. Sie haben gegen das Gesetz verstoßen, und wahrscheinlich ist die Polizei schon unterwegs. Es ist höchste Zeit, zu verschwinden. Sie laufen zu Ihrem Auto, steigen ein und brausen mit durchdrehenden Rädern los.
>
> Als Sie zu Hause ankommen, beherrscht das Schamgefühl Sie völlig. Ihre Familie ist froh, Sie wiederzusehen, doch Sie können Ihren Angehörigen nicht sagen, was geschehen ist. Sie werden gefragt, ob irgend etwas nicht in Ordnung sei, doch Sie wehren diese Frage ab. Die zeitweilige Erleichterung, die Sie durch das Zerschlagen der Windschutzscheibe verspürt hatten, ist längst verflogen. Statt dessen hat sich das Gefühl der Panik wieder eingestellt. Sie können nicht zu Hause bleiben, setzen sich ins Auto und fahren umher, um sich zu beruhigen. Doch nichts scheint Ihre starke Erregung abbauen zu können. Sie versuchen sich einzureden, daß der Idiot bekommen hat, was er verdiente, doch bringt Ihnen auch dieser Gedanke keine Erleichterung. Daraufhin beschließen Sie, etwas anderes auszuprobieren und fahren zur nächsten Bar, um sich zu entspannen.

Offensichtlich hat diese Reaktion wenig Wert für das Überleben. Die Person im obigen Szenario war in ihrem starken Erregungszustand nicht in der Lage, sich auf intelligente Weise mit dem Vorgefallenen auseinanderzusetzen. Dieser Zustand brachte ihr keinen Zuwachs an Kraft, sondern ließ sie ihren dysfunktionalen biologischen Zustand ausagieren, also erneut durchleben, statt die zur Sicherung des Überlebens mobilisierte Energie abzubauen und sich wieder den normalen Alltagsaktivitäten zuzuwenden. Wir sollten eine solche Reaktionsweise nicht verurteilen, sondern sie als das verstehen, was sie tatsächlich ist – ein erfolgloser Versuch, die für die Bewältigung einer lebensbedrohlichen Situation mobilisierte starke Energie zu neutralisieren. Der Psychiater James Gilligan schreibt in seinem Buch

Violence:[7] »Der Versuch, der Gerechtigkeit Geltung zu verschaffen und Ungerechtigkeit wiedergutzumachen oder zu verhindern, ist die universelle Ursache für Gewalt.« Dr. Gilligans Erkenntnis ist auf emotionaler und intellektueller Ebene zweifellos zutreffend, doch wie läßt sie sich auf den biologischen Aspekt, auf die instinktiven Reaktionen anwenden? Meiner Meinung nach wird Gerechtigkeit in der nicht vom Denken dominierten Welt des ganzheitlichen inneren Empfindens als Vollendung erfahren. Wenn es uns nicht gelingt, die mobilisierte Energie wieder zu neutralisieren und die Erfahrung, durch die sie aktiviert wurde, zum Abschluß zu bringen, sind wir dazu verurteilt, den tragischen Zyklus gewalttätiger Wiederholung entweder durch Ausagieren oder durch »Einagieren« immer wieder zu durchlaufen.

Es ist im Grunde demütigend, wenn wir uns eingestehen müssen, daß ein erheblicher Teil menschlichen Verhaltens von einem Zustand starker Erregung geprägt wird, der durch unabgeschlossene Reaktionen auf Bedrohungen entsteht. Die meisten Menschen scheinen fasziniert oder gar hypnotisiert von denjenigen zu sein, die unser Bedürfnis nach Gerechtigkeit ausagieren. Es gibt zahllose Bücher über die Lebensgeschichten von Massenmördern, und viele von ihnen sind Bestseller. Die Zahl der Filme, in denen es um die Themen Gerechtigkeit und Rache geht, macht wahrscheinlich den weitaus größten Teil der kommerziellen Filmproduktion aus.

Das starke Interesse an Menschen, die sich für das Ausagieren entschieden haben, liegt in unserem Drang nach einem befriedigenden Abschluß von Erfahrungen und der Auflösung von Problemen – oder nach dem, was ich Traumatransformation (renegotiation) nenne – begründet. Bei der Traumatransformation wird der repetitive Zyklus gewalttätigen Ausagierens in einen Heilungsprozeß umgewandelt. Nach einer solchen Transformation verspürt der Betroffene keinerlei Bedürfnis nach Rache oder Gewalttätigkeit mehr. Schamgefühle und Schuldzuweisungen lösen sich unter der machtvollen Wirkung der Erneuerung und des Sich-selbst-Akzeptierens auf (siehe Kapitel 14). Leider gibt es in der Literatur und in Filmen nur wenige Beispiele für dieses Phänomen. Eine Ausnahme ist der Film *Sling Blade*, der viele der transformierenden Eigenschaften veranschaulicht, die einer Traumatransformation innewohnen.

Unser alltägliches »Kollisionsszenario« ist ein wesentlich greifbarerer Bestandteil unseres Lebens als der Stoff, aus dem Filme gemacht werden, und deshalb ist es auch viel aufschlußreicher. In seinem Buch über die Gewalt schreibt Gilligan: »Wenn wir das Wesen von Ereignissen verstehen wollen, die gewöhnlich besonders starke Schamgefühle und deshalb auch besonders extreme Gewaltreaktionen hervorrufen, müssen wir begreifen, daß gerade die Trivialität eines solchen Vorfalls die Situation so beschämend erscheinen läßt. Und die Intensität der Scham bewirkt, daß ein derartiges Ereignis diese extreme Gewaltreaktion hervorruft.« Wenn Menschen sich in einer Situation machtlos fühlen und sich nicht erfolgreich zur Wehr setzen können, empfinden sie oft Scham. Werden sie später gewalttätig, versuchen sie, auf diese Weise der Gerechtigkeit Geltung zu verschaffen und sich dafür zu rächen, daß sie beschämt worden sind.

In Kapitel 7 haben wir uns mit den drei integralen Systemen des menschlichen Gehirns beschäftigt: mit dem Reptilienhirn (dem Sitz der Instinkte), dem Säugetierhirn (dem Sitz der Emotionen) und dem Neokortex (dem Sitz des rationalen Denkens). Scham ist eine Emotion, die dem Säugetierhirn entstammt. Gerechtigkeit hingegen ist eine Idee und gehört zum Neokortex. Doch was geschieht in einem Fall wie dem des Beinahe-Zusammenstoßes mit den Instinkten? Aus meiner Sicht wird bei einer Behinderung des instinktiven Bedürfnisses nach Neutralisierung der für den Überlebenskampf mobilisierten Energie die Funktion der anderen beiden Gehirnteile tiefgreifend verändert.

Schauen wir uns das bereits erwähnte Wiederholungsszenario noch einmal genauer an. Welche Wirkung hatte die nicht verbrauchte Energie auf die emotionale und rationale Reaktion des Betroffenen? Das emotionale Gehirn übersetzte diese Energie einfach in Wut. Daraufhin entwickelte das rationale Gehirn die Idee der Rache. Die beiden miteinander verbundenen Systeme taten damit genau das, was sie unter den gegebenen Umständen tun konnten. Doch da die sehr starke biologische Energie nicht natürlich abgebaut worden war, gerieten sie in eine ziemlich ungewohnte Lage, mit der sie nicht fertig wurden. Es kam bei ihrem Versuch, die Situation zu bewältigen, nicht zur Traumatransformation, sondern zur bloßen Wiederholung des traumatischen Erlebnisses.

Obgleich gewalttätiges Verhalten kurzzeitig Erleichterung verschaffen und den »Stolz« des Traumatisierten stärken mag, ist ein Abschluß der Traumareaktion ohne biologisch funktionalen Abbau der aufgestauten Energie nicht möglich. Deshalb kommt es zwangsläufig zu einer Wiederholung der Schamgefühle und der daraus resultierenden Gewalttätigkeit. Das Nervensystem bleibt in einem Zustand erhöhter Aktivität und zwingt die Betroffenen, die einzige Erleichterung zu suchen, die sie kennen – erneute Gewalttätigkeit. Die traumatische Situation wird nicht aufgelöst, und die Traumatisierten verhalten sich so, als ob diese Situation immer noch bestünde – und im biologischen Sinne trifft dies auch zu, denn ihr Nervensystem befindet sich immer noch in erhöhter Bereitschaft. Die drei kleinen Geparden, die ich in diesem Kapitel erwähnt habe, erkannten, wann die reale Gefahr vorüber war. Der Mensch mit seiner weit »überlegenen« Intelligenz weiß dies häufig nicht.

Freud hat aus der Erkenntnis, daß Menschen in ihrem Verhalten oft lebenslang auf Kindheitserlebnisse fixiert bleiben, den Begriff »Wiederholungszwang« geprägt, womit er die Verhaltensweisen, Beziehungen, Emotionen und Träume meinte, die ihm wie ständige Wiederholungen früher traumatischer Erlebnisse erschienen. Freuds Konzept des Wiederholungszwangs war von der Beobachtung bestimmt, daß Menschen sich immer wieder in ähnliche Situationen manövrieren, um neue Lösungsmöglichkeiten zu erlernen.

5. Juli, 6.30

Bessel van der Kolk, ein Psychiater, der wichtige Beiträge zur Erforschung des posttraumatischen Stresses geleistet hat, erzählt in seinen Schriften die Geschichte eines Vietnamveteranen, die sehr gut die gefährlichen und repetitiven Aspekte der Traumawiederholung und das Streben nach einer Auflösung veranschaulicht.

Ende der achtziger Jahre kam am 5. Juli gegen 6.30 Uhr ein Mann in einen Kiosk. Er hielt seine Hand so in der Tasche, als sei ein Revolver schußbereit, und forderte den Kassierer auf, ihm den Inhalt der Kasse zu geben. Nachdem er etwa fünf Dollar in Münzen erhalten hatte, kehrte der Mann zu seinem Auto zurück und blieb dort, bis die Polizei am Tatort eintraf. Daraufhin stieg er aus seinem Wagen aus, hielt die Finger erneut auf die beschriebene Weise in der Tasche und behauptete drohend, er habe einen Revolver, und niemand solle es wagen, ihn anzurühren. Zum Glück gelang es, ihn festzunehmen, ohne daß auf ihn geschossen wurde.

Auf der Polizeistation schaute sich der diensthabende Beamte die Akte des Mannes an und stellte fest, daß dieser im Laufe der letzten fünfzehn Jahre noch sechs weitere sogenannte »bewaffnete Raubüberfälle« ausgeführt hatte – und zwar alle am 5. Juli um 6.30 Uhr morgens! Nachdem sich herausgestellt hatte, daß der Mann Vietnamveteran war, kam dem Polizeibeamten der Verdacht, daß die merkwürdige Übereinstimmung der Daten kein bloßer Zufall war. Der Täter wurde in ein nahegelegenes Krankenhaus der Veterans Administration gebracht, wo Dr. van der Kolk ein Gespräch mit ihm führte.

Van der Kolk fragte den Mann ohne Umschweife: »Was haben Sie am 5. Juli um 6.30 Uhr morgens erlebt?« Der Mann antwortete ebenso direkt. Während des Vietnamkriegs war der Kompaniezug des Mannes vom Vietkong in einen Hinterhalt gelockt worden, und außer ihm und seinem Freund Jim waren alle Soldaten des Zuges umgekommen. Das war am 4. Juli gewesen. Da es schon dunkel wurde, konnten die Rettungshubschrauber die beiden Überlebenden an diesem Tag nicht mehr evakuieren. Deshalb mußten sie eine schreckliche Nacht in einem Reisfeld verbringen, in unmittelbarer Nähe des Vietkong. Gegen 3.30 Uhr morgens traf eine Kugel des Vietkong Jim in der Brust; er starb am 5. Juli um 6.30 Uhr in den Armen seines Freundes.

Nach seiner Rückkehr in die Vereinigten Staaten hatte dieser Mann an jedem 5. Juli, den er nicht im Gefängnis verbrachte, sein traumatisches

Erlebnis beim Tod seines Freundes wiederaufleben lassen. In der Therapiesitzung mit van der Kolk wurde der Veteran zunächst dazu gebracht, seine Trauer über den Verlust seines Freundes zuzulassen. Anschließend half van der Kolk ihm, eine Verbindung zwischen Jims Tod und dem Zwang, Raubüberfälle zu begehen, herzustellen. Sobald er sich seiner Gefühle bewußt geworden war und die Rolle erkannte, die das ursprüngliche traumatische Erlebnis bei der Entstehung seines Zwangs gespielt hatte, konnte der Mann aufhören, jenes tragische Erlebnis durch die ritualisierten Raubüberfälle immer wieder aufleben zu lassen.

Doch welche Verbindung bestand zwischen den Raubüberfällen und dem Erlebnis des Mannes in Vietnam? Mit Hilfe der »Raubüberfälle« hatte der Veteran jene Kampfsituation rekapituliert, die zum Tode seines Freundes (sowie auch all seiner anderen Kameraden) geführt hatte. Indem er die Polizei provoziert hatte, sich an seinen Traumawiederholungen zu beteiligen, hatte er sich die Darsteller für die Rolle des Vietkong gesichert. Da er niemanden verletzen wollte, hatte er den Revolver nur durch seine Finger vorgetäuscht. Indem er die Situation auf diese Weise hatte eskalieren lassen, war es ihm schließlich gelungen, die Hilfe zu mobilisieren, die er für die Heilung seiner psychischen Verletzungen brauchte. Nach der Arbeit mit van der Kolk gelang es ihm, seinen Schmerz, seine Trauer und seine Schuldgefühle in Zusammenhang mit dem gewaltsamen Tod seines Freundes und angesichts der Greuel des Krieges aufzulösen.

Wenn wir das Verhalten dieses Mannes betrachten, ohne irgend etwas über seine Vergangenheit zu wissen, könnten wir denken, er sei verrückt. Seine Lebensgeschichte läßt jedoch erkennen, daß sein merkwürdiges Verhalten der Versuch war, eine tiefe emotionale Narbe zu heilen. Durch die Traumawiederholung, die ihn immer wieder in schwierige Situationen brachte, gelang es ihm schließlich, sich von seinen alptraumhaften Kriegserlebnissen zu befreien.

In vielen sogenannten primitiven Kulturen hätte der Stamm eines solchen Mannes dessen emotionale und spirituelle Verletzungen erkannt und gewürdigt. Er wäre dazu ermutigt worden, seinen Schmerz der Gemeinschaft mitzuteilen. Daraufhin wäre in Gegenwart aller Dorfbewohner eine

Heilungszeremonie durchgeführt worden. Auf diese Weise hätte sich der Mann wieder mit seiner verlorengegangenen Seele vereint. Danach wäre er in einem Freudenfest als Held in der Gemeinschaft willkommen geheißen und gefeiert worden.

Die wichtige Rolle des Gewahrseins

Die Verbindung zwischen einer Traumawiederholung und der ursprünglichen traumatischen Situation ist nicht immer klar zu erkennen. Ein Traumatisierter assoziiert das traumatische Erlebnis manchmal mit einer anderen Situation und wiederholt diese statt derjenigen, in der das Trauma tatsächlich entstanden ist. Wiederholte Unfälle sind eine häufige Erscheinungsform von Traumawiederholungen, und oft weist die Ähnlichkeit der Unfälle auf einen solchen Zusammenhang hin. In anderen Fällen ziehen sich Menschen immer wieder eine bestimmte Art von Verletzung zu: Verstauchungen der Knöchel, Zerrungen am Knie, Schleudertrauma. Viele psychosomatische Krankheiten sind Beispiele für die Wiederholung traumatischer Erlebnisse.

Gewöhnlich wird solchen »Unfällen« keine weitergehende Bedeutung beigemessen. Daß es sich dabei um Traumasymptome handelt, läßt sich aufgrund der häufigen Wiederholung vermuten. Ein junger Mann, der als Kind sexuell mißbraucht worden war, wurde innerhalb von drei Jahren in mehr als ein Dutzend Auffahrunfälle verwickelt (wobei er in keinem Fall klar die Schuld hatte). Die ständige Wiederholung eines traumatischen Erlebnisses ist das faszinierendste und komplexeste Traumasymptom überhaupt. Dieses Phänomen kann völlig auf die Situation eines bestimmten Menschen abgestimmt sein, wobei ein verblüffendes Maß an Übereinstimmung zwischen der Wiederholung und der ursprünglichen traumatischen Situation zu beobachten ist. Gewöhnlich sind in solchen Fällen einige Elemente der Wiederholung verständlich, wohingegen sich andere jeglicher rationalen Erklärung entziehen.

Jack

Jack ist ein scheuer und ernster Mann Mitte 50, der im Nordwesten der Vereinigten Staaten lebt. Der Grund, weshalb er zu mir gekommen ist, ist ihm sehr peinlich. Unter dieser Peinlichkeit verbirgt sich ein starkes Gefühl der Demütigung und der Scham darüber, versagt zu haben. Als er im letzten Sommer sein Boot im Hafen anlegte, sagte er stolz und mit ausgelassener Stimme zu seiner Frau: »Geht es uns nicht wahnsinnig gut?« Im nächsten Augenblick lagen er selbst, seine Frau und sein Kind auf dem Rücken. Während er das Boot vertäut hatte, wickelte sich ein Seil um den Gashebel. Jack hatte beim Vertäuen des Boots den Motor im Leerlauf weiterlaufen lassen. Nun wurden er und seine Familie von den Füßen gerissen. Zum Glück hatte sich niemand ernstlich verletzt, doch hatte er ein anderes Boot gerammt und einen Schaden von 5.000 Dollar verursacht. Noch wesentlich schlimmer war, daß Jack sich in einen lautstarken Streit mit dem Besitzer des Anlegeplatzes verwickelte und der Mann (der Jack wahrscheinlich für betrunken hielt) darauf bestanden hatte, das Boot für ihn festzumachen. Da Jack aus einer Familie stammte, die immer schon mit Booten zu tun gehabt hatte, und er zudem ein wirklich erfahrener Bootsführer war, hatte diese Episode ihn sehr mitgenommen. Jemandem wie ihm hätte ein Fehler wie das Laufenlassen des Motors beim Anlegen einfach nicht passieren dürfen.

Mit Hilfe seines ganzheitlichen inneren Empfindens erlebt Jack in der Therapiesitzung das Festhalten des Seils wieder. Er spürt, wie es über seine Arme schürft, bevor er auf den Rücken fällt. Dadurch taucht bei ihm die Erinnerung an ein Erlebnis auf, das er im Alter von fünf Jahren hatte. Während einer Bootsfahrt mit seinen Eltern war er von einer Leiter gefallen und ebenfalls auf dem Rücken gelandet. In dieser Situation war er so erschrocken, daß ihm der Atem weggeblieben war.

Er erforschte dieses Erlebnis genauer und spürte, wie seine Muskeln die Leiter hielten, während er die Sprossen emporkletterte. Seine Eltern waren mit anderen Dingen beschäftigt gewesen und hatten nicht bemerkt, daß er auf der Leiter spielte. Als plötzlich eine größere Welle gegen das Boot schlug, war er von der Leiter gefallen. Seine Eltern hatten ihn daraufhin zu mehreren Ärzten gebracht, wobei er die Demütigung über sich ergehen lassen mußte, seine Geschichte immer wieder von neuem zu erzählen.

Zwischen Jacks Sturz im Kindesalter und dem kürzlich erlebten Unfall besteht eine wichtige Parallele. In beiden Fällen bringt er spielerisch seinen Stolz zum Ausdruck, und in beiden Fällen landet er dabei auf dem Rücken – er legt sich sozusagen selbst aufs Kreuz. Das Boot seines Vaters hatte den Namen *The High Seas*. Eine Woche vor seinem Mißgeschick hatte Jack sein Boot ebenfalls *The High Seas* getauft.

Schockmuster

Als Jack sein Boot *The High Seas* nannte, schuf er damit die Voraussetzungen für jene Traumawiederholung, zu der es dann tatsächlich kam. Scheinbar zufällige Erinnerungen an frühere Erlebnisse tauchen oft unmittelbar vor der Wiederholung des Erlebten auf. Noch eigenartiger ist, daß ein unvoreingenommener Beobachter den Zusammenhang derartiger Traumawiederholungen mit dem ursprünglichen Trauma eindeutig erkennen kann, wohingegen der Traumatisierte selbst oft nicht einmal die Spur eines Zusammenhangs wahrnimmt.

Oft tritt eine Traumawiederholung nicht in Verbindung mit unbewußten, scheinbar zufälligen Erinnerungen auf, sondern am Jahrestag eines traumatischen Erlebnisses. Dies kann sogar dann der Fall sein, wenn der Betreffende sich nicht daran erinnert, daß das Ereignis jemals stattgefunden hat! Und wie wir noch sehen werden: Das Fehlen des bewußten Gewahrseins spielt eine Schlüsselrolle bei der Fortsetzung dieser oft bizarren Wiederholungen.

Ohne Gewahrsein haben wir keine Wahl

Versuchen Sie einmal, Ihren Garten von Efeu, Brombeersträuchern oder Bambus zu befreien, indem Sie diese Pflanzen einfach direkt über dem Boden abschneiden. Jeder, der dies einmal versucht hat, weiß, daß es sinnlos ist. Manche Dinge muß man an der Wurzel angehen. Dazu zählt auch das

Trauma. Wir bezeichnen das Verhalten, das sich bei Traumawiederholungen manifestiert, als »Ausagieren« (acting out von acting = schauspielern). Dieser Begriff ist sorgfältig gewählt und schließt ein, daß das Geschehen nicht real ist. Die Wurzel der Traumawiederholung ist etwas völlig anderes – etwas, dessen sich der oder die Betreffende nicht bewußt ist.

Das Ausagieren verschafft dem Organismus zumindest eine zeitweilige Erleichterung. Die Aktivität fungiert als Ventil für die überschüssige Energie. Dabei werden Adrenalin produzierende Stoffe und narkotisch wirkende Endorphine im Körper ausgeschüttet, und der Organismus erlebt die mit dem realen Erlebnis verbundenen überwältigenden Emotionen und Empfindungen. Der Nachteil besteht darin, daß der Traumatisierte den programmierten Verlauf des traumatischen Geschehens wie die Handlung eines Schauspiels (act) durchspielt und selten etwas Neues oder Selbstentwickeltes ausprobieren kann. Ein vernünftiger Mensch wird wohl kaum sein Leben der Macht eines Traumas widmen, indem er durch ständiges Ausagieren das traumatische Geschehen wiedererlebt.

Der Unterschied zwischen Traumawiederholung und Traumatransformation

Jeder Traumawiederholung liegen unbewußte Muster von Ereignissen und Überzeugungen zugrunde, die Erfahrungen nach ihren Vorstellungen gestalten können. Diese Tendenz zur Wiederholung von Erlebtem basiert nicht auf freier Entscheidung, kann also nicht als »absichtlich« im üblichen Sinne bezeichnet werden. Absichtliche Handlungen erfordern die Mitwirkung des Bewußtseins, was bei Traumawiederholungen nicht der Fall ist. Bei letzteren ist sich der menschliche Organismus nicht vollständig seiner Motive bewußt, und seine Arbeitsweise entspricht der des Reptilienhirns. Er tut einfach, was er eben tut.

Mit der Traumawiederholung versucht der Organismus, den natürlichen Zyklus der Aktivierung und Deaktivierung, der bei wildlebenden Tieren die Reaktion auf Bedrohungen begleitet, zum Abschluß zu bringen. Bei Tieren in freier Natur wird die in Gefahrensituationen aktivierte Energie oft durch

Flucht oder Kampf verbraucht. Wenn das ursprüngliche traumatische Ereignis eine aktive Fluchtstrategie erforderte, ist es sicherlich nicht verwunderlich, daß die Traumawiederholung sich ebenfalls einer solchen zu bedienen versucht.

Als Menschen sind wir für Traumatisierungen weitaus anfälliger als Tiere. Der Schlüssel zur Überwindung dieses mißlichen Umstandes liegt in der Fähigkeit, die uns am klarsten von Tieren unterscheidet: uns unserer inneren Erfahrung *bewußt* zu sein. Wenn wir wie Jack in der Lage sind, unsere Aktivitäten zu *verlangsamen* und alle Elemente unserer traumatischen Muster zu erleben, wenn wir ihnen ermöglichen, zum Abschluß zu gelangen, bevor wir uns anderen Dingen zuwenden, dann treten wir zu den Antrieben und Motivationen in Kontakt und transformieren sie. Dies ermöglicht uns, die in unserem Nervensystem aktivierte Energie auf eine sanfte Weise zu neutralisieren, und wird als Traumatransformation (renegotiation) bezeichnet.

Im Theater unseres Körpers

Der Erregungszustand wird chronisch infolge überwältigender Empfindungen und Emotionen, die durch innere Prozesse entstehen. Deshalb können Traumata nur durch innere Arbeit transformiert werden. Bei der Traumawiederholung mag die Welt uns als Bühne dienen. Da das gesamte Geschehen jedoch äußerlich bleibt, verändert sich nichts. Deshalb erreicht die Traumawiederholung so gut wie nie ihr eigentliches Ziel.

Es ist zu unserem Nachteil, daß wir in einer Kultur leben, die die innere Welt nicht würdigt. In anderen Kulturen gilt die innere Welt der Träume, Gefühle, Bilder und Empfindungen als heilig. Leider sind sich die meisten Menschen unseres Kulturkreises der Existenz dieser inneren Welt nur peripher bewußt. Wir sind selten in der Lage, uns in dieser inneren Landschaft zurechtzufinden. Wird dies erforderlich, versuchen wir vermutlich eher, das problematische Ereignis zu wiederholen, statt uns um eine Transformation unserer inneren Erfahrung zu bemühen.

Mit Geduld und Aufmerksamkeit können wir die Muster, die die Wiederholung traumatischer Erfahrungen initiieren, allmählich entschlüsseln und den Kontakt zur unerschöpflichen Vielfalt unserer Gefühle und Reaktionsweisen wiederherstellen. Sobald wir die Entstehung eines Traumas verstehen, müssen wir lernen, uns mit Hilfe des ganzheitlichen inneren Empfindens selbst zu erforschen. Die gesamte Information, die wir für die Transformation eines Traumas brauchen, steht uns jederzeit zur Verfügung. Unser Körper (Instinkt) wird dabei auf etwaige Blockaden aufmerksam machen und darauf, wann wir zu hastig vorgehen. Der Intellekt kann uns lehren, das Erlebte so zu steuern, daß wir davon nicht überwältigt werden. Wenn die Gehirnteile eng zusammenarbeiten, können wir zwischen dem Strom unserer alltäglichen Empfindungen und dem Tumult des Traumas eine Beziehung herstellen. Ein behutsames Vorgehen ermöglicht, daß wir uns die noch nicht assimilierten Aspekte der traumatischen Erfahrung in einer unseren Bedürfnissen entsprechenden Geschwindigkeit zu eigen machen können.

Das Trauma muß im Theater des Körpers transformiert werden. Die isolierten Teile, die traumatische Emotionen und Verhaltensweisen perpetuieren, können dann wieder integriert werden. Mit dieser Wiederherstellung der Ganzheit ist ein Gefühl des Stolzes über die gelungene Auflösung des Traumas verbunden.

Postskriptum: Wie weit in Zeit und Raum?

Die Erörterung der Traumawiederholung wäre unvollständig, wenn dabei ein faszinierender Aspekt, der sich bisher allen Erklärungsversuchen entzogen hat, nicht zumindest erwähnt würde. Ich meine jene Wiederholungen traumatischer Ereignisse, die sich innerhalb einer Familie über mehrere Generationen zurückverfolgen lassen.

Kürzlich wurde ich in einem Ausbildungskurs gebeten, ein Gespräch mit einer jungen Frau namens Kelly zu führen, die das Flugzeugunglück in Sioux City miterlebt hatte (jene Katastrophe, die im Film *Fearless* geschildert wird). Ein Flugzeug, das sich auf einem Linienflug von Denver nach Chicago befand, verlor durch eine Explosion ein Triebwerk. Daraufhin neigte sich die Maschine und stürzte in einem so steilen Winkel ab, daß ein Trudeln eigentlich unvermeidlich gewesen wäre. Doch gelang dem Piloten Al Haynes erstaunlicherweise eine Notlandung. Beim Aufprall brach der Flugzeugrumpf auseinander, und Teile des brennenden Rumpfs wurden in die umliegenden Kornfelder geschleudert. Dieses dramatische Geschehen wurde vom berühmtesten Amateurvideofilmer des Jahrzehnts festgehalten. Kelly war es gelungen, aus einem zusammengedrückten Teil des Flugzeugs durch ein Labyrinth von Metallteilen und Kabeln ins Freie zu kriechen, indem sie sich auf einen Lichtpunkt zubewegte.

Während unserer gemeinsamen Arbeit nähert sich Kelly allmählich dem erlebten Horror. Als wir beim Zeitpunkt des Aufpralls sind, hört sie die Stimmen ihres Vaters und ihres Großvaters brüllen: »Warte nicht! Geh jetzt. Geh auf das Licht zu! Mach, daß du vor dem Feuerball rauskommst!« Sie folgte diesem Rat augenblicklich. Sowohl Kellys Vater als auch ihr Großvater hatten unabhängig voneinander einen Flugzeugabsturz überlebt. Beide Männer waren dem Tod knapp entkommen, indem sie das Wrack unmittelbar nach dem Aufprall verlassen hatten.

Wahrscheinlich hatte Kelly Geschichten über die Erlebnisse ihres Vaters und ihres Großvaters gehört, die ihr geholfen haben könnten, das Richtige zu tun. Doch wie steht es mit den übrigen Elementen dieser merkwürdigen Koinzidenz? Über Flugzeugabstürze wird stets ausführlich in den Medien berichtet. Oft geht es dabei um das Leben von Hunderten von Menschen. Trotzdem gibt es nicht viele unter uns, in deren Familie jemand einen Flugzeugabsturz miterlebt hat, ganz zu schweigen von gleich drei Personen, die das Ereignis auch noch überlebten. Außerdem ist auch zu bedenken, daß bei einem Flugzeugunglück die direkte ursächliche Verknüpfung mit dem Schicksal eines einzelnen Passagiers ziemlich unwahrscheinlich ist. Zu einem Autounfall kommt es gewöhnlich durch eine Unachtsamkeit, selbst wenn derjenige, der in der betreffenden Situation unachtsam oder unaufmerksam war, nicht die Schuld an dem Unfall hat. Daß auf ähnliche Weise ein Verkehrsflugzeug abstürzt, liegt jenseits aller Wahrscheinlichkeit.

Mehrere Klienten und Freunde berichteten von Katastrophen, die sich über mehrere Generationen auf erstaunlich ähnliche Weise wiederholten. Manchmal lassen sich solche Übereinstimmungen zumindest teilweise auf die Prägung eines Kindes durch die Mythen und Muster seiner Familie zurückführen. In anderen Fällen (insbesondere wenn große Menschengruppen an einem Unglück beteiligt waren) läßt sich einfach keine plausible Erklärung finden. Aufgrund derartiger Vorfälle drängt sich mir die Frage auf, wie weit die Muster traumatischer Schocks wohl tatsächlich reichen.

Ein weiteres Beispiel für die geheimnisvollen Wege der Traumawiederholung ist die Lebensgeschichte von Jessica, die im Alter von zwei Jahren ihre erste Flugzeugkatastrophe überlebte. Der Pilot, ihr Vater, hielt sie in seinen Armen und brachte sie aus dem Baum, in dem sein kleines Flugzeug hängengeblieben war, sicher zu Boden. 25 Jahre später verirrten sich Jessica und ihr Freund auf einem Flug 900 Meilen von zu Hause entfernt in einem Schneesturm und stürzten in einen Baum. Es stellte sich heraus, daß sich dieser Baum genau auf der anderen Seite des Berges befand, an dem sie als Zweijährige abgestürzt war. In der Therapiesitzung verarbeitete sie viele tiefe Gefühle und Reaktionen aus ihrer äußerst schwierigen und komplizierten Kindheit. Bedeutet dies, daß sie nun keinen weiteren Unfall dieser Art mehr zu erleben braucht oder daß der zweite Absturz an jenem Berg irgend etwas anderes als Koinzidenz war? Ich weiß es nicht und hoffe, es auch nie zu erfahren. Es sollte für immer ein Geheimnis bleiben.

TEIL III
TRAUMATRANSFORMATION

14
TRANSFORMATION

Für einen Traumatisierten beinhaltet die Reise zu einem vitalen und spontanen Leben mehr als nur eine Linderung seiner Symptome – sie ist für ihn eine Transformation. Wenn es uns gelingt, ein Trauma aufzulösen, tritt in unserem Leben eine grundlegende Veränderung ein. Wird ein traumatischer Zustand in einen Zustand des Friedens umgewandelt, verändert sich unser Nervensystem ebenso wie die Gefühle und Wahrnehmungen, die wir mit Hilfe unseres ganzheitlichen inneren Empfindens erfahren können. Das Nervensystem pendelt zwischen Immobilität und frei fließender Bewegung, die Emotionen wechseln zwischen Angst und Mut, und die Wahrnehmungen bewegen sich in einem Spektrum zwischen Engstirnigkeit und Offenheit.

Durch die Transformation erlangt das Nervensystem seine Selbstregulierung zurück. Unsere Emotionen versetzen uns in eine positive Stimmung. Wir sind wieder in der Lage, uns über die Niederungen des Alltags zu erheben und unseren Platz im großen Ganzen zu sehen. Unsere erweiterte Wahrnehmung ermöglicht es uns, offener zu sein und zu akzeptieren, was ist, ohne zu urteilen. Wir sind in der Lage, aus den Erfahrungen, die wir in unserem Leben machen, zu lernen. Wir erkennen, daß es keinen Grund zur Scham gibt. Oft erlangen wir auf diese Weise eine größere Selbstsicherheit und werden gleichzeitig flexibler und spontaner. Diese neugewonnene Selbstsicherheit ermöglicht es uns, das Leben in seiner ganzen Fülle zu genießen, da sich uns nun auch die leidenschaftlichen und ekstatischen Dimensionen erschließen.

Dies ist eine tiefe Metamorphose – eine Veränderung, die bis zu den Grundlagen unseres Seins reicht. Wir betrachten die Welt nicht mehr mit angstvollem Blick. Obgleich die Existenz auf unserem Planeten zuweilen gefährlich sein kann, leiden wir nicht mehr unter jener chronischen Angst, die den Zustand der Hypervigilanz erzeugt – dem Gefühl, daß ständig Gefahren drohen und das Schlimmstmögliche geschieht. Wir treten dem Leben mit neuem Mut entgegen und entwickeln die Zuversicht, daß die üblen Dinge, die in der Welt zweifellos geschehen, überwunden werden können. Unsere Erfahrungen sind zunehmend von Vertrauen statt von Angst geprägt. Nach der schwächenden Wirkung des Traumas breitet sich nun die stärkende Kraft der Transformation in allen Bereichen unseres Lebens aus. Der Abenteurer und Schriftsteller Tim Cahill hat dies so ausgedrückt: »Ich riskiere [durch Grenzerfahrungen] mein Leben, um meine Seele zu retten.«[8] Wenn wir unter einem Trauma leiden, haben wir unser Leben bereits in die Waagschale geworfen, jedoch den Lohn, die Rettung, noch nicht erhalten.

Die beiden Gesichter des Traumas

Teile eines brennenden Flugzeugrumpfes sind über ein großes Maisfeld verstreut, durch das eine schwarze Schneise der Zerstörung gepflügt ist. In dieser dramatischen Anfangsszene von Peter Weirs außergewöhnlichem Film *Fearless* hat Max Klein (gespielt von Jeff Bridges) gerade den Absturz eines Großflugzeugs überlebt. Während er sich mühsam einen Weg durch die riesigen Maispflanzen bahnt, hält er auf einem Arm ein sehr kleines Kind und führt mit der Hand des anderen ein zehnjähriges Kind durch den Maisdschungel. Während Sanitäter und Feuerwehrleute umherhasten und ihre Arbeit tun, ruft Max ein Taxi und bittet den Fahrer, ihn in ein Motel zu bringen. Er verspürt ein Gefühl der Taubheit, das ihm unheimlich ist, und beschließt, zunächst einmal zu duschen. Unter dem strömenden Wasser tastet er mit den Händen seinen Körper ab, um sich zu vergewissern, daß dieser noch da ist. Überrascht stellt er fest, daß sich an der einen Körperseite eine tiefe Wunde befindet. Am nächsten Morgen lehnt Max das Angebot einer Zugfahrt nach Hause ab, obwohl er vor dem Unglücksflug unter Flugangst gelitten hatte. Keck entscheidet sich der Exneurotiker für einen Rückflug in der ersten Klasse.

Nachdem Max wieder zu Hause angekommen ist, verliert er das Interesse an der alltäglichen Realität. Er entfernt sich aus seiner familiären und materiellen Alltagswelt und stürzt sich in eine wilde Romanze mit einer anderen Überlebenden jenes Unglücks (die von Rosie Perez gespielt wird). Max ist zu einem völlig anderen Menschen geworden, der den Tod nicht mehr fürchtet. Er wird von denjenigen, deren Leben er gerettet hat, als Held verehrt und hat sich scheinbar völlig verwandelt. Aber hat er das wirklich?

In diesem wahrlich komplexen Film werden die beiden Seiten eines Traumas beschrieben. Max' Leben ist durch seine heroischen Handlungen im Angesicht des Todes tiefgreifend verändert worden. Doch hat er sich auf zwei unterschiedliche und einander widersprechende Weisen verändert. Einerseits scheint er über die alltägliche Welt »hinausgewachsen« und in eine umfassendere und wundervoll leidenschaftliche Existenz eingetreten zu sein. Gleichzeitig ist sein Leben verarmt, und er vermag seinen Alltag nicht mehr zu ertragen. Er bewegt sich in einer immer enger werdenden Spirale, die ihn buchstäblich in lebensbedrohliche Wiederholungen des Traumas hineintreibt. Bei einem verzweifelten Versuch, seine neue Geliebte zu heilen, tötet er fast sich selbst und sie. Schließlich wird er durch ihre leidenschaftliche Liebe von seinem »messianischen« Wahn geheilt und beginnt, sich ernsthaft mit seinem eigenen traumatischen Schrecken und seinem dringenden Bedürfnis nach Heilung auseinanderzusetzen.

Jedes Trauma eröffnet die Chance zu einer authentischen Transformation. Ein Trauma verstärkt die Expansion und Kontraktion von Geist, Körper und Seele. Die Art unserer Reaktion auf ein traumatisches Ereignis entscheidet darüber, ob wir von der grausam strafenden Medusa zu Stein verwandelt werden oder ob das Erlebte zu einem spirituellen Lehrer wird, der uns durch ein unbekanntes Gebiet führt. Nach dem griechischen Mythos wird das Blut der erschlagenen Medusa in zwei Gefäße gefüllt, von denen eines über die Macht zu töten und das andere über die Macht der Wiederbelebung verfügt. Ein Trauma besitzt die Macht, unser Leben jeglicher Vitalität zu berauben und es zu zerstören – wenn wir dies zulassen. Doch können wir ein Trauma auch für eine gewaltige Selbsterneuerung und Transformation nutzen. Ein aufgelöstes Trauma wird für uns zum Segen einer höheren Macht.

Himmel, Hölle und Heilung

Der große Weg ist für denjenigen, der keine Vorlieben hat, nicht schwierig. Doch wenn man auch nur die geringste Unterscheidung trifft, entfernen sich Himmel und Hölle unendlich weit voneinander.
HSIN HSIN MING
(Dorftrottel des 3. Jahrhunderts)

Im Film *Fearless* wechselt Max in einer ständig enger werdenden Energiespirale zwischen himmlischer Verzückung und höllischen Alpträumen hin und her. Dieses Hinundhertaumeln zwischen den Extrempositionen des Himmels und der Hölle erzeugt den Rhythmus, der bei der Transformation eines Traumas die entscheidende Rolle spielt. Als er sich schließlich sein Bedürfnis, selbst gerettet zu werden, eingesteht, begibt er sich damit an die Schwelle des Todes. Obgleich er das Glück hat, sein Trauma transformieren zu können, ohne dabei umzukommen oder verrückt zu werden, gibt es weniger dramatische und zuverlässigere Methoden der Transformation.

Eine dieser Methoden ist die des somatischen Erlebens. Sie ermöglicht es uns, durch Vereinigung der polaren Gegensätze allmählich den Abgrund zwischen »Himmel« und »Hölle« zu überbrücken. Physiologisch betrachtet ist der Himmel die Expansion und die Hölle die Kontraktion. Durch die allmähliche Verbindung dieser beiden Bewegungen zu einer Einheit läßt sich ein Trauma auf sanfte Weise heilen.

Bei einer körperlichen Verletzung ergreift der Arzt Maßnahmen, die die Heilung fördern: Er reinigt die Wunde und schützt sie durch einen Verband oder eine Gipsstütze. Der Gips heilt den Knochenbruch nicht, sondern bietet ihm eine physische Unterstützung, die den körpereigenen Heilungsprozeß fördert. Ebenso unterstützt uns das ganzheitliche innere Empfinden dabei, das Wunder der Transformation zu vollbringen, indem es die Integration von Expansion und Kontraktion herbeiführt.

Das Fließen zulassen – Traumatransformation

Alles fließt, hinaus und herein; alles hat seine Gezeiten; alle Dinge steigen und fallen; der Pendelschwung manifestiert sich in allem; die Schwingung nach rechts entspricht der Schwingung nach links; Rhythmus gleicht alle Dinge aus.
THE KYBALION

Unsere Leben gleicht einem Fluß. Die Ströme unserer Erfahrung durchfließen die Zeit in Zyklen, die Perioden der Ruhe, des Aufruhrs und der Integration umfassen. Unser Körper ist das Ufer jenes Flusses, in dem unsere Lebensenergie dahinströmt. Dadurch begrenzt er uns einerseits, ermöglicht es der Lebensenergie aber gleichzeitig, innerhalb dieser Grenzen frei zu fließen. Die schützende »Barriere« unseres Körpers ermöglicht es, unser Empfinden innerer Bewegung und der Veränderung gefahrlos zu erleben. Freud hat im Jahre 1914 das Trauma als einen Bruch in der vor Reizen schützenden Barriere definiert, der überwältigende Gefühle der Hilflosigkeit erzeugt.«[9] Wenn wir den Vergleich mit dem Fluß fortführen, können wir uns ein Schocktrauma so vorstellen, als würde eine äußere Kraft den schützenden Behälter unserer Erfahrung durchbrechen. Durch diesen Bruch entsteht ein turbulenter Wirbel. Eine große Menge Lebensenergie bahnt sich blitzschnell und mit aller Macht ihren Weg durch die Bruchstelle, und es entsteht ein Traumawirbel. Dieser Wirbel befindet sich außerhalb der Ufer unseres Lebensflusses, in dem unsere normale Erfahrung dahinfließt (siehe Abbildung 2). Gewöhnlich werden Traumatisierte entweder in den

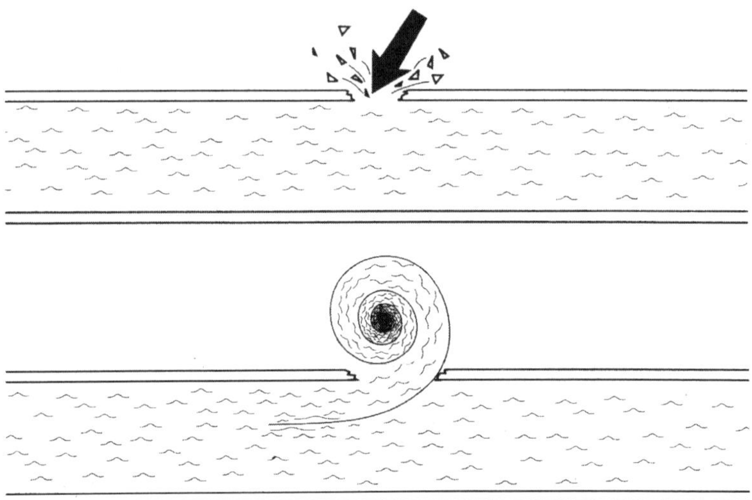

Abbildung 2: Eine Bruchstelle in der Reizschwelle
Entstehung des Traumawirbels

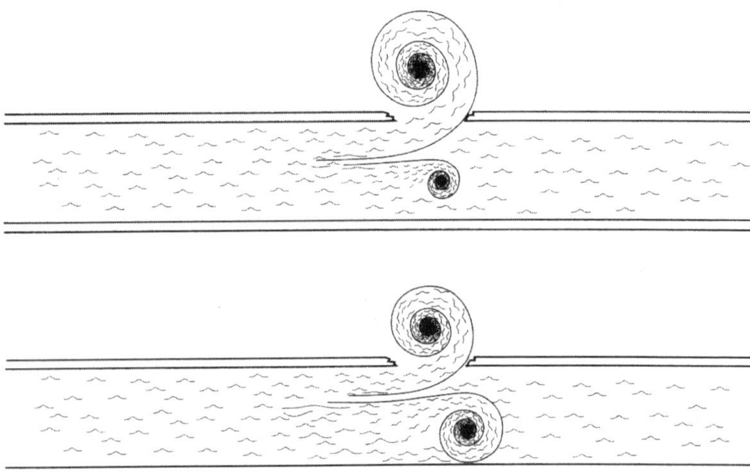

Abbildung 3: Entstehung des heilenden Gegenwirbels

Traumawirbel hineingezogen, oder sie meiden die Bruchstelle völlig, indem sie sich von diesem Bereich (in dem sich das Trauma entwickelt hat) fernhalten.

Wir wiederholen unsere Traumata und erleben sie wieder, wenn wir in den Traumawirbel hineingezogen werden. Dadurch wird eine emotionale Überflutung und eine erneute Traumatisierung möglich. Vermeiden wir den Traumawirbel hingegen, so schränken wir unsere normalen Entfaltungsmöglichkeiten ein und werden phobisch. Wir gestehen uns dann nicht zu, unser inneres und äußeres Sein in seiner Fülle zu erfahren. Der vom Lebensfluß abgetrennte Wirbel saugt einen großen Teil unserer Lebensenergie auf und verringert dadurch die Kraft des Lebensflusses selbst.

Zum Glück schafft die Natur in dieser Situation sofort einen heilenden Gegenwirbel. Diese ausgleichende Kraft ist dem Traumawirbel entgegengesetzt und dreht sich dementsprechend. Der neue Wirbel manifestiert sich »innerhalb« der Ufer und im Fluß der alltäglichen Erfahrung (siehe Abbildung 3).

Nachdem dieser heilende Wirbel entstanden ist, gibt es nun eine dritte Option, der ich den Namen Traumatransformation (renegotiation) gegeben habe. Bei der Transformation eines Traumas bessern wir durch Umkreisen des Traumawirbels und des heilenden Wirbels zunächst das beschädigte Ufer aus und bewegen uns dann allmählich auf deren Zentren zu. Wir bewegen uns zunächst im Einklang mit den Vibrationen (der unsteten Oszillation), die diese entgegengesetzten Kräfte erzeugen, und erleben so die Turbulenzen zwischen ihnen. Dann bewegen wir uns langsam und rhythmisch in einem achtförmigen Muster zwischen ihnen hin und her. Wir beginnen mit dem heilenden Wirbel und versichern uns der Unterstützung und der Ressourcen, die wir für eine erfolgreiche Transformation des Traumawirbels brauchen. Indem wir uns zwischen diesen beiden Wirbeln hin und her bewegen, befreien wir die gebundene Energie in ihrem Kern – als ob wir sie abwickeln würden. Wenn wir uns den Zentren der beiden Wirbel nähern, wird die in ihnen gebundene Energie frei, und schließlich lösen sich die Wirbel ganz auf und werden in den großen Fluß der Lebensenergie integriert. Dies ist der Prozeß der Traumatransformation (siehe Abbildung 4).

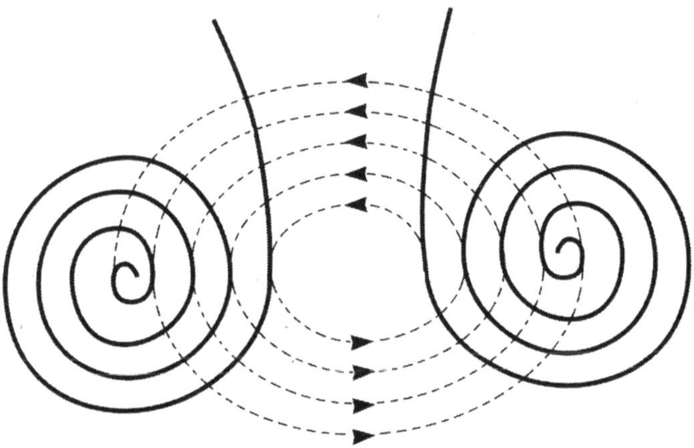

Abbildung 4: Traumatransformation – die Integration des Traumawirbels und des heilenden Gegenwirbels in den Strom der Lebensenergie Die dritte Möglichkeit

Margaret

Margaret ist eine Klientin mittleren Alters, die eine so natürliche Verbindung zu ihrem ganzheitlichen inneren Empfinden hat, daß sie den Heilungsprozeß nicht zensiert oder anderweitig stört. Sie ist eine Ärztin und leidet seit Jahren unter Nackenschmerzen und Krämpfen im Unterbauch, deren Ursache trotz gründlicher Untersuchungen nicht gefunden werden konnte. Alle bisherigen Behandlungsversuche sind ebenfalls fehlgeschlagen.

Zu Beginn unserer Sitzung sagt Margaret, sie spüre eine asymmetrische Spannung im Nacken. Ich fordere sie auf, diese Spannung weiter zu beobachten. Während sie sich darauf konzentriert, vollführt ihr Kopf eine subtile Drehbewegung (Orientierungsreaktion) nach links. Nach ein paar Minuten fängt ihr Bein sanft zu zittern an (Energieentladung). Sie erlebt diese Entladungsreaktion als lustvoll, doch sie erschrickt, als sie sich an das

Gesicht eines Mannes erinnert. Nachdem sie verschiedene unangenehme Körperempfindungen und Aufwallungen von Emotionen erlebt hat, tauchen andere Bilder auf: Sie »erinnert« sich daran, wie sie im Alter von fünf Jahren von einem Mann an einem Baum festgebunden wird, der ihr die Kleider vom Körper reißt, sich gegen sie drückt und ihr dann einen Stock in die Vagina steckt. Margaret erlebt einen zweiten Ansturm von Emotionen, doch es gelingt ihr diesmal, die Verbindung zu ihren physischen Empfindungen aufrechtzuerhalten. Im nächsten auftauchenden Bild liegt sie auf einem Bett aus zusammengeharkten Blättern. Sie fühlt sich immer noch erregt, aber wesentlich ruhiger.

Plötzlich sieht sie ein deutliches und detailgenaues Bild vom Gesicht des Mannes vor sich. Es ist rot und verzerrt. Schweißperlen tropfen von der Stirn. Im nächsten Augenblick wechselt Margarets inneres Bild erneut. Sie beschreibt die herbstlichen Blätter auf dem Boden, daß sie mit den raschelnden Blättern spielt und es ihr großen Spaß macht. Im nachfolgenden Bild ist sie wieder an den Baum gebunden. Sie sieht, daß der Hosenschlag des Mannes offensteht und daß sein Penis heraushängt. Er schlitzt mit einem Messer ein Kaninchen auf und brüllt, wenn sie irgend jemandem etwas von dem Vorfall erzähle, werde er sie umbringen. Sie hat das Gefühl, »ihr Kopf würde innerlich verrückt«. In der nächsten Szene, die sie beschreibt, liegt sie in den Armen ihrer Großmutter und schildert ihr, was geschehen ist. Tränen strömen aus Margarets Augen, als sie erzählt, wie tief getröstet sie sich danach fühlt. In der nächsten Szene wälzt sie sich wieder in dem Blätterhaufen. Sie lacht und rollt sich von einer Seite zur anderen, wobei sie ihre Arme um die Brust geschlungen hält.

Die Anspannung in Margarets Nacken verschwand nach dieser Therapiesitzung. Nachdem wir noch ein paarmal zusammengearbeitet hatten, legten sich auch ihre Symptome im Bauchbereich. Doch das Wichtigste war zweifellos das Auftauchen eines *neuen* »Symptoms« in ihrem Leben – Freude!

Was geschah tatsächlich?

In Margarets Fall konnte durch unabhängige Berichte über das traumatische Erlebnis (darunter die Ergebnisse einer medizinischen Untersuchung und Polizeiberichte) eindeutig geklärt werden, daß die grundlegenden Fakten ihrer Geschichte zutreffend waren. Doch nachdem ich Tausenden von Klienten geholfen habe, der Erfahrung ihres ganzheitlichen inneren Empfindens nachzugehen, kann ich ohne jede Einschränkung sagen: *Ob Margarets Geschichte zutreffend oder gänzlich erfunden war, spielt für die Heilung ihrer Traumasymptome nicht die geringste Rolle.*

Gelang es Margaret, ihre Traumasymptome zu überwinden, weil sie in die Vergangenheit zurückkehrte und ihre Kindheitserfahrung »wiedererlebte«? Oder war der heilende Prozeß, den sie durchlebte, eine Erfahrung, die sie als Erwachsene machte und in dessen Verlauf ihr Organismus auf kreative Weise Fragmente verschiedener Ereignisse zusammenfügte, um den Heilungsprozeß zu unterstützen? Die erste Erklärung kann nur zutreffen, wenn der Mann sie nach einer Weile vom Baum losgebunden, sie dann in den Blättern spielen lassen und sie schließlich wieder an den Baum gebunden hätte – und dies alles zweimal. Das ist natürlich möglich. Aber hätte sie in einer solchen Situation das Spielen mit den Blättern wirklich so genießen können, wie sie es beschrieben hat? Dies erscheint mir nicht sehr wahrscheinlich. Vermutlich hatte sie zu einem anderen Zeitpunkt mit den Blättern gespielt und diese Erinnerung als Ressource ins Spiel gebracht, um ihren heilenden Gegenwirbel zu stärken.

Und wie verhält es sich mit dem Mann, dem der Penis aus der Hose hing, jenem Bild, das dem Abstechen des Kaninchens und dem Brüllen des Mannes unmittelbar folgte? Wirkt diese Szene wie eine Tatsachenschilderung? Wenn ja, woher hatte der Mann dann plötzlich das Kaninchen? Noch einmal sei wiederholt, daß es sich um eine völlig akkurate Beschreibung des Geschehens handeln könnte. Doch gibt es auch andere Interpretationsmöglichkeiten.

Der Mann könnte auch nur gesagt haben, er werde sie mit einem Messer aufschlitzen wie ein Kaninchen. Oder das Mädchen könnte irgendwann gesehen oder gelesen haben, daß ein Kaninchen mit dem Messer aufgeschlitzt wurde, und dadurch in großen Schrecken versetzt worden sein. Ihr ganzheitliches inneres Empfinden könnte ihr diese Szene als Metapher für ihr Gefühl in jener traumatischen Situation mit dem fremden Mann nahegelegt haben. Zweifellos vermittelt das Bild einen lebhaften Eindruck von dem Schrecken, den ein kleines Mädchen empfunden haben könnte.

Sicher ist, daß Margaret als Erwachsene in der Lage war, den kreativen Impulsen ihres Organismus zu folgen. Ihr Bewußtsein wechselte zwischen Bildern hin und her, die einerseits den Schrecken zum Ausdruck brachten und das Gefühl reaktivierten, das sie als Kind erlebt hatte (den Traumawirbel), sowie anderen, die ihren Erfahrungshorizont wieder ausdehnten und dadurch eine Heilung ermöglichten (der heilende Gegenwirbel). Indem sie mit den Empfindungen in Kontakt blieb, die diese beiden Gruppen von Bildern begleiteten, gelang Margarets Organismus ein rhythmisches Pulsieren zwischen beiden Wirbeln, das ihre Traumareaktion neutralisierte heilte und ihr zu einer neuen Realitätssynthese verhalf. Die transformierende Beziehung zwischen dem traumatischen und dem heilenden Energiewirbel war entscheidend.

Bevor Menschen mit dem Wirken ihres ganzheitlichen inneren Empfindens vertraut werden, reagieren sie auf das Auftauchen des heilenden Energiewirbels und der mit ihm verbundenen positiven Empfindungen gewöhnlich negativ: Sie unterdrücken oder ignorieren sie – was letztlich bedeutet, daß sie sie vermeiden. Heilende Bilder können beunruhigend wirken, wenn wir auf erschreckende Visionen fixiert sind. In dem Eifer, uns stärker an das Geschehene zu erinnern, unterdrücken wir die Expansion, die das Nervensystem so verzweifelt anstrebt, und tauchen mit dem Kopf zuerst in den Traumawirbel ein. Margarets Heilung wurde möglich, weil sie dies nicht tat. Als das Bild der Blätter auftauchte, folgte sie den damit verbundenen Gefühlen und entfernte sich von den schrecklichen Gefühlen, an einen Baum gebunden zu sein und terrorisiert zu werden. Die Blätter (die mit dem heilenden Energiewirbel assoziiert waren) ermöglichten ihr die Konfrontation mit den tiefsten Teilen ihres Traumas, ohne daß es dadurch zu einer erneuten Traumatisierung kam. Auf diese Weise gelang es ihr, sich zu einer integrierten, ressourcenreichen Person zu transformieren.

Transformierende Kräfte

Ungefähr fünf Monate vor der Ankunft auf Jupiter wird sich die Galileo-Sonde von ihrem Mutterschiff trennen. Bei diesem Manöver muß die Sonde in eine genau vorausberechnete Position gebracht werden, weil sie weder über ein eigenes Navigations- noch über ein eigenes Antriebssystem verfügt ... Da sie dem Planeten Jupiter mit einer Geschwindigkeit entgegenfällt, mit der man von Los Angeles aus in 90 Minuten aus Washington erreichen würde, könnte sie bei einer falsch berechneten Flugbahn von der Atmosphäre des Jupiter abprallen und in die Weiten des Weltraums entschwinden oder zu Schlacke verglühen.

INTERNATIONAL HERALD TRIBUNE, 12. Oktober 1989

Die Transformation eines Traumas ist kein mechanisches Ritual, nach dessen Ausführung man sich selbstgefällig zurücklehnt und Resultate erwarten kann. Es gibt keine Wunderpille. Die Transformation setzt die Bereitschaft voraus, unsere grundlegenden Überzeugungen über uns selbst in Frage zu stellen. Wir müssen in der Lage sein, Reaktionen und Empfindungen zu vertrauen, die wir nicht völlig verstehen können, und wir müssen bereit sein, uns primitiven Naturgesetzen zu überantworten, die sich unserer scheinbar nicht deckungsgleichen Wahrnehmungen annehmen und sie wieder ins Gleichgewicht bringen. Traumatisierte müssen sich von Überzeugungen und vorgefaßten Meinungen aller Art lösen, um den Weg zur Gesundheit erfolgreich zum Abschluß bringen zu können. Natürlich ist das völlige Loslassen all dieser verfestigten Denkmuster nicht in einem einzigen Augenblick zu erreichen.

Das folgende Diagramm (Abbildung 5) soll veranschaulichen, wie ein Mensch in ein traumatisches Erlebnis eintaucht (eine Achterbahnfahrt mit Looping). Beim Wiedererleben eines Traumas fahren wir in die Schleife hinein, und wenn wir dann mit dem Kopf nach unten hängen, halten wir den Wagen an, indem wir alle Muskeln unseres Körpers anspannen, so daß wir völlig steif werden. Wir wissen nicht, daß die physikalische Zentrifugalkraft uns vor dem Hinabfallen und dem Tod oder vor Verletzung bewahrt. Wenn wir ein Trauma erneut durchleben, können wir den mit der

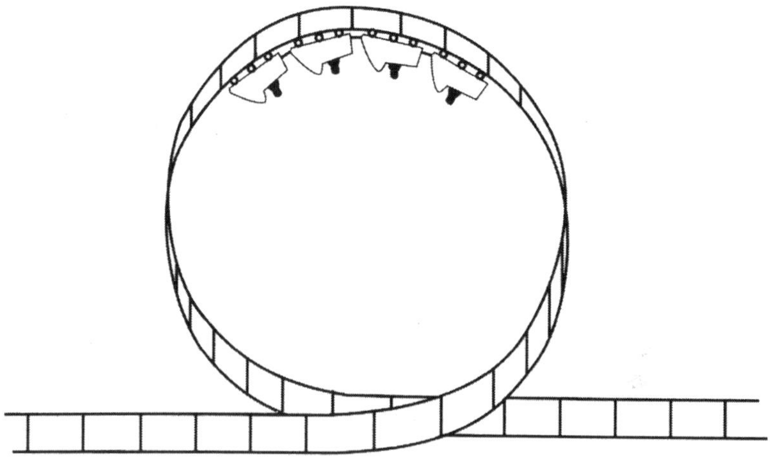

Abbildung 5: Meistern der transformierenden Kräfte

ursprünglichen Erfahrung verbundenen Schrecken wiedererleben und/oder das erhebende Gefühl genießen, das Trauma durchgestanden und überlebt zu haben. Wir können sogar süchtig nach der Erleichterung und dem Hochgefühl werden, die uns erfüllen, wenn wir uns mit unseren tiefsten Ängsten konfrontieren. Doch werden wir auf diese Weise weder die Hingabe noch den Stolz des Meisterns kennenlernen, die nach der Transformation unseres Traumas auf uns warten.

Bei der Traumatransformation werden uns diese Gesetze und Kräfte nahegebracht, so daß wir allmählich lernen können, ihnen zu vertrauen und uns ihnen zu überantworten. Wir sind dann in der Lage, starke Erregungszustände zu erleben, ohne in Anspannung versetzt oder erschreckt zu werden. Auf diese Weise können wir das Gefühl kennenlernen, Meister unserer Situation zu sein.

Gemäß der Methode des Somatischen Erlebens geht es bei der Traumatransformation darum, daß wir die natürlichen Selbstheilungsgesetze unseres Körpers kennenlernen. Marius (Kapitel 9) und Margaret (in diesem Kapitel) gelang die Heilung ihres Traumas, indem sie ihre dysfunktional aktivierte Energie durch mehrfachen Wechsel zwischen dem Traumawirbel und dem heilenden Gegenwirbel reintegrierten. Das Vertrauen auf die Naturgesetze half ihnen, ihre Situation zu meistern. Die Kräfte, die sie zu meistern lernten, wirken zentrifugal – ebenso wie die Kräfte, die beim mehrfachen Wechsel zwischen Traumawirbel und heilendem Gegenwirbel aktiviert werden. Indem sich diese Traumatisierten zunächst in den Strudel des Traumawirbels vorwagten, in den heilenden Gegenwirbel überwechselten und sich dann rhythmisch zwischen beiden bewegten, gewannen sie allmählich die Sicherheit, nicht in ein schwarzes Loch hineingesaugt oder in den Weltraum hinausgeschleudert zu werden. Durch die bloße Traumawiederholung hätten Marius und Margaret eine Identifikation mit ihrem bloßen Überleben aufbauen können. Doch hätten sie dadurch nicht die neuen Reaktionsweisen erlernt, mit deren Hilfe es ihnen schließlich gelang, jene gewaltigen Kräfte zu beherrschen, die durch traumatische Ereignisse aktiviert werden. Wenn wir günstige Ausgangsbedingungen schaffen und dafür sorgen, daß unsere Orientierung stimmt (wie es im Fall der Galileo-Sonde geschah), können wir darauf vertrauen, daß die Naturgesetze auf unserer Heilungsreise zu unseren Gunsten wirken werden.

Einer der tiefgründigsten und am schwersten zu verstehenden Aspekte der Traumaheilung ist die Rolle, die das Gedächtnis dabei spielt. Viele von uns sind der irrigen und uns einschränkenden Überzeugung, daß wir zur Heilung eines Traumas schreckliche Erinnerungen ausgraben müssen. Uns steht klar und deutlich vor Augen, daß wir geschädigt, uneins mit uns selbst, gequält, beschämt und unglücklich sind. Weil wir uns danach sehnen, uns besser zu fühlen, suchen wir nach den Ursachen, denn wir hoffen, daß unsere Qual nachlassen wird, wenn wir sie finden.

Selbst wenn es uns gelingt, die »Erinnerungen« an ein traumatisches Erlebnis ausreichend genau zu rekapitulieren, werden sie uns nicht heilen. Dies kann sogar bewirken, daß wir das Geschehene wieder durchleben und erneut in den Traumawirbel hineingezogen werden. Die Suche nach Erinnerungen kann noch mehr Schmerz und Qual erzeugen und gleichzeitig unsere Erstarrung weiter verfestigen. Um die neu aufgetauchte Qual zu erklären, sind wir gezwungen, nach »Erinnerungen« zu suchen, und auf diese Weise entsteht ein Teufelskreis. Wie wichtig sind Erinnerungen für die Traumabewältigung tatsächlich?

Bei Traumata spielen zwei Arten von Erinnerungen eine Rolle. Die eine Art ähnelt der Aufzeichnung einer Videokamera. Erinnerungen dieser Art werden als »explizite« (bewußte) Erinnerungen bezeichnet. Sie umfassen Informationen, was Sie beispielsweise auf der Party gestern abend getan haben. Die andere Form der Erinnerung betrifft die Art, wie der menschliche Organismus die Erfahrung signifikanter Ereignisse organisiert – beispielsweise den Prozeß des Fahrradfahrens. Diese Erinnerungsart wird als »implizite« (prozedurale) Erinnerung bezeichnet und bleibt unbewußt. Sie bezieht sich auf Dinge, über die wir nicht nachdenken: Unser Körper tut sie einfach.

Aus vielerlei Gründen fällt es Traumatisierten oft besonders schwer, sich von den scheinbar konkreten Bildern ihrer Erinnerung zu lösen. Dieses Festhalten an der Erinnerung ist besonders bei Menschen zu finden, die zuvor die Traumafolgen mit Hilfe psychotherapeutischer Behandlungsmethoden zu überwinden versuchten, bei denen die Katharsis und das emotionale Wiedererleben des traumatischen Ereignisses als einzig erfolgversprechender Weg zur Genesung angesehen wird. Eine Katharsis verstärkt Erinnerungen als absolute Wahrheiten und damit zwangsläufig auch den Traumawirbel. Diese Fehleinschätzung behindert die Transformation eines Traumas.

Was ist eine Erinnerung?

Das Gehirn hat die Aufgabe, aus der Vergangenheit auszuwählen, die Vergangenheit zu verkleinern und sie zu vereinfachen, jedoch nicht, sie zu bewahren.

HENRI BERGSON, *Schöpferische Entwicklung*, 1911

Mit der Versicherung, es sei nicht die Aufgabe des Gehirns, die Vergangenheit zu erhalten, war Henri Bergson seiner Zeit um viele Jahre voraus. Viele Theoretiker vertreten heute die Ansicht, daß die Vorstellung, wir vermöchten zu sagen, was tatsächlich in der Vergangenheit geschehen sei, weil wir uns daran erinnern könnten, eine Illusion ist. Ihr Ursprung läge im Bedürfnis des Menschen, aus den verschiedenen Elementen seiner Erfahrung einen Sinn abzuleiten. Israel Rosenfield beschreibt in seinem Buch *The Invention of Memory* anschaulich, was es mit dem bewußten Erleben auf sich hat, und kommt im Laufe dieser Darstellung zu einigen erstaunlichen Schlüssen – insbesondere zu dem, daß unsere gängige Vorstellung von der Erinnerung sowohl inadäquat als auch irreführend ist. Er schreibt, es seien »keine festen Bilder, auf die wir uns verlassen, sondern Nachempfindungen – Imaginationen – Bilder von der Vergangenheit, so abgewandelt, daß sie sich mit der Gegenwart vereinbaren lassen«. Gerald Edelman, der für frühere Forschungsarbeiten den Nobelpreis für Immunologie erhalten hat, nennt diese Phänomene treffend »die erinnerte Gegenwart«. Akhter Ahsen hat in seinem Buch *Basic Concepts in Eidetic Psychotherapy*[10] gezeigt, daß zwischen Kreativität und statischer Erinnerung eine antithetische Beziehung besteht.

Statt eine lineare Ereignisfolge aufzuzeichnen, wählt der menschliche Geist je nach Empfinden des Betreffenden zu einem bestimmten Zeitpunkt unter den gespeicherten Farben, Bildern, Geräuschen, Gerüchen, Interpretationen und Reaktionen diejenigen aus, deren Erregungsniveau und Gefühlscharakter seiner aktuellen Situation entspricht. Diese ausgewählten Elemente stellt er dann in verschiedenen Kombinationen in den Vordergrund des Bewußtseins, und auf diese Weise entsteht das, was wir Erinnerung nennen. Der für unser Überleben wichtige Aspekt ist, daß es sich dabei um eine spezifische Art der Wahrnehmung handelt, also nicht um eine akkurate Reproduktion eines Ereignisses. Aus dieser Perspektive betrachtet handelt es sich um die Schaffung einer funktionellen Einheit aus der Erfahrung. Dies kann eine realitätsgetreue Repräsentation eines tatsächlichen Ereignisses sein, aber auch eine Interpretation der Daten verschiedener Ereignisse, die in keiner Beziehung zueinander stehen. Deshalb beschreiben Augenzeugen ein und dieselbe Situation oft so erstaunlich unterschiedlich.

Gehirn und Erinnerung

Seit über 100 Jahren versuchen Wissenschaftler die These zu erhärten, daß es im Gehirn verschiedene Bereiche gibt, die jeweils für bestimmte Sinnesorgane zuständig sind. Dieser Anschauung zufolge gibt es Gehirnzentren für das Sehen, das Hören, das Riechen, das Schmecken, die Hautempfindung usw. Lange Zeit herrschte überdies die Überzeugung, daß es auch bestimmte Gehirnbereiche geben müsse, in denen Erinnerungen als vollständige Abbilder der Dinge, die ein Mensch erlebt habe, gespeichert würden. Wir werden uns nun mit den Ergebnissen einiger Experimente beschäftigen, die diese Theorie bestätigt beziehungsweise widerlegt haben.

Penfields Experimente mit Epileptikern

Die populäre Überzeugung, daß sich in unserem Gehirn feste Erinnerungsspuren befinden, basiert größtenteils auf dem Einfluß des hervorragenden kanadischen Neurochirurgen Wilder Penfield. Bei den klassischen Experimenten, die Penfield in den dreißiger Jahren durchführte, stimulierte er mit Hilfe von Sonden kleine Gehirnbereiche von Hunderten erwachsener Epileptiker bei vollem Bewußtsein der Versuchspersonen. Über diese Experimente berichtet das Buch *Mysteries of the Mind.*[11]

Penfield wollte herausfinden, ob es im Gehirn bestimmte Bereiche gab, die keine lebenswichtige Funktion erfüllten und durch deren Entfernung sich epileptische Anfälle unterbinden ließen. Penfield berichtet: »Plötzlich ist sich [der Patient] all dessen bewußt, was sich zu einem früheren Zeitpunkt in seinem Geist befand. Der Strom einer früheren Erinnerung fließt wieder ... Manchmal kommt dem Patienten alles, was er im betreffenden Augenblick gesehen hat, wieder zu Bewußtsein ... Dies hört auf, sobald die Elektrode entfernt wird ... Welche Erinnerung bei einer solchen elektrischen Stimulation zum Vorschein kommt, ist reiner Zufall ... In den meisten Fällen war das erinnerte Ereignis weder signifikant noch wichtig.« Penfield und seine Anhängerschaft folgerten, dies sei der Beweis für die Existenz dauerhafter, in spezifischen Gehirnbereichen »eingebrannter« Erinnerungen. Bis vor kurzem waren auch andere Wissenschaftler dieser Ansicht. Doch bei einer genaueren Untersuchung von Penfields eigenen Forschungsnotizen stellte sich heraus, daß die meisten der von ihm dokumentierten »Flashbacks« in Wirklichkeit eher Träume als Erinnerungen waren. Die Patienten äußerten im Laufe jener Untersuchungen häufig Dinge wie: »Ich habe immer wieder Träume ... Ich sehe ständig Dinge ... Ich träume von Dingen.« Außerdem ist interessant, daß von den über 500 Patienten, die Penfield untersuchte, nur 40 (also weniger als acht Prozent) über Erinnerungserfahrungen irgendwelcher Art berichteten.

Lashleys Experimente mit Ratten

Als Penfield seine chirurgischen Beobachtungen machte, versuchte auch der Experimentalpsychologe Karl Lashley, spezifische Gehirnbereiche zu entdecken, in denen die Erinnerungen gespeichert waren. Lashley führte zu diesem Zweck eine umfangreiche Versuchsreihe durch – ziemlich grausame Experimente, bei denen er Ratten beibrachte, den Weg durch ein Labyrinth zu finden. War ihnen dies gelungen, entfernte er nach und nach bestimmte Teile ihres Gehirns. So stellte er fest, daß die Ratten selbst nach der Zerstörung ihres gesamten Kortex immer noch den Weg durch das Labyrinth fanden. Zu seiner Verblüffung blieb ihre Erinnerung an das Labyrinth erhalten, bis der Rest des Rattenhirns zu keiner anderen Aktivität mehr in der Lage war. Lashley suchte fast 30 Jahre lang nach dem genauen Ort des Gedächtnisses im Gehirn und hat ihn nicht gefunden.

Trotz eines Forschungsaufwands von Hunderten Millionen Dollar und trotz der Bemühungen einiger der intelligentesten Wissenschaftler ist keine Spur eines Beweises gefunden worden, daß eine vollständige Erinnerung im Gehirn einen ganz bestimmten, eindeutig lokalisierbaren Platz hat. Diese überraschende Offenbarung hat zu vielen Spekulationen und Mutmaßungen über das Wesen der Erinnerung Anlaß gegeben. Die grundlegenden Untersuchungen von Edelman, Rosenfield, Ahsen und anderen haben uns hinsichtlich der Erinnerung eine neue Perspektive eröffnet. Die Erkenntnis, daß das Gedächtnis Erinnerungen nicht realitätsgetreu aufzeichnet, stellt unsere bisherigen Vorstellungen völlig auf den Kopf. Doch eröffnet sie Traumatisierten, die sich in endlosen Versuchen erschöpfen, eine zusammenhängende Erinnerungssequenz von ihrem Trauma zusammenzustellen, einen Weg in die Freiheit.

Aber es wirkt doch so real!

Wenn Erinnerungen keine genauen Aufzeichnungen von Ereignissen sind, warum erscheinen uns dann einige der Bilder, die in Zeiten starker Erregung entstehen, so real? Nach neuesten Erkenntnissen wird der Realitätseindruck eines Bildes offenbar durch die Intensität der damit verbundenen Erregung verstärkt. Pierre Gloor, ein Chirurg aus Montreal, der etwa 50 Jahre nach Penfield in der gleichen Stadt arbeitete, entdeckte, daß die »Erinnerungen«, über die Penfield berichtet hatte, nur aktiviert wurden, wenn die Elektroden die sensorischen Bereiche und das limbische System gleichzeitig stimulierten. Das limbische System ist weitgehend verantwortlich für Gefühle und Emotionen. Gloor und seine Kollegen kamen zu dem Schluß, daß eine bestimmte Wahrnehmung nur dann bewußt erfahren oder erinnert wird, »wenn eine gewisse affektive (emotionale) oder motivative Bedeutung mit ihr verbunden ist. Dies könnte implizieren, daß alle bewußt wahrgenommenen Ereignisse irgendeine affektive Komponente haben müssen, so gering diese auch sein mag.« Diese Forscher folgerten also, daß Emotionen für das Erinnern unverzichtbar sind.

William Gray fand in einer anderen Studie heraus, daß jugendliche Straftäter (denen er neue Verhaltensweisen beizubringen versuchte) sich nur dann wirklich veränderten, wenn mit ihren Wahrnehmungen ein Gefühlston verbunden war. Andernfalls »vergaßen« sie, was sie gelernt hatten. Andere Forscher haben mit ihrer Arbeit an Gloors und Grays Resultate angeknüpft und sind zu ähnlichen Schlußfolgerungen gekommen. Eine mit einer Erfahrung assoziierte Emotion ist eine entscheidende Voraussetzung dafür, daß ein bestimmtes Element der Erfahrung erinnert wird. Doch was geschieht im Fall eines extrem starken Erregungszustandes, mit dem die betreffende Person nicht fertig geworden ist?

Lebensbedrohliche Ereignisse versetzen Menschen in starke Erregung. Ihr Nervensystem schaltet in solchen Situationen auf den Überlebensmodus um, und ihr Organismus muß augenblicklich eine Entscheidung treffen. Dazu wechselt er in einen Untersuchungsmodus, um die Elemente der aktuellen Situation abzuwägen. Er vergleicht die Gegenwart mit der Vergangenheit und sucht nach einer Reaktion, die ihm helfen könnte, das aktuelle Dilemma zu lösen. Gespeicherte Erinnerungen wären zu diesem Zeitpunkt nicht von Wert, weil wir in solch einer akuten Situation nicht die Ruhe haben, eine Liste durchzugehen. Wir brauchen sofort eine Gesamtperspektive.

Die gespeicherten Bilder sind durch den Erregungs- und Aktivierungsgrad, die Emotionen sowie unsere Reaktion auf sie gekennzeichnet. Die Gestalt unserer Erfahrungen wird anhand des Aktivierungsgrades, bei dem sie entstanden ist, eingeordnet. Man könnte dies mit einer vielstöckigen Bibliothek vergleichen, in deren unteren Stockwerken sich die Bücher befinden, die mit geringerer Aktivierung assoziiert sind, wohingegen die Bücher in den oberen Stockwerken mit höheren Aktivierungsgraden verbunden sind. Wenn wir uns vorstellen, daß die Bücher Bilder und Reaktionen (assoziierte Bilder) enthalten, dann gibt es auf jeder dieser Ebenen potentielle Ressourcen, unter denen wir die adäquat erscheinenden auswählen können. Benötigen wir nun eine Reaktion, so durchsuchen wir nicht die gesamte Bibliothek, sondern überfliegen nur die einem bestimmten Aktivierungsgrad entsprechenden Bücher.

Im Idealfall der adäquaten Reaktion auf ein lebensbedrohliches Ereignis sucht das Nervensystem nach ähnlichen, signifikanten Bildern und einem angemessenen Aktivierungsniveau im entsprechenden Kontext. Anschließend trifft es eine Auswahl unter den gefundenen Möglichkeiten und handelt gemäß der Option. Die Verlaufssequenz ist also: suchen, auswählen, handeln. Im Fall einer Bedrohung ist eine aktive Reaktion nötig, weil andernfalls die Erstarrung eintritt und die Sequenz nicht zum Abschluß gelangt.

Eine dysfunktionale Reaktion auf ein lebensbedrohliches Ereignis gelangt niemals aus sich selbst heraus zum Abschluß. Das Nervensystem sucht dann unablässig und erfolglos nach adäquaten Reaktionen, die Gefühle eskalieren in Wut, Erschrecken und Hilflosigkeit. Dies führt zu einer erneuten Steigerung der Aktivität und zwingt zur Suche nach Erinnerungsbildern, die diesem neuen Niveau entsprechen. Da die vorgefundenen Bilder mit traumatischen Emotionen assoziiert sind, kann es zur weiteren Aktivierung kommen, ohne daß diesem Erregungsgrad entsprechende Reaktionen gefunden werden, mit deren Hilfe der Prozeß zum Abschluß gebracht werden kann. So eskaliert die Situation unentwegt, während wir auf unseren »Bücherregalen« verzweifelt nach adäquaten Erinnerungen suchen. Alle Bilder, die wir wählen, sind mit ähnlich starken Erregungszuständen verbunden, jedoch nicht unbedingt mit solchen, die im betreffenden Augenblick für unser Überleben von Nutzen sind. So geben sie Brennstoff für den Traumawirbel.

Jede emotionale Aktivierung, die mit einem Bild verbunden ist, erzeugt eine Erinnerungserfahrung. Wenn ein Mensch im Zustand der Verzweiflung Bilder auswählt, die mit einem ähnlichen Gefühlston assoziiert sind, entsteht selbst dann eine »Erinnerung«, wenn der Inhalt der betreffenden Bilder nicht ähnlich ist. Solche Pseudoerinnerungen werden oft als absolute Wahrheit akzeptiert. Weil mit der betreffenden Erfahrung eine hohe emotionale Intensität verbunden ist, hält der Traumatisierte sie für die Wahrheit. Was geschieht nun, wenn ein Mensch während einer Therapiesitzung diesen intensiven emotionalen Zustand erreicht? Jeder Vorschlag und jede Frage, mit deren Hilfe der Therapeut den Klienten zu führen versucht, wird von letzterem mit ziemlicher Sicherheit in diese eskalierende, sich verengende Erfahrung einbezogen. Der Klient akzeptiert diese situationsabhängige Version der betreffenden Erinnerung als die absolute Wahrheit und hält beharrlich an dieser Emotion fest. Erinnerungen müssen sowohl aus relativer als auch aus absoluter Perspektive betrachtet werden.

Wenn wir uns nicht darauf versteifen, eine buchstäbliche Wahrheit finden zu wollen, erhalten wir uns die Freiheit, jene vollständige und einfühlsame Heilung zu erleben, die durch das rhythmische Hinundherwechseln zwischen Traumawirbel und heilendem Gegenwirbel im Rahmen der Traumatransformation herbeigeführt wird. Wenn wir eine »Erinnerung« schaffen, die nicht unbedingt der Realität entspricht, so wie es Margaret, Marius und viele andere getan haben, ermöglichen wir die Heilung unseres

Traumas. Wir hegen dann keine »Wahrheit«, die an einen bestimmten Gefühlston gebunden ist, sondern gelangen zu einer mitfühlenden Perspektive, die unserer Vitalität, unserer Stärke und unseren Möglichkeiten gegenüber positiv eingestellt ist. Oft gelangen wir zu einem durchaus plausiblen Eindruck von dem, was wir in der Vergangenheit erlebt haben könnten. Wir sollten jedoch gegenüber unseren »Erinnerungen« stets einen gewissen kritischen Abstand wahren und uns nicht gezwungen fühlen, sie als buchstäbliche Wahrheit zu nehmen. Wir können derartige historische Unwägbarkeiten als eine Vermischung unterschiedlicher Erfahrungen akzeptieren.

Die meisten Erinnerungen sind keine lückenlose Aufzeichnung von etwas tatsächlich Geschehenem, sondern Konglomerate unserer Erfahrung, die unser Geist zu einem scheinbar kohärenten Ganzen zusammenfaßt. Außerdem teilen wir die traumatische Erfahrung oft in Fragmente auf, um die Intensität der mit ihr verbundenen Emotionen und Empfindungen zu verringern. Im allgemeinen ist eine vollständige »Erinnerung« eines traumatischen Erlebnisses eher ein Arrangement von Elementen unterschiedlicher Erlebnisse. Die Teile, die in diesen »Schmelztiegel« hineingelangen, können tatsächlichen Erfahrungen der Betreffenden entstammen, es können aber auch innere Erfahrungen sein, die sie beim Lesen von Büchern oder Zeitungen, beim Hören von Geschichten, beim Träumen, beim Anschauen von Filmen, beim Gespräch mit einem Freund (oder einem Therapeuten) und dergleichen gemacht haben. Kurz gesagt kann jede Art von sensorischer Aufnahme und Information den Grundstoff für eine »Erinnerung« liefern. Für den Organismus sind alle diese Elemente gleichwertig, sofern sie mit einer bestimmten Art von Erregung und emotionaler Wirkung verbunden sind, die demjenigen des ursprünglichen traumatischen Erlebnisses entsprechen.

Das ganzheitliche innere Empfinden versucht zu vermitteln: »So fühle ich mich.« Da starke Erregung eine intensive Suchreaktion auslöst, interpretiert die Person, die diesen Zustand erlebt, jede diesem Erregungszustand entsprechende Information als die »Ursache« der Aktivierung – als die tatsächliche Erinnerung an das Ereignis. Weil die mit dem Trauma verbundenen Emotionen so intensiv sind, kann die Pseudoerinnerung realer erscheinen als die ursprüngliche Situation selbst. Wenn zusätzlich von seiten einer Gruppe oder eines Therapeuten, durch Bücher und durch andere Massenmedien Druck ausgeübt wird, suchen Menschen, die unter emotionalen Belastungszuständen leiden, nach den Ursachen und sind deshalb für erfundene Erinnerungen besonders anfällig. So entstehen die sogenannten falschen Erinnerungen.

Unglücklicherweise wenden viele Therapeuten intensive Methoden zur Auflösung emotionaler Erregungszustände an, und durch das Forcieren emotionaler Reaktionen können starke Erregungszustände ausgelöst werden. In solchen Fällen entstehen häufig eindrucksvolle Erfahrungskollagen, die bei entsprechender Intensität als »reale« Erinnerungen erfahren werden. Andererseits ist es für die in diesem Buch beschriebene Arbeit nicht wichtig, ob Erinnerungen nach objektiven Maßstäben richtig sind. Von primärer Bedeutung ist vielmehr, ob die mit ihnen verbundene Aktivierung eskaliert oder sich auflöst. Die im Nervensystem aktivierte Energie muß in jedem Fall neutralisiert werden. Für diese Transformation ist die Frage der richtigen oder falschen Erinnerungen letztlich unwichtig, denn im Mittelpunkt steht, daß der Reaktionszyklus unseres Überlebensinstinkts zum Abschluß gelangen muß.

Manche Menschen können sich nur schwer mit der Vorstellung anfreunden, daß Erinnerungen keine kontinuierliche Aufzeichnung realer Ereignisse sind. Diese Möglichkeit erscheint ihnen ziemlich beunruhigend. Die Erinnerungen, wo wir gewesen sind und was wir getan haben, tragen erheblich zur Bildung unserer bewußten und unbewußten Vorstellungen bei, wer wir sind. Viele Menschen betrachten ihre Erinnerungen als einen kostbaren Besitz, selbst wenn sie diese nicht bewußt als Grundlage ihrer eigenen Identität ansehen.

Verstehen wir das Phänomen Erinnerung hingegen als »Mischmasch« aus Informationen, Bildern und Reaktionen, öffnen wir uns die Tür zur Freiheit. Eine Fixierung auf realitätsgetreu aufgezeichnete Ereignisse schränkt uns oft in unseren Entfaltungsmöglichkeiten ein. Das Dilemma eines unaufgelösten Traumas zwingt uns, ständig zu wiederholen, was wir vorher einmal getan haben. Neue, kreative Möglichkeiten fallen uns nicht ohne weiteres zu. Der Schlüssel zur Transformation eines Traumas liegt in der allmählichen Entwicklung zur größeren Flexibilität und Spontaneität.

Wenn wir unter einem Trauma leiden, wird in der Folge unsere Verarbeitung von Informationen gestört. Unser Organismus funktioniert dann nicht mehr, wie es seiner Natur entspricht, und verliert einen großen Teil seiner Flexibilität. Eines der wichtigsten Ziele in einer solchen Situation ist, daß der Organismus wieder in die Lage versetzt wird, sich selbst zu organisieren. Das Fokussieren unserer Erinnerungen beeinträchtigt die Befreiung von unseren Traumareaktionen. Transformation erfordert Veränderung, und einer der Faktoren, die sich verändern müssen, ist unser Verhältnis zu unseren »Erinnerungen«.

Ich bin stolz darauf, ein Überlebender zu sein!

There ain't no future in the past
COUNTRY-WESTERN-SONG

Wenn wir unter einem Trauma leiden, suchen wir nach Erinnerungen an Mißbrauchs- oder Mißhandlungserfahrungen, um unser Gefühl, Opfer zu sein, oder unser Gefühl der Hilflosigkeit zu erklären. Außerdem verbinden wir einen gewissen Stolz damit, uns als Überlebende zu fühlen. Die Erinnerung an eine schreckliche Situation und das Wissen, daß wir dabei überlebt haben, können die Selbstachtung erheblich stärken. Doch so wichtig dieses Element in manchen Fällen sein mag, verblaßt seine Bedeutung neben Gefühlen, die sich im Fall einer echten Heilung und Transformation einstellen. »Der Stolz des Überlebenden« ist ein Anzeichen für die Versuche der gesunden organischen Funktionalität, sich durchzusetzen. Die Gewißheit, überlebt zu haben, eröffnet der eingeschränkten (traumatisierten) Selbstachtung die Möglichkeit, einen gewissen Zuwachs an Kraft zu erleben. Die bloße Tatsache des Überlebens kann zur Grundlage unserer Identität werden. Tatsächlich fungiert sie als Wegweiser zur Erfüllung und ist zweifellos ein guter Anfangspunkt für die Reise zur Heilung.

Wenn wir uns von der Vorstellung lösen sollten, Erinnerungen seien konkrete und realitätsgetreue Repräsentationen der geschichtlichen Vergangenheit, so bedeutet dies nicht, daß wir auf jene Expansion und Affirmation des Lebens verzichten müssen, die mit dem Bewußtsein, ein Trauma überlebt zu haben, verbunden sind. Als ich mit einem meiner Klienten die Mißhandlungserlebnisse aus seiner Kindheit durcharbeitete, sagte er: »Was ich erlebt habe, brauche ich nicht mehr durch Erinnerungen zu rechtfertigen.«

Gefühle der Freude und der Expansion zeigen an, daß der Organismus sich in den heilenden Gegenwirbel hineinbewegt. Damit dieser den Prozeß der Transformation unterstützen kann, müssen wir unsere vorgefaßten Meinungen, wie wir uns an eine Begebenheit zu erinnern haben, aufgeben können. Geben wir unserem ganzheitlichen inneren Empfinden die Freiheit, zu kommunizieren, ohne daß wir es zensieren. Durch das freie Pendeln zwischen dem heilenden Wirbel und dem Traumawirbel kommt es zu einem tiefen Akzeptieren der emotionalen Wirkung der Ereignisse, und gleichzeitig werden wir von einem Alptraum befreit. Wir erwachen aus diesem Traum mit einem Gefühl des Staunens und der Freude.

Der Mut, zu fühlen

Wenn Sie herausfinden wollen, ob ein Ereignis »wirklich« geschehen ist, kann ich Ihnen bei diesem Bemühen nur viel Glück wünschen und Sie noch einmal auf die bereits erläuterten Zusammenhänge verweisen. Es könnte sich herausstellen, daß Ihr Vorhaben nicht in die Tat umzusetzen ist. Meiner Meinung nach wird Ihnen weder das vorliegende Buch noch irgend etwas anderes helfen, die Wahrheit über das tatsächliche Geschehen in Ihrer Vergangenheit herauszufinden. Wenn es Ihnen in erster Linie darum geht, Ihr Trauma zu heilen, können Sie in diesem Buch viel Hilfreiches finden.

Zunächst einmal ist die historische Wahrheit nicht der wichtigste Aspekt Ihrer Situation. Die Überzeugung, daß etwas tatsächlich geschehen ist, die Angst, daß das betreffende Ereignis gar nicht stattgefunden haben könnte, das subtile Suchen nach Beweisen, daß es doch geschehen ist – all dies kann hinderlich sein, wenn Ihr ganzheitliches inneres Empfinden Ihnen vermitteln möchte, was in Ihrem Leben der Heilung bedarf.

Wenn Sie sich für Ihre eigene Heilung engagieren, werden Sie auch herausfinden, auf welchen realen Hintergründen Ihre Reaktionen basieren. Trotz der inneren Zersplitterung, die ein Trauma häufig verursacht, hält der Organismus Verbindungen zu den Ereignissen aufrecht, die ihn geschwächt haben. Vielleicht wird Ihr ganzheitliches inneres Empfinden Ihnen diese Ereignisse offenbaren, vielleicht auch nicht. Vergegenwärtigen Sie sich immer wieder, daß dies letztlich keine Rolle spielt. Da es Ihnen in erster Linie um die Heilung geht, ist es nicht entscheidend, ob Sie die geschichtliche Wahrheit kennen.

Sehnsucht und Heilung

Der Prozeß der Heilung beginnt innen. Schon bevor der Gipsverband angelegt ist, setzt nach Knochenbrüchen der Heilungsprozeß ein. Ebenso wie gewisse physikalische Gesetze die Heilung unseres Körpers beeinflussen, gibt es auch Gesetze, die sich auf die Heilung unseres Geistes auswirken. Wir haben uns schon damit beschäftigt, daß unser Intellekt starke instinktive Kräfte unseres Organismus außer Kraft setzen kann.

Manchmal haben Traumatisierte aus irgendeinem Grund ein Interesse, krank zu sein. Sie klammern sich dann an ihre Symptome, und es gibt zahllose physiologische wie psychologische Gründe dafür. Ich halte es jedoch nicht für notwendig, ausführlich auf sie einzugehen. Eine Heilung ist nur in dem Maße möglich, wie wir uns von unseren Symptomen lösen. Durch die Macht, die wir ihnen einräumen, werden sie fast zu eigenständigen Gebilden. Wir müssen sie mit der in unserem Nervensystem fixierten Energie zusammen aus unserem Geist und unserem Herzen entfernen.

With a Little Help from Our Friends

Wenn wir einen Makel unseres Geistes einmal wirklich überwunden haben, kann er nicht mehr zurückkehren.
THRANGU RINPOCHE

Ich muß gestehen, daß die Wunder der Heilung, die ich miterlebt haben, es mir schwer machen, die Existenz und das Walten einer höheren Form der Weisheit und Ordnung zu leugnen. Vielleicht sollte ich besser von der Existenz einer angeborenen natürlichen Weisheit sprechen, deren Gesetze die Ordnung des Universums erhalten. Sicherlich verfügt diese Weisheit über weitaus mehr Macht als die individuelle Geschichte eines jeden Menschen. Der Organismus, der diesen Gesetzen unterliegt, bahnt sich selbst durch die denkbar schrecklichsten Erfahrungen seinen Weg. Wie sollte so etwas möglich sein, wenn es im Universum keinen Gott, keine Weisheit, keinen Tiger gibt?

Menschen, die Traumareaktionen durchgearbeitet haben, sagen mir oft, daß ihr Leben sowohl eine animalische als auch eine spirituelle Dimension hinzugewonnen hätte. Sie werden danach spontaner sowie ungehemmter in ihrem Ausdruck von Selbstsicherheit und Freude. Sie identifizieren sich bereitwilliger mit dem animalischen Aspekt ihrer Existenz – mit ihrem Tiersein. Gleichzeitig haben sie das Gefühl, in einem umfassenderen Sinne menschlich geworden zu sein. Eines der Geschenke, die uns nach der Transformation eines Traumas zuteil werden, ist die kindliche Ehrfurcht und Ehrerbietung dem Leben gegenüber.

Wenn uns lange Zeit ein Trauma beherrscht hat und wir uns aus diesem Zustand befreien, entwickeln wir eine tiefe Ehrfurcht vor den dabei wirksamen Naturgesetzen. Indem wir unsere Unschuld verlieren, können wir zu Weisheit gelangen und dadurch auch eine neue Art von Unschuld erreichen. Der vom Instinkt dominierte Organismus ergeht sich nicht in Urteilen; er tut einfach das, was seinem Wesen entspricht. Sie brauchen nichts weiter zu tun, als seine Aktivitäten nicht zu behindern.

Beim mehrfachen Wechsel zwischen dem Traumawirbel und dem heilenden Gegenwirbel machen wir uns das universelle Gesetz der Polarität zunutze. Im Laufe dieses Prozesses erfahren wir auch unmittelbar das rhythmische Pulsieren des Lebens. Durch die Nutzung universeller Gesetze gelangen wir zur Erkenntnis der zyklischen Muster, aus denen unsere Wirklichkeit gewoben ist. Auf diese Weise können wir zu einem höheren Verständnis von Leben und Tod gelangen.

15 Die elfte Stunde: Die Transformation gesellschaftlicher Traumata

Trotz unserer Unterschiede sind wir alle gleich. Jenseits der Identitäten und Verlangen gibt es ein gemeinsames Zentrum, einen inneren Kern – eine essentielle Menschlichkeit, deren Wesen Frieden, deren Ausdruck das Denken und dessen Handeln bedingungslose Liebe ist. Wenn wir uns mit jenem inneren Kern identifizieren, wenn wir ihn bei anderen ebenso wie auch in uns selbst ehren, erfahren wir in allen Bereichen des Lebens Heilung.

Joan Borysenko, Minding the Body, Mending the Mind

Wir leben heute in einer Welt rasanter technologischer Entwicklungen und des schnellen Bevölkerungswachstums, in der Zeit und Entfernung uns kaum noch voneinander trennen. Gleichzeitig sind wir persönlich ebenso wie der ganze Planet, auf dem wir leben, ernsten Bedrohungen ausgesetzt. Krieg, Terrorismus, die Gefahr der Vernichtung durch »Superwaffen«, die immer krasser werdende Spaltung der Menschheit in Reiche und Arme, die immer katastrophaler werdende Umweltzerstörung – all dies sind äußerst bedrohliche Perspektiven für jeden einzelnen wie für die gesamte Menschheit. Infolge von jahrelangem Streß, traumatischen Erfahrungen, Feindseligkeiten und ökonomischem Mangel zerstören die Bewohner unserer Städte Eigentum und töten Mitmenschen. Reiche verleiben sich in ritualisierten Freßorgien Konkurrenzfirmen ein. Der Ausblick wird noch düsterer, wenn wir uns das erschreckend hohe Gewaltpotential bei Kindern vergegenwärtigen, die bald erwachsen sein werden und bereits als Drogenabhängige geboren wurden.

Da die Weltbevölkerung ständig zunimmt und unsere Gemeinwesen immer stärker miteinander verbunden werden, wird es zu einer zwingenden Notwendigkeit, miteinander in Harmonie zu leben und zu arbeiten. Wir sind heute mit Problemen konfrontiert, die uns vernichten werden, wenn es uns nicht gelingt, sie effektiv zu bewältigen. Doch statt konsequent an der Lösung der aktuellen ökonomischen, ethnischen und geographischen Konflikte zu arbeiten, scheinen Individuen ebenso wie ganze Gemeinschaften ihre Bemühungen lieber auf die gegenseitige Vernichtung zu konzentrieren. Diesen Umständen wird häufig das Entstehen der Kriege zugeschrieben. Doch sind es die wirklichen Ursachen? Unser Überleben als Spezies und sogar die weitere Existenz der Erde könnten davon abhängen, ob es uns gelingt, diese Frage zu beantworten.

Die Wurzeln des Krieges reichen tief. Jeder wirklich ehrliche Mensch wird zugeben, daß wir alle sowohl zur Gewalttätigkeit als auch zur Liebe fähig sind. Beides sind grundlegende Aspekte der menschlichen Erfahrung. Als noch wichtiger für das Verständnis des Krieges könnte sich jedoch die Anfälligkeit des Menschen für Traumatisierungen erweisen. In diesem Zusammenhang ist es sicherlich signifikant, daß das Phänomen Trauma erstmals aufgrund der schrecklichen Symptome von Kriegsveteranen erkannt wurde. Wenn wir uns seiner Wirkung nicht bewußt sind, erzeugt das Trauma einen starken Drang zur Wiederholung.

Könnte es sein, daß ganze menschliche Gemeinschaften sich aufgrund früherer traumatischer Erfahrungen zur Wiederholung dieser Ereignisse, beispielsweise in Form von Kriegen, getrieben fühlen? Dann wäre ein dauerhafter Frieden zwischen verfeindeten Völkern nur möglich, wenn zuvor die gesellschaftlichen Traumata geheilt würden. Ist der Drang zur Wiederholung traumatischer Geschehnisse vielleicht der Grund, weshalb bestimmte Gesellschaften im Laufe der Geschichte immer wieder Kriege gegeneinander führen? Schauen Sie sich die vorliegenden Fakten an, und beantworten Sie die Frage dann selbst.

Wie Tiere mit Aggression umgehen

Die meisten Tiere zeigen bei der Nahrungsaufnahme und bei der Paarung aggressive Verhaltensweisen. Dank des Programms zur Förderung des Lebens wildlebender Tiere der National Geographic Society und ähnlicher Projekte sind uns diese Verhaltensweisen heute wohlbekannt. Tiere töten und fressen regelmäßig Angehörige *anderer* Arten. Gegenüber Mitgliedern ihrer eigenen Art scheint die Natur eine Grenze gezogen zu haben, die Tiere nur selten überschreiten. Natürlich gibt es ein paar Ausnahmen, doch im allgemeinen töten Angehörige der gleichen Spezies einander kaum oder verletzen sich untereinander nur selten schwer. Trotz der starken evolutionären Komponente im aggressiven Verhalten der Tiere ist bei den meisten wildlebenden Arten das Töten der eigenen Artgenossen tabuisiert.

Innerhalb der einzelnen Spezies haben sich Verhaltensweisen entwickelt, die gewöhnlich verhindern, daß Artgenossen sich tödliche Verletzungen zufügen. Tiere der gleichen Art bedienen sich dieser Verhaltensweisen sowohl während des aggressiven Akts als auch, um das Ende einer Konfrontation zu signalisieren. Beispielsweise kämpfen männliche Hirsche gegeneinander, indem sie versuchen, ihre Rivalen mit Hilfe ihrer Geweihe kampfunfähig zu machen. Bei solchen Auseinandersetzungen geht es nicht darum, den Gegner zu töten, sondern darum, festzustellen, wem von beiden die dominierende Rolle zusteht. Die Kämpfe, zu denen es dabei kommt, ähneln eher einem Ringkampf als einem Duell auf Leben und Tod. Wenn einer der Hirsche seine Überlegenheit unter Beweis gestellt hat, entfernt sich der andere, und die Sache ist damit erledigt. Wird ein Hirsch hingegen von einem Angehörigen einer anderen Art angegriffen, beispielsweise von einem Puma, so versucht er, den Gegner mit seinem Geweih aufzuspießen.

Auch den meisten Hunden und den Wölfen geht es beim Kampf mit Angehörigen ihrer eigenen Spezies darum, ihren Gegner zu verwunden, nicht aber, ihn zu töten. Bei anderen Arten entscheiden Farbenpracht, Schönheit des Gefieders, ein Tanz oder Drohverhalten darüber, welcher der Aggressoren als Sieger hervorgeht. Selbst Tiere, die eine tödliche Form der Verteidigung entwickelt haben, nutzen diese gewöhnlich nicht gegenüber Mitgliedern ihrer eigenen Art. Piranhas kämpfen gegeneinander, indem sie ihre Gegner mit dem Schwanz schlagen; Klapperschlangen stoßen ihre Köpfe gegeneinander, bis einer der beiden Gegner zusammenbricht.

Rituale signalisieren häufig auch das Ende einer aggressiven Auseinandersetzung zwischen Angehörigen der gleichen Art. Eine Konfrontation zwischen zwei Tieren endet oft mit einer Unterwerfungsgeste (beispielsweise rollt sich das schwächere Tier auf den Rücken und liefert sich dem Sieger völlig aus, indem es ihm den verletzlichsten Teil seines Körpers entgegenstreckt). Innerhalb einer Spezies werden derartige Gesten ebenso wie die verschiedenen Formen des Kampfes generell anerkannt und respektiert. Dies ist insofern erstaunlich, als verschiedene Angehörige einer Art hinsichtlich der Nahrung, ihrer Sicherheit und ihrer Sexualpartner miteinander konkurrieren. Da das Tötungstabu und die Ritualisierung aggressiver Verhaltensweisen die Definition sozialer und fortpflanzungsrelevanter Hierarchien begünstigen, wirken sie sich positiv auf das Wohlgefühl der Gruppe aus und begünstigen die Überlebenschancen der ganzen Art.

Menschliche Aggression

In der Zeit der Jäger und Sammler beschränkten sich Kämpfe zwischen Angehörigen der Spezies Mensch offenbar auf die gleichen aggressionshemmenden Verhaltensweisen, die sich bei Tieren als nützlich erwiesen haben. Offensichtlich ist dies bei modernen, »zivilisierten« Menschen anders. Als Menschen erkennen wir das im Laufe der Evolution entstandene Tabu, Artgenossen zu töten, ebenso an wie Tiere. In praktisch allen menschlichen Gesellschaften gibt es Regeln oder Gesetze, die für das Töten von Mitgliedern der eigenen Gemeinschaft Formen der Bestrafung festlegen. Doch gelten diese Gesetze nicht für das Töten anderer Menschen im Krieg.

Wenn wir uns genauer mit der Anthropologie der menschlichen Kriegführung beschäftigen, stellen wir fest, daß die Tötung oder Verstümmelung des Feindes keineswegs als universelles Ziel des Kriegs bezeichnet werden kann. In einigen menschlichen Gemeinschaften zumindest gibt es Anzeichen dafür, daß Gewalttätigkeit und Brutalität möglichst vermieden werden. Manche Völker verwenden Rituale, die den tierischen Arten des Umgangs mit Aggressionen durchaus ähneln. Bei den Eskimos sind aggressive Handlungen zwischen Stämmen oder benachbarten Gemeinschaften praktisch unbekannt. Innerhalb dieser Gruppen werden Konflikte zwischen Gegnern häufig durch Ringkämpfe, Ohrfeigen oder Gegeneinanderstoßen der Köpfe ausgetragen. Von den Eskimos ist auch bekannt, daß sie Streitigkeiten durch Singwettkämpfe austragen, wobei die Lieder für den speziellen Anlaß komponiert werden und die Zuhörer entscheiden, wer der Sieger ist. Manche »primitive« Kulturen beenden ihre Kämpfe, sobald ein Stammesmitglied verletzt oder getötet worden ist.

Dies sind nur ein paar Beispiele für ritualisiertes Aggressionsverhalten bei Menschen, das dazu dient, das Tabu bezüglich der Tötung von Artgenossen aufrechtzuerhalten. Biologisch lassen sich Lebewesen anderer Arten leichter aufgrund ihrer Intelligenz als aufgrund ihrer Zähne, ihres Gifts, ihrer Klauen oder ihrer Kraft unterscheiden. Ist Intelligenz dazu bestimmt, im Dienste von Folter, Vergewaltigung, Tod und Krieg genutzt zu werden? Wenn wir uns die täglichen Nachrichten anhören, könnten wir durchaus zu diesen Eindruck kommen.

Warum töten, verstümmeln und foltern Menschen einander?

Selbst wenn Tiere, die ein bestimmtes Territorium für sich beanspruchen, um ihre grundlegenden Nahrungsressourcen kämpfen, töten sie Angehörige ihrer eigenen Spezies nicht. Warum tun wir Menschen dies? Weshalb hat mit dem starken Anwachsen der Weltbevölkerung und mit der zunehmenden Komplexität sozialer Strukturen auch das Töten von Mitmenschen und die Gewalt gegen Mitmenschen so ungeheuer zugenommen? Es gibt zahllose Theorien über die Entstehung des Krieges, doch ist eine primäre Ursache dieses Phänomens offenbar noch nicht vielen zu Bewußtsein gekommen.

Das Trauma zählt zu den wichtigsten Faktoren bei den modernen Kriegsformen. Die Gewalttätigkeit, Perpetuierung und Eskalation des Krieges können teilweise posttraumatischem Streß zugeschrieben werden. Unsere kriegerischen Auseinandersetzungen mit anderen Menschen haben ein Erbe der Angst, der Getrenntheit, des Vorurteils und der Feindseligkeit hinterlassen, das den Charakter eines gesellschaftlichen Traumas besitzt, welches sich nicht grundlegend von jenen Traumata unterscheidet, die Individuen erleben – es handelt sich nur um eine andere Größenordnung.

Die Traumawiederholung ist eine der stärksten und hartnäckigsten Reaktionen, die sich im Gefolge eines Traumas manifestieren. Wenn wir traumatisiert worden sind, wiederholen wir mit ziemlicher Sicherheit auf irgendeine Weise unablässig Teile dieser Erfahrung. Wir werden immer wieder in Situationen hineingezogen, die dem ursprünglichen Trauma ähneln. Wenn Menschen durch einen Krieg traumatisiert werden, so hat dies verheerende Folgen.

Vergegenwärtigen wir uns noch einmal, was wir über das Trauma wissen. Bei einem traumatischen Erlebnis wird unser Nervensystem in einen starken Erregungszustand versetzt. Wir befinden uns in einem Zustand permanenter extremer Wachsamkeit (Hypervigilanz), aber finden nicht die Ursache unseres ständigen Gefühls der Bedrohung. Dadurch werden unsere Angst und unser Bedürfnis, etwas gegen diesen unangenehmen Zustand zu unternehmen und die Bedrohung zu erkennen, weiter verstärkt. Diese fruchtlose Suche nach dem inneren Feind mündet mit hoher Wahrscheinlichkeit in die Traumawiederholung.

Stellen Sie sich vor, ein ganzes Volk hat eine ähnliche posttraumatische Geschichte. Wenn zwei solche Völker in der gleichen geographischen Region leben, vielleicht unterschiedliche Sprachen sprechen, unterschiedlicher Hautfarbe sind, verschiedenen Religionen oder ethnischen Traditionen angehören, so ist die Entwicklung leicht abzusehen. Die belastende Erregung, die unablässig nach dem Ursprung einer wahrgenommenen Gefahr sucht, läßt sich plötzlich »erklären«. Der Ursprung der Bedrohung ist endlich gefunden: *Sie!* Sie sind der Feind. Der Drang, Feinde zu töten, zu verletzen und zu verstümmeln, eskaliert. Die beiden »Nachbarn« sehen gar keine andere Möglichkeit mehr, als einander abzuschlachten. Sie zerstören die Häuser, Hoffnungen und Träume ihrer vermeintlichen Bedroher und damit gleichzeitig auch ihre eigene Zukunft.

Zwar ist das Phänomen des Krieges sehr komplex und läßt sich kaum auf eine einzige Ursache zurückführen, doch haben Nationen, die in unmittelbarer Nähe leben, eine höchst beunruhigende Tendenz, gegeneinander Krieg zu führen. Dieses Muster hat sich im Laufe der Geschichte unzählige Male wiederholt. Traumata enthalten ein erschreckendes Potential, sich in Form von Gewalttätigkeit auszudrücken. Die Kriege der Serben, Muslime und Kroaten im ehemaligen Jugoslawien können in diesem Sinne als Wiederholungen traumatischer Geschehnisse während des Ersten und Zweiten Weltkriegs verstanden werden, und möglicherweise reichen die Ursprünge ihrer Konflikte sogar bis in die Zeit des Ottomanischen Reichs zurück. Die Nationen des Mittleren Ostens können ihre Konfliktwiederholungen sogar bis in biblische Zeiten zurückverfolgen. In Regionen, in denen keine realen Kriege mit der bei solchen Anlässen andernorts üblichen Grausamkeit und Brutalität stattfinden, manifestieren sich zunehmend andere Formen der Gewalt. Mord, Armut, Obdachlosigkeit, Kindesmißhandlung, Rassismus, religiöser Fanatismus und Verfolgung bestimmter Bevölkerungsgruppen stehen allesamt in einem engen Zusammenhang mit dem Phänomen Krieg. Es ist nicht möglich, den traumatischen Nachwirkungen des Krieges zu entgehen. Sie beeinflussen alle Bereiche einer Gesellschaft.

Traumatische und positive Einflüsse auf die menschliche Entwicklung

Gesunde Babys werden mit einem großen Spektrum von Verhaltensweisen, Gefühlen und Wahrnehmungen geboren. Mit Hilfe dieser Elemente erforschen sie ihre Umwelt und entwickeln Bindungen und später positive soziale Verhaltensweisen. Wenn Kinder in ein von Streß und Trauma gezeichnetes Leben hineingeboren werden, wird die Wirkung jener Grundelemente, die die Entwicklung des jungen Lebens fördern, gestört. Diese Babys werden in ihrer Entfaltung gehemmt und entwickeln die Tendenz zu ängstlichem Verhalten und zur Verschlossenheit. Infolgedessen tendieren sie als ältere Kinder und Erwachsene zu einem gewalttätigeren Verhalten. Ein natürliches Erforschen der Umwelt und das Entwickeln positiver Beziehungen zu Mitmenschen scheinen wirksame Mittel gegen Gewalt und Störungen der sozialen Ordnung zu sein.

Transformieren kultureller Traumata

Ebenso wie sich die Auswirkungen eines individuellen Traumas transformieren lassen, ist es auch möglich, die traumatischen Nachwirkungen von Kriegen auf gesamtgesellschaftlicher Ebene aufzulösen. Völker können und müssen zueinander finden in der Bereitschaft, einen positiven Austausch zu pflegen, statt gegeneinander zu kämpfen – Traumata zu transformieren, statt sie zu schaffen. Damit können wir bei unseren Kindern beginnen. Sie können als Brücke fungieren, über die wir alle zum Erleben von positiver Nähe und Verbundenheit mit jenen gelangen können, denen wir zuvor mit Feindseligkeit begegnet sind.

Vor mehr als 20 Jahren hat Dr. James Prescott (damals Mitarbeiter des National Institute of Mental Health) wichtige anthropologische Untersuchungen über die Auswirkungen von Baby- und Kleinkinderziehung auf das Gewaltverhalten bei Naturvölkern veröffentlicht.[12] Nach Prescotts Forschungsbericht ist in Gesellschaften, die Babys und Kindern ausgiebig physische Nähe bieten und in denen stimulierende rhythmische Bewegung eine wichtige Rolle spielt, Gewalttätigkeit relativ selten. Andererseits stellte er fest, daß in Gesellschaften, in denen Kinder nur wenig physischem Kontakt genossen oder in denen Berührung als Strafe eingesetzt wurde, eindeutig Tendenzen zur Gewalttätigkeit in Form von Kriegen, Vergewaltigungen und Folterungen zu erkennen waren.

Die Arbeit von Dr. Prescott (wie auch von anderen) weist auf etwas hin, das uns allen intuitiv klar ist: Die Zeit kurz nach der Geburt und das Kleinkindalter sind für die Entwicklung eines Menschen von entscheidender Bedeutung. Kinder assimilieren schon früh, wie ihre Eltern zueinander und zur Welt in Beziehung treten. Wenn Eltern selbst unter einem Trauma leiden, fällt es ihnen schwer, ihren Kindern ein grundlegendes Vertrauen zu vermitteln. Dadurch werden Kinder anfälliger für Traumata. Der Zyklus der Traumatisierung, der sich über die Generationen hinweg fortsetzt, läßt sich unterbrechen, indem man Kindern und ihren Müttern ermöglicht, Vertrauen und ein Gefühl der Verbundenheit zu erfahren, bevor das Kind das Mißtrauen seiner Eltern sich selbst und anderen gegenüber völlig verinnerlicht hat.

In Norwegen finden zur Zeit interessante experimentelle Untersuchungen zu dieser Problematik statt. Zusammen mit meiner Kollegin Eldbjørg Wedaa versuche ich dort aus den vorliegenden wissenschaftlichen Erkenntnissen über diese wichtige Periode der Kindheit praktische Ansätze zu entwickeln, mit deren Hilfe Menschengruppen die traumatischen Relikte früherer Begegnungen auflösen können. Die von uns erarbeitete Methode erfordert einen großen Versammlungsraum, ein paar einfache Musikinstrumente und Decken, die so stark sind, daß sie das Gewicht eines Babys zu halten vermögen.

Der Prozeß geht wie folgt vonstatten: Eine Gruppe von Müttern und Kleinkindern, die gegensätzlichen gesellschaftlichen Gruppierungen angehören (religiösen, ethnischen, politischen usw.), treffen sich in einem Privathaus oder einer Gemeinschaftsinstitution. Zu Beginn der Begegnung bringen die Mütter und Kinder einander einfache Volkslieder ihrer jeweiligen Kultur bei. Während die Mütter Lieder singen, halten sie ihre Babys auf dem Arm und wiegen sich oder tanzen dazu. Ein Helfer unterstützt mit einfachen Musikinstrumenten den Rhythmus der Lieder. Die Bewegung, der Rhythmus und das Singen stärken jene neurologischen Muster, die friedliche Aufmerksamkeit und Aufnahmefähigkeit erzeugen. Dadurch wird die durch generationenlange Zwistigkeiten erzeugte Feindseligkeit allmählich verringert.

Gewöhnlich reagieren die Kinder auf diese Vorgänge verblüfft, doch bald interessieren sie sich stärker dafür und machen mit. Begeistert greifen sie nach den Rasseln, Trommeln und Tambourins, die die Helfer ihnen geben. Ohne die gleichzeitige rhythmische Stimulation stecken Kinder dieses Alters solche Objekte nur in den Mund. Bei dem hier vorgeschlagenen Weg greifen sie jedoch meist begeistert den Rhythmus auf und bringen ihre Freude durch Quiek- und Gurrlaute zum Ausdruck.

Weil der Organismus von Babys zum Zeitpunkt ihrer Geburt bereits weit entwickelt ist, senden sie Signale aus, die bei ihren Müttern tiefe Glücksgefühle, eine positive Grundeinstellung den Kindern gegenüber und adäquate biologische Reaktionen auf die Bedürfnisse der Kinder aktivieren. In einer solchen Beziehung nähren Mutter und Kind einander, und die physiologischen Reaktionen, durch die sie sich Zuwendung geben, erzeugen außerdem Gefühle der Sicherheit und der Freude. An diesem Punkt setzt die Transformation der traumatischen Schädigung an.

In der nächsten Phase dieses Prozesses legen die Mütter ihre Kinder auf den Boden und ermöglichen es ihnen, ihre Umgebung zu erforschen. Wie leuchtende Magneten bewegen sich die Babys freudig aufeinander zu und überwinden so die Barrieren der Scheu, während die Mütter schweigend ihren Entdeckungsdrang unterstützen, indem sie einen Kreis um sie bilden. Das Gefühl der Verbundenheit, das durch dieses kleine Abenteuer entsteht, ist schwer zu beschreiben, und man kann es eigentlich nur selbst miterleben.

Anschließend teilt sich die große Gruppe in kleinere Gruppen auf, die sich jeweils aus einer Mutter und einem Kind der verschiedenen Kulturen zusammensetzen. Die Mütter schwingen ihre Kinder sanft in einer Decke. Die Babys werden dabei meist in ein Gefühl höchster Seligkeit versetzt. Sie füllen den ganzen Raum mit einer Liebe, die so ansteckend wirkt, daß die Mütter (und auch die Väter, falls deren Anwesenheit von ihrer Kultur gutgeheißen wird) sich anlächeln und eine tiefe Verbundenheit erleben, die sie zuvor gefürchtet oder der sie sogar mißtraut haben. Herz und Geist der Mütter werden durch dieses Erlebnis in eine bisher nie erlebte freudige Erregung versetzt, und die Teilnehmerinnen verspüren den Wunsch, andere an diesem Gefühl teilhaben zu lassen. Dadurch setzt sich der Prozeß, nach der Initiation, praktisch von alleine fort.

Die Schönheit dieses Ansatzes zur Heilung von Gemeinschaften liegt in seiner Einfachheit. Ein außenstehender Helfer initiiert den Prozeß, indem er der ersten Gruppe eine Anleitung gibt. Anschließend können einige Mütter, die an dieser Veranstaltung teilgenommen haben, als Helferinnen für andere Gruppen ausgebildet werden. Ihre wichtigste Eigenschaft ist die Sensibilität für den richtigen Zeitpunkt und die Respektierung von Grenzen im zwischenmenschlichen Kontakt. Nach unseren Erfahrungen fällt es bestimmten Menschen leicht, diese Fähigkeiten durch die Teilnahme an einem solchen Treffen in Verbindung mit einer gezielten theoretischen Erklärung zu entwickeln. Nachdem die Mütter gelernt haben, diesen Prozeß zu begleiten, werden sie in ihren eigenen Gemeinschaften zu Botschaftern des Friedens.

»Gebt mir einen Punkt, an dem ich meinen Hebel ansetzen kann«, rief Archimedes aus, »und ich werde die Welt bewegen.« In einer Welt, die von Konflikt, Zerstörung und Trauma geprägt ist, finden wir einen solchen universellen Dreh- und Angelpunkt im rhythmischen Pulsieren der körperlichen Nähe von Mutter und Baby. Begegnungen wie die soeben beschriebenen können Völker zusammenführen und ihnen wieder ein harmonisches Zusammenleben ermöglichen. Traumata wirken sich auf jeden von uns anders aus. Wir alle müssen bereit sein, die Verantwortung für unsere Heilung selbst zu übernehmen. Wenn wir weiterhin Kriege gegeneinander führen, wird die Heilung, nach der die meisten von uns sich sehnen, ein Traum bleiben.

Nationen, die in unmittelbarer Nachbarschaft leben, können den seit vielen Generationen bestehenden Zyklus der Zerstörung, Gewalt und wiederholten Traumatisierung, in dem sie gefangen sind, unterbrechen. Indem wir die Fähigkeit unseres menschlichen Organismus nutzen, selbst im Netz traumabedingter Defensivität mit Hilfe des ganzheitlichen inneren Empfindens das friedvolle Gefühl des Lebendigseins wahrzunehmen, können wir alle dazu beitragen, daß unsere Gemeinschaften für uns selbst und unsere Kinder sicherer werden. Indem wir die Sicherheit innerhalb der sozialen Strukturen erhöhen, initiieren wir den Prozeß der Heilung für uns selbst und für die Welt, in der wir uns bewegen.

Nachwort oder Nachruf?

Ein armenischer Dorfbewohner klagt: »Es wird 100 Jahre dauern, bis ich wieder mit meinem Nachbarn reden kann.« In amerikanischen Städten herrschen mittlerweile so katastrophale soziale Zustände, daß jederzeit chaotisches Inferno ausbrechen kann. In Nordirland, wo nur Wäscheleinen und unterschiedliche Religionszugehörigkeit die verschiedenen Bevölkerungsgruppen voneinander trennen, müssen die Eltern mitansehen, wie ihre Kinder gegeneinander Krieg führen, statt zusammen zu spielen.

Nichttraumatisierte Menschen ziehen es vor, harmonisch zusammenzuleben, wenn dies möglich ist. Doch setzt sich durch die Relikte traumatischer

Erfahrungen in uns die Überzeugung fest, daß Feindseligkeiten nicht zu überwinden sind und Mißverständnisse uns für alle Zeiten voneinander trennen werden. Der zuvor beschriebene Prozeß, der das Gefühl der Verbundenheit zwischen Müttern und Kindern verschiedener Gruppen stärken soll, ist nur ein Beispiel für die vielen Konzepte und Praktiken, die wir zur Arbeit an der Auflösung dieses großen Problems benutzen können. Sobald die erforderlichen Voraussetzungen in Form von Zeit und Geld bereitstehen, können wir andere Möglichkeiten entwickeln, um auch schwangere Frauen, ältere Kinder und Väter in den Kreis der friedlichen Koexistenz einzubeziehen.

Diese Ansätze sind zwar keine Allheilmittel, aber sie eignen sich dazu, zumindest einen Anfang zu machen. Sie verbreiten Hoffnung, wo politische Lösungsversuche allein erfolglos geblieben sind. Der Holocaust, die Konflikte im Irak und im ehemaligen Jugoslawien, die Tumulte in Detroit, Los Angeles und anderen amerikanischen Städten – alle diese Ereignisse waren für die Menschheit schwere traumatische Erfahrungen. Sie belegen eindrucksvoll, welchen Preis wir als menschliche Gemeinschaft zahlen werden, wenn wir zulassen, daß der Zyklus der Traumawiederholung auf gesellschaftlicher Ebene weiterhin bestehenbleibt. Wir müssen mit großem Engagement nach effektiven Lösungsansätzen suchen. Das Überleben der Spezies Mensch könnte vom Erfolg dieser Bemühungen abhängen.

Ein Trauma kann man nicht einfach ignorieren. Es ist fester Bestandteil der primitiven biologischen Grundlagen unserer Existenz. Wir können uns als Individuen und als Gemeinschaften von der ständigen Wiederholung unseres traumatischen Erbes nur befreien, indem wir es transformieren. Ganz gleich, ob wir diese Transformation durch Gruppenerfahrungen, durch schamanistische Praktiken oder durch individuelle Arbeit herbeiführen wollen, entscheidend ist, daß wir diese Aufgabe auf irgendeine Weise lösen. Die Natur läßt sich nicht narren.

Teil IV
Erste Hilfe bei Traumata

16
Emotionale Erste Hilfe nach einem Unfall

In diesem Kapitel wird die Arbeit mit Erwachsenen nach einem Unfall beschrieben. Es wird erklärt, was unmittelbar nach einem Unfall passiert und wie Sie verhindern können, daß bei einem Unfallopfer ein langfristiges Trauma entsteht. Bemühen Sie sich stets, die Umstände, mit denen Sie es zu tun haben, genau einzuschätzen. Die folgende Beschreibung kann Ihnen dabei lediglich als grobe Richtlinie dienen.

Abschnitt I: Sofortmaßnahmen am Unfallort

- Wenn lebensrettende medizinische Maßnahmen erforderlich sind, haben diese natürlich Vorrang.
- Der Verletzte sollte warm gehalten werden und still liegen – es sei denn, er wird weiteren Gefahren ausgesetzt, wenn er an Ort und Stelle verbleibt.
- Hindern Sie den Verletzten daran, aufzuspringen, denn das versuchen Menschen in einer solchen Situation häufig. Ihr Gefühl, irgend etwas tun zu müssen, setzt sich häufig über die Tatsache hinweg, daß sie zunächst einmal Ruhe brauchen und die durch das traumatische Erlebnis aktivierte

Energie neutralisiert werden muß. Oft versuchen Verletzte, den Ernst ihrer Lage zu ignorieren und sich so zu verhalten, als ginge es ihnen gut.

- Bleiben Sie in jedem Fall bei dem Verletzten.
- Versichern Sie ihm, daß Sie bei ihm bleiben werden und daß bald Hilfe eintreffen wird (jedoch nur, wenn dies tatsächlich der Fall ist). Sagen Sie ihm, daß er zwar verletzt ist, aber alles wieder in Ordnung kommen wird. (Natürlich müssen Sie bei sehr schweren Verletzungen möglicherweise etwas anderes sagen.)
- Sorgen Sie dafür, daß dem Verletzten warm genug ist; bedecken Sie ihn eventuell mit einer leichten Decke.
- Wenn der Unfall nicht zu schwer ist, können Sie den Verletzten auffordern, sich seiner Körperempfindungen bewußt zu werden, beispielsweise eines Adrenalinansturms, eines Gefühls der Taubheit, Schüttelns oder Zitterns sowie Hitze- und Kältegefühle.
- Bleiben Sie mit Ihrer ganzen Aufmerksamkeit bei dem Verletzten, damit Sie ihm helfen können, die aktivierte Energie zu neutralisieren.
- Versichern Sie ihm, daß es gut ist, wenn er sich schüttelt, und ihm helfen wird, den Schock zu überwinden. Er wird ein Gefühl der Erleichterung erleben, verbunden mit Wärmeempfindungen in Händen und Füßen. Auch seine Atmung wird wahrscheinlich voller und leichter werden.
- Diese erste Phase kann durchaus 15-20 Minuten dauern.
- Bleiben Sie auch nach dem Eintreffen des Rettungsdienstes möglichst in der Nähe des Unfallopfers.
- Bitten Sie notfalls jemanden, Ihnen bei der Begleitung des Opfers zu helfen.

Abschnitt II: Maßnahmen bei der Rückkehr des Verletzten nach Hause oder nach seiner Einlieferung ins Krankenhaus

- Sorgen Sie dafür, daß der Verunglückte sich weiter ruhig verhält und ausruht, bis die akute Schockreaktion abgeklungen ist.
- Verletzte sollten nach Unfällen stets ein oder zwei Tage zu Hause bleiben, um sich zu beruhigen. Dies ist auch wichtig, wenn ihnen die erlittene

Verletzung nicht so schwerwiegend erscheint, daß sie ein Fernbleiben von der Arbeit rechtfertigt. (Die Weigerung, zu Hause zu bleiben, kann auf dem Leugnungsmechanismus und auf der Abwehr von Hilflosigkeitsgefühlen beruhen.) Verletzungen wie das Schleudertrauma werden oft durch Nichteinhalten einer Ruhepause verkompliziert und erfordern dann eine wesentlich längere Heilung. Ein oder zwei Tage Ruhe sind die beste Maßnahme gegen längerfristige Nachwirkungen.

- In der zweiten Phase nach dem Unfall werden wahrscheinlich erste emotionale Reaktionen auf das Erlebte auftauchen. Fordern Sie das Unfallopfer auf, diese Emotionen einfach wahrzunehmen, ohne sie zu beurteilen. Häufig treten in dieser Situation Wut, Angst, Trauer und Schuldgefühle auf.
- Auch in dieser Phase können sich körperliche Reaktionen wie Schütteln und Kälteschauer einstellen. Das ist völlig in Ordnung.

Abschnitt III: Erster Kontakt zum Trauma und Beginn der Traumatransformation

Phase III überschneidet sich oft mit Phase II. In ihr wird Kontakt zur gespeicherten Energie des Traumas hergestellt, denn nur dann kann diese völlig neutralisiert werden.

Akhter Ahsen hat in allen Einzelheiten untersucht, was ein Mensch vor, während und nach einem traumatischen Geschehen erlebt. Traumatisierten sollte geholfen werden, sich auch an periphere Bilder, Gefühle und Empfindungen zu erinnern.

- Achten Sie während jeder Phase darauf, daß Menschen beim Berichten über ihre Erfahrungen in eine erhöhte Erregung (Aktivierung) versetzt werden können. Ihre Atmung kann schneller werden, ihre Herzfrequenz kann ansteigen, und sie können zu schwitzen anfangen. Falls eines dieser Zeichen auftritt, sollten Sie sofort aufhören, über das Ereignis zu sprechen, und den Verletzten auffordern, sich auf die Empfindungen zu konzentrieren, die er in seinem Körper wahrnimmt, beispielsweise »Ich habe Schmerzen im Nacken« oder »Ich empfinde Übelkeit im Bauchbereich«.

- Wenn Sie sich nicht sicher sind, fragen Sie den Verletzten, wie er sich fühlt.
- Wenn der oder die Verletzte ruhig und entspannt wirkt, können Sie sich detaillierter mit der Erfahrung und den Empfindungen beschäftigen. Falls die verletzte Person ein leichtes Schütteln oder Zittern bemerkt, versichern Sie ihr, dies sei nicht ungewöhnlich. Weisen Sie darauf hin, daß die Aktivierungsreaktion allmählich abnimmt und Ihre Arbeit darauf zielt, die Energie aus ihrem erstarrten Zustand zu befreien und zu neutralisieren. Dieser Prozeß wird als Titration bezeichnet (ein Verfahren, das in sehr kleinen Schritten vonstatten geht).

Es folgen einige Beispiele für Erfahrungen, die während dieses Prozesses auftreten können, und eine Darstellung der Reihenfolge, in der diese Schritte durchlaufen werden sollten.

Vor dem Ereignis

- AKTIVITÄTEN: Ich verließ das Haus und stieg ins Auto.
- EMPFINDUNGEN: Ich spüre, wie meine Arme das Lenkrad drehen und wie mein Kopf sich dreht, um nach hinten zu schauen.
- GEFÜHLE: Ich fühle mich aufgebracht.
- BILD: Ich fahre auf der Autobahn und bemerke eine Ausfahrt.
- GEDANKE: Ich hätte die Autobahn an dieser Stelle verlassen können, habe es aber nicht getan. (Ermutigen Sie den Verletzten, die Situation zu verändern und die Autobahn an der betreffenden Ausfahrt zu verlassen. Dies hilft ihm, die Erfahrung zu modifizieren und das Trauma aufzulösen, obwohl der Unfall sich in der Realität ereignet hat.)
- Lassen Sie dem Körper des Verunglückten genügend Zeit, die aktivierte Energie physisch abzubauen.

Nach dem Ereignis

Wenden Sie sich nun den Details nach dem Ereignis zu.

- BILD ODER ERINNERUNG: Ich befinde mich in der Notaufnahme. Die Ärzte sprechen über mich. Sie sagen: »O Gott, nicht schon wieder so ein Hacksteak!«

- GEFÜHL: Ich fühle mich schuldig.
- GEDANKEN: Wenn ich aufgepaßt hätte, hätte ich das vermeiden können.
- Wird der Verletzte erneut in einen erhöhten Erregungszustand versetzt, so kehren Sie zur Gegenwart zurück, indem Sie ihm helfen, sich auf seine Körperempfindungen zu konzentrieren, bis die aktivierte Energie abgebaut ist. Danach können Sie ihn wieder vorsichtig zur Auseinandersetzung mit den Details nach dem Unfall zurückgeleiten. Nach dem Zittern und dem Abbau der Energie wird er ein Gefühl der Erleichterung empfinden, ein Wärmegefühl in den Gliedmaßen verspüren und tiefer durchatmen können.

Unmittelbar vor dem Ereignis

Sobald Sie die Einzelheiten vor und nach dem Unfall erfolgreich durchgearbeitet haben, wenden Sie sich den Gefühlen, Empfindungen und Bildern zu, die mit dem ersten Erkennen der erlebten Gefahr verbunden sind.

- BILD: Ich erinnere mich daran, daß ein gelber Kotflügel auf die linke Seite meines Autos zukam. Ich habe auch das Stopzeichen gesehen, das das entgegenkommende Fahrzeug nicht beachtet hat.
- GEFÜHL: Ich war wütend darüber, daß der andere Fahrer nicht aufgepaßt hatte.
- EMPFINDUNG: Ich spürte, wie meine Rückenmuskeln hart wurden, als ich das Steuerrad umklammerte.
- GEDANKEN: Es könnte eine plötzliche Erkenntnis aufgetaucht sein wie: »O mein Gott, jetzt wird es passieren ... Ich werde sterben!«

Die Bilder von dem Ereignis werden sich möglicherweise nach der Auflösung der Energieansammlung verändern.

Abschnitt IV: Den Augenblick des Aufpralls erleben

Wenn der Verletzte sich den Augenblick des Aufpralls vergegenwärtigt, kann es sein, daß er das Splittern von Glas oder Metallgeräusche hört oder sieht, wie sein Körper verdreht wird oder durch die Luft fliegt. Alles, was auftaucht, sollte mit dem ganzheitlichen inneren Empfinden erforscht werden. Beim

Erleben von Reaktionen kann der Körper des Opfers spontan anfangen, sich leicht zu bewegen. Lassen Sie 15 bis 20 Minuten vergehen, damit die Bewegungen abnehmen können, denn die Fokussierung auf die Körperempfindungen fördert die Auflösung der aufgestauten Energie. Nachdem die Energie neutralisiert worden ist, verspüren die Betroffenen gewöhnlich ein Gefühl der Erleichterung und Wärmegefühle in den Gliedmaßen.

Unfallopfer können erleben, daß sich ihr Körper schnell in zwei Richtungen gleichzeitig bewegt: »Als ich gegen die Windschutzscheibe geschleudert wurde, spürte ich, wie sich meine Rückenmuskulatur anspannte und ich in die entgegengesetzte Richtung gezogen wurde.« Versichern Sie dem Verletzten immer wieder, daß alles, was er empfindet, in Ordnung ist, und geben Sie ihm Gelegenheit, die Bewegungen langsam zu rekapitulieren. Bei manchen Menschen stellt sich in diesem Augenblick eine akute Schockreaktion wie Schütteln und Zittern ein. Unterstützen Sie diese, und äußern Sie sich anerkennend über die erzielten Fortschritte.

Es kann auch sein, daß Unfallopfer es völlig vermeiden wollen, sich an das Erlebte zu erinnern. Oder sie wechseln willkürlich zwischen den hier beschriebenen Phasen hin und her. Gegen letzteres ist nichts einzuwenden, falls sie nicht bestimmte Aspekte auszuklammern versuchen, insbesondere den Augenblick des Zusammenstoßes.

Fahren Sie mit dieser Phase fort, bis sich das Opfer völlig beruhigt hat und die Auflösung der traumatischen Erfahrung wahrscheinlich ist. Dies ist an der leichteren Atmung und an der Beruhigung des Herzschlages zu erkennen. Es kann unter Umständen eine Stunde dauern, bis dieses Ziel erreicht ist. Sie können den beschriebenen Prozeß auch über zwei oder drei Tage wiederholen. Das ist besser, als das gewünschte Ergebnis in einer einzigen Sitzung erzwingen zu wollen. Möglicherweise müssen Sie sich mit bestimmten noch nicht vollständig durchgearbeiteten Bereichen mehrmals beschäftigen.

Abschluß

Nachdem alle Phasen auf zufriedenstellende Weise abgeschlossen sind, beschreiben Sie das gesamte Ereignis erneut und stellen fest, ob es dadurch immer noch zu einer Aktivierung kommt. Fühlt der Betroffene sich dabei unbehaglich, ist vielleicht etwas vergessen worden, das durch diese letzte Rekapitulation des gesamten Geschehens aufgelöst werden kann. Beenden Sie die Arbeit, wenn keine Symptome mehr bestehen. Vertiefen Sie den Prozeß zu einem späteren Zeitpunkt, müssen Sie alle notwendigen Schritte rekapitulieren..

Auch Gefühle und Erinnerungen, die sich auf andere Erfahrungen beziehen, können auftauchen. In solchen Fällen können Sie an anderen unaufgelösten, eventuell von der aktuellen Situation völlig unabhängigen Traumata arbeiten. Doch kann dies wesentlich mehr Zeit erfordern. Wenn jemand ein bestimmtes Verhaltensmuster entwickelt hat, das Unfälle begünstigt, oder wenn er ganz einfach immer wieder in Unfälle verwickelt wird, so kann die Unfallanfälligkeit des Betreffenden verringert werden, indem seine Flexibilität und seine Fähigkeit, sich zu orientieren und zu reagieren, gestärkt werden.

Szenario einer Traumaheilung nach einem Unfall

Ich fuhr in meinem Auto, als ein anderer Wagen, dessen Fahrer das Stopzeichen übersehen hatte, plötzlich auf die Vorfahrtsstraße bog. Der Fahrer des anderen Wagens sah mich nicht rechtzeitig und rammte mein Auto an der linken Seite. Da auch ich ihn erst in letzter Sekunde sah, hatte ich keine Möglichkeit mehr, den Unfall zu vermeiden.

Einen Augenblick lang blieb ich völlig regungslos sitzen. Als mir klar wurde, daß ich nicht verletzt war, stieg ich aus, um mir den Schaden anzusehen. Obgleich mein Auto einen ansehnlichen Blechschaden hatte, war ich nicht sonderlich aufgebracht über den Vorfall, weil der andere Fahrer mir gleich seine Versicherungsunterlagen gab und ich mir sicher war, daß der Polizeibericht seine Schuld klar belegen würde. Außerdem ertappte ich mich bei dem Gedanken, daß ich ohnehin vorgehabt hatte, den Wagen neu lackieren zu lassen. Ich fühlte mich ziemlich gut, fast euphorisch, und war hocherfreut darüber, wie problemlos ich noch am Unfalltag an einer schwierigen geschäftlichen Besprechung teilnahm. Ich hatte mich gut darauf vorbereitet und war dementsprechend erfolgreich. Am nächsten Tag bemerkte ich ein zunehmendes Gefühl der Erregung und eine Steifheit im Bereich des Nackens, der rechten Schulter und des rechten Arms, was mich überraschte, weil der Zusammenstoß mein Auto doch auf der linken Seite getroffen hatte.

Nachdem Joe (so nennen wir den Mann, der die Vorfahrt hatte) sich damit beschäftigt hat, was am Tag des Unfalls noch geschehen war (die Peripherie des Ereignisses), und er das Ereignis mit seinem Freund Tom durchgearbeitet hat, erinnert er sich daran, daß er in das Auto gestiegen war, um zur Arbeit zu fahren, und wütend auf seine Frau gewesen war. Gleichzeitig wird ihm bewußt, daß er seine Zähne zusammenbeißt und zittert. Sein Körper fängt an, sich zu schütteln, und er hat das Gefühl, kurz vor einem völligen Kontrollverlust zu stehen. Sein Freund Tom versichert ihm, daß alles in Ordnung ist. Nachdem Joe aufgehört hat, sich zu schütteln, und er eine gewisse Erleichterung verspürt, wenden sie sich der genaueren Untersuchung der Ereignisse vor dem Unfall zu.

Joe erinnert sich daran, daß er rückwärts von seinem Grundstück gefahren war und seinen Kopf nach rechts gedreht hatte, um zu sehen, wohin er fuhr. Er spürt, wie seine Arme das Lenkrad drehen, und gleichzeitig bemerkt er, daß er den Wagen wegen seiner noch nicht abgeklungenen Wut zu stark beschleunigt. Sein rechtes Bein wird angespannt, als er auf die Bremse tritt, um die Geschwindigkeit zu verringern (er spürt diese Aktivität in den Muskeln seiner Beine). Von seinem Freund Tom ermutigt, nimmt Joe sich Zeit, die Anspannung und Entspannung in seinem rechten Bein zu spüren. Während er vom Gas auf die Bremse und wieder zurück wechselt, spürt er ein Zittern in seinen Beinen.

Dann erinnert sich Joe daran, wie er vor dem Unfall die Straße hinunterfährt und das Bedürfnis verspürt, zurückzufahren und mit seiner Frau zu sprechen. Tom ermutigt ihn, dies in der Vorstellung auch tatsächlich zu tun, und so stellt Joe sich vor, daß er den Wagen wendet und zu seinem Haus zurückfährt. In diesem Augenblick erlebt er einen stärker werdenden Schmerz im rechten Arm. Nachdem er mit Hilfe von Tom diese Empfindung fokussiert, verschwindet der Schmerz. Dann konzentrieren sie sich auf Joes Bedürfnis, umzukehren. Er stellt sich vor, daß er nach Hause zurückkehrt, um den Streit mit seiner Frau zu beenden. Er sagt zu ihr, er habe sich auf der Party am Vorabend von ihr verletzt gefühlt. Er habe den Eindruck gehabt, sie ignoriere ihn. Daraufhin antwortet sie, sie habe sich einfach vergewissern wollen, ob sie sich in einer solchen Situation unabhängig von ihm bewegen und ihren Spaß haben könnte. Sie erklärt ihm, dies sei keine Aktion gegen ihn persönlich gewesen, und sie empfinde ihre Beziehung als recht gut. Joe fühlt sich daraufhin erleichtert und glaubt, das Verhalten seiner Frau nun besser verstehen und sie deshalb auch in stärkerem Maß akzeptieren zu können. Er fragt sich, ob er das entgegenkommende Auto wohl gesehen hätte, wenn er das Problem mit seiner Frau vor Antritt der Fahrt gelöst hätte. In diesem Moment fühlt sich Joe erleichtert. Er empfindet eine gewisse Schuld an dem Unfall, obwohl der andere Fahrer eindeutig den Fehler gemacht hat, das Stopzeichen zu übersehen.

Tom bittet Joe nun, die Details der Straße unmittelbar vor dem Unfall zu beschreiben, obwohl Joe behauptet, er könne sich an nichts erinnern. Während Joe anfängt, das wenige, woran er sich erinnert, zu beschreiben, spürt er, wie beide Schultern sich unwillkürlich anspannen und heben. Er hat das Gefühl, daß sein Körper sich nach rechts bewegt und das Bild eines flackernden Schattens auftaucht. Tom bittet seinen Freund, sich diesen Schatten genauer anzuschauen, und Joe erkennt plötzlich die gelbe Farbe eines Autos (Orientierungsreaktion). Während Joe sich bemüht, weitere Einzelheiten des Bildes zu erkennen, wird ihm klar, daß er einen vorderen Kotflügel gesehen hat und anschließend durch die Windschutzscheibe des anderen Wagens das Gesicht des Fahrers. Joe erkennt an seinem Blick, daß ihm das Überfahren des Stopzeichens gar nicht aufgefallen ist – der Mann scheint in Gedanken versunken zu sein. Tom fragt Joe, was er empfindet, und dieser antwortet, er sei sehr wütend auf den anderen Fahrer und verspüre das Bedürfnis, sich an ihm zu rächen. Tom fordert Joe auf, sich vorzustellen, daß er das Auto des anderen zerstört. Joe sieht sich einen großen Hammer nehmen und das Auto des anderen völlig demolieren. Er erlebt nun einen Zustand erhöhter Aktivierung (der stärker ist als vorher). Seine

Hände zittern, schlottern und sind kalt. Tom versucht, Joe mit besänftigenden Worten durch die Energiefreisetzung zu geleiten. Nach einiger Zeit spürt Joe, wie seine Atmung regelmäßiger wird, die Spannung in Schultern und Kiefer nachläßt und das Zittern aufhört. Er spürt jetzt ein Gefühl der Erleichterung und Wärme in den Händen. Er fühlt sich entspannt und gleichzeitig hellwach.

Joe bemerkt nun in seinen Schultern eine Tendenz nach oben und gleichzeitig nach rechts unten. Ihm wird bewußt, daß sein Arm das Steuerrad des Autos in dem Augenblick nach rechts drehen will, in dem er den Aufprall und das Bersten von Metall hört. Tom bittet Joe, den Aufprall zunächst zu ignorieren, sich auf seine Empfindung zu konzentrieren und die Drehung nach rechts zum Abschluß zu bringen. Joe vollführt mit seinem Körper die entsprechende Drehung und »vermeidet« den Unfall. Ein leichtes Schütteln überkommt ihn, worauf sich schnell eine starke Entlastung einstellt – obwohl er weiß, daß der Unfall in der historischen Wirklichkeit passiert ist.

Tom bittet Joe, sich in den Augenblick zurückzuversetzen, in dem er zum erstenmal den gelben Kotflügel und den Fahrer hinter der Windschutzscheibe gesehen hatte. Anschließend wechseln sie zu jenem Moment, in dem er das Geräusch des berstenden Metalls hört. Während Joe den Kontakt zu diesen Bildern herstellt, spürt er, wie sein Körper nach links geworfen wird und er sich gleichzeitig durch eine entgegengesetzte Bewegung dem Geschehen zu entziehen versucht. Seine Rückenmuskeln versuchen erfolglos, ihn zurückzuhalten. Tom ermutigt Joe, weiter seine Rückenmuskeln zu spüren. Joe empfindet bei diesem Versuch ein Anwachsen der Spannung und später ein leichtes Gefühl der Panik. In diesem Augenblick entspannen sich Joes Rückenmuskeln, und er bekommt einen Schweißausbruch. Er schüttelt sich und zittert mehrere Minuten lang stark. Danach fühlt Joe sich ruhig und sicher.

Joe ist klar, daß der Unfall passiert ist. Er weiß, daß er versucht hat, ihn zu vermeiden. Er weiß, daß er nach Hause zurückfahren und mit seiner Frau reden wollte. Alle diese Erfahrungen sind für ihn von gleicher Realität. Es ist nicht so, daß die eine ihm als real und die anderen ihm als erfunden erscheinen; vielmehr sieht er sie als unterschiedliche, aber gleichermaßen reale Endresultate eines bestimmten Ereignisses.

Nach der Auflösung der in dem Trauma gespeicherten Energie gingen die Symptome in Joes rechtem Arm und Rücken innerhalb weniger Tage deutlich zurück. Der Schmerz, den er verspürte, hing unmittelbar mit den Impulsen zusammen, die nicht zu ihrem natürlichen Abschluß gelangt waren. Joes erster Impuls war, das Steuerrad nach rechts zu drehen, um zurückzufahren und mit seiner Frau zu sprechen. Sein zweiter Impuls war, das Steuerrad nach rechts zu drehen, um den Unfall zu verhindern. Der dritte Impuls war die Anspannung der Rückenmuskeln bei dem Versuch, den Aufprall zu vermeiden. Nachdem Joe aufgefordert worden war, alle diese Aktivitäten zum Abschluß zu bringen, gelang es ihm, die aufgestaute Energie abzubauen, obwohl dies erst nach dem Ende der realen Situation möglich war.

An dieser Fallbeschreibung ist zu erkennen, daß diese Vorgehensweise es ermöglicht, Reaktionen auf traumatische Erlebnisse zum Abschluß zu bringen und die Verbindung zwischen den Bildern im Umfeld des Geschehens zu stärken. Auf diese Weise läßt sich die gespeicherte dysfunktionale Energie in einem allmählichen, schrittweisen Prozeß neutralisieren.

17
ERSTE HILFE FÜR KINDER

Verzögerte traumatische Reaktionen

Der fünfjährige Johnny fährt stolz sein erstes Fahrrad. Als er über ein Wegstück mit lockerem Kies radelt, landet er an einem Baum. Nachdem er einen Augenblick bewußtlos dagelegen hat, wacht er wieder auf, rappelt sich hoch und heult. Er fühlt sich irgendwie anders als vorher. Seine Eltern umarmen und trösten ihn, loben ihn wegen seines Muts und setzen ihn wieder auf das Rad. Ihnen ist nicht klar, wie schockiert und verängstigt er ist.

Jahre nach diesem harmlos erscheinenden Vorfall fährt John eines Tages mit Frau und Kindern im Auto. Plötzlich dreht er das Lenkrad, um einem entgegenkommenden Fahrzeug auszuweichen. Mitten in dieser Bewegung erstarrt er. Zum Glück kann der Fahrer des anderen Fahrzeugs eine Katastrophe verhindern.

Einige Tage später spürt John morgens während der Fahrt zur Arbeit plötzlich, daß sein Herz rast und pocht. Seine Hände werden kalt und beginnen zu schwitzen. Er fühlt sich bedroht und hat das Gefühl, in einer Falle zu sitzen. Ihn überkommt der Impuls, aus dem Auto zu springen und wegzulaufen. Er selbst findet seine Gefühle etwas verrückt, und nachdem er sich klargemacht hat, daß niemand verletzt worden ist, verschwinden seine Symptome allmählich. Dennoch wird er den ganzen Tag von einer vagen Besorgnis verfolgt. Als er am Abend ohne weitere Zwischenfälle heil zu Hause ankommt, fühlt er sich ungeheuer erleichtert.

Am nächsten Morgen verläßt John schon früh das Haus, um den starken Berufsverkehr zu meiden, und bleibt abends lange im Betrieb, wo er eine

Besprechung mit Kollegen hat. Als er schließlich zu Hause ankommt, ist er ziemlich gereizt. Er streitet mit seiner Frau und brüllt seine Kinder an. John geht früh zu Bett, wacht mitten in der Nacht auf und kann sich noch schwach an einen Traum erinnern, in dem sein Auto außer Kontrolle gerät. Er ist schweißüberströmt. Weitere unangenehme Nächte folgen.

Was John erlebt, ist eine verspätete Reaktion auf seinen Fahrradunfall in der Kindheit. Auch wenn es unglaublich erscheinen mag, kommen posttraumatische Reaktionen dieser Art durchaus häufig vor. In meiner mehr als 25jährigen Arbeit mit Traumatisierten habe ich bei mindestens der Hälfte meiner Klienten Traumasymptome gefunden, die erst lange nach dem ursprünglichen traumatischen Erlebnis aufgetreten waren. Bei vielen Menschen liegt zwischen dem traumatischen Ereignis und dem ersten Auftreten von Symptomen eine Zeitspanne zwischen 6 Wochen und 18 Monaten. Doch kann diese Latenzperiode auch Jahre oder Jahrzehnte dauern. Dabei werden die Reaktionen häufig durch scheinbar unwichtige Ereignisse ausgelöst.

Natürlich hat nicht jeder Unfall in der Kindheit eine verzögerte traumatische Reaktion zur Folge. In manchen Fällen treten nie Symptome auf, wohingegen andere – darunter auch viele angeblich »unbedeutende« oder vergessene Unglücksfälle aus der Kindheit – äußerst schwerwiegende Nachwirkungen haben. Ein Sturz, ein scheinbar harmloser chirurgischer Eingriff, der Verlust eines Elternteils durch Tod oder Trennung der Eltern, eine schwere Krankheit, sogar eine Beschneidung und andere medizinische Routinebehandlungen können im weiteren Verlauf des Lebens traumatische Reaktionen verursachen, je nachdem, wie das Kind sie zum Zeitpunkt ihres Geschehens erlebt.

Unter den Traumaursachen bei Kindern sind medizinische Behandlungsmaßnahmen bei weitem die häufigsten und oft auch die schwerwiegendsten. Viele Krankenhäuser verstärken noch (natürlich unabsichtlich) die Angst ohnehin verängstigter Kinder. Bei der Vorbereitung zu Routinebehandlungen werden sie mit Gurten festgebunden, damit sie sich nicht ständig bewegen. Doch wenn ein Kind sich so heftig wehrt, daß es gefesselt werden muß, ist es derart verängstigt, daß bei Fortsetzung dieser Vorgehensweise ohnehin traumatische Folgen zu erwarten sind. Außerdem sollte ein verängstigtes Kind generell nicht unter Narkose gesetzt werden. Wenn ein Kind im verängstigten Zustand betäubt wird, führt diese Prozedur mit ziemlicher Sicherheit zu einer traumatischen Erfahrung – und oft erleidet es in solchen Situationen sogar ein schweres Trauma. Kinder können schon durch unsensibles Verabreichen eines Klistiers oder entsprechendes Fiebermessen traumatisiert werden.

Viele durch medizinische Behandlungsmaßnahmen verursachte Traumata können verhindert werden, wenn das medizinische Personal

1. die Eltern auffordert, bei ihren Kindern zu bleiben;
2. Eltern und Kindern so viel wie möglich im voraus erklärt;
3. mit Behandlungsmaßnahmen gegebenenfalls so lange wartet, bis die Kinder sich beruhigt haben.

Nur wenige Mitarbeiter im medizinischen Bereich verstehen das Phänomen Trauma und die potentiellen traumatischen Langzeitfolgen medizinischer Behandlungsmaßnahmen in ihrem ganzen Umfang. Zwar kümmern sich Ärzte und Pflegepersonal oft vorbildlich um das Wohl der Kinder, doch besteht bei ihnen häufig ein Informationsdefizit über die traumatischen Auswirkungen medizinischer Prozeduren. Sollte dies der Fall sein, zögern Sie nicht, Ihre Informationen zur Verfügung zu stellen.

Erste Hilfe bei Unfällen und Stürzen

Unfälle und Stürze kommen im Leben jedes Kindes vor, und meist sind derartige Vorfälle ungefährlich. Dennoch können Kinder manchmal durch kleine Alltagsereignisse ein Trauma entwickeln. Selbst wenn Sie als Vater oder Mutter bei einem solchen Mißgeschick zugegen sind, können Sie dessen Bedeutung nicht unbedingt erkennen. Ein Kind kann durch Ereignisse traumatisiert werden, die einem Erwachsenen relativ harmlos erscheinen mögen. Und Kinder können die Anzeichen einer traumatischen Reaktion oft gut verbergen, insbesondere wenn sie das Gefühl haben, Mami und Papi würden sich freuen, wenn sie sich »tapfer« verhielten. Der wichtigste Verbündete im Umgang mit den Bedürfnissen Ihrer Kinder ist eine möglichst umfassende Kenntnis der Problematik und ein fundiertes Wissen darüber, was Sie in problematischen Situationen tun können.

Es folgen einige grundsätzliche Anregungen für das elterliche Verhalten bei Unfällen und Stürzen von Kindern.

Kümmern Sie sich zunächst um Ihre eigenen Reaktionen, indem Sie innerlich Ihre Besorgnis und Angst um das verletzte Kind anerkennen. Atmen Sie tief ein und langsam aus; spüren Sie die Empfindungen in Ihrem eigenen Körper. Wenn Sie sich danach noch aufgeregt fühlen, wiederholen Sie das Ganze. Die Zeit, die Sie brauchen, um sich zu beruhigen, ist in keinem Fall vergeudet. Diese Investition stärkt Ihre Fähigkeit, dem Kind die volle Aufmerksamkeit zu schenken, und außerdem wird die Reaktion des Kindes auf Ihre eigene Angst und Verwirrung verringert. Wenn Sie Zeit haben, sich zu sammeln, wird das Akzeptieren des Unfalls Ihnen helfen, sich auf die Bedürfnisse des Kindes zu konzentrieren. Sind Sie selbst emotional zu erregt, besteht die Gefahr, daß Sie das Kind ebensosehr verängstigen, wie der Unfall es bereits getan hat. Generell reagieren Kinder sensibel auf die Emotionen von Erwachsenen, jedoch besonders auf die der eigenen Eltern.

Beruhigen Sie das Kind. Wenn es aufgrund der Verletzung erforderlich ist, das Kind sofort an einen anderen Ort zu bringen, dann stützen oder tragen Sie es, selbst wenn es sich allem Anschein nach ohne fremde Hilfe bewegen kann. Kinder, die sich große Mühe geben, ihre Stärke zu zeigen, tun dies oft, um die Angst zu leugnen, die sie empfinden. Wenn Sie das Gefühl haben, daß es dem Kind kalt sein könnte, legen Sie ihm sanft einen Pullover oder eine Decke über Schultern und Rumpf.

Fordern Sie das Kind auf (und bestehen Sie notfalls darauf), daß es sich genügend Zeit nimmt, an einem sicheren Ort auszuruhen. Dies ist besonders wichtig, wenn Sie Anzeichen für einen Schock oder für Benommenheit (glasiger Blick, bleiche Hautfarbe, schnelle und flache Atmung, Zittern, Desorientiertheit, das Gefühl, irgendwo anders zu sein) bemerken. Wenn Ihnen das Verhalten des Kindes als sehr emotional oder extrem ruhig erscheint (wie die Ruhe vor dem Sturm), ist Ausruhen besonders wichtig. Sie können dem Kind durch Ihre eigene Entspanntheit und Ruhe helfen, sich zu beruhigen. Wenn Sie es passend finden, das Kind zu umarmen oder im Arm zu halten, sollten Sie dies vorsichtig tun, ohne es in seiner Bewegungsfreiheit einzuschränken. Ein sanftes Handauflegen auf dem Rücken, gegenüber der Herzregion, kann eine Unterstützung und Beruhigung vermitteln, ohne die natürlichen Körperreaktionen des Kindes zu behindern. Hingegen können übertriebenes Hätscheln oder andere zudringliche Formen den Erholungsprozeß stören (so wie ein übereifriges Kind manchmal trotz bester Absichten einen verletzten Vogel mißhandelt).

Wenn die Benommenheit des Blicks allmählich abklingt, lenken Sie die Aufmerksamkeit des Kindes vorsichtig auf seine Empfindungen. Fragen Sie mit sanfter Stimme: »Was spürst du in deinem Körper?« Wiederholen Sie die Antworten, die Sie erhalten, langsam und ruhig in Form einer Frage – »Du fühlst dich schlecht in deinem Körper?« –, und warten Sie auf ein Nicken oder eine andere Reaktion. In der nächsten Frage können Sie konkreter werden: »Wo spürst du das schlechte Gefühl?« Wenn das Kind auf eine bestimmte Stelle deutet, können Sie weiterfragen: »Wie fühlt es sich in deinem Bauch (Kopf, Arm, Bein usw.) an?« Wenn das Kind über eine bestimmte Empfindung berichtet, können Sie nach dem genauen Ort des Auftretens, nach der Größe und Farbe, dem Gewicht und anderen Charakteristika des Unbehagens fragen. Geleiten Sie das Kind anschließend sanft zum gegenwärtigen Augenblick zurück: »Wie fühlt sich die Beule (Schramme, Brandblase usw.) jetzt an?«

Lassen Sie zwischen den Fragen jeweils einen Augenblick schweigend vergehen. Das Kind hat dann die Möglichkeit, Reaktionszyklen zum Abschluß zu bringen, ohne durch andere Fragen abgelenkt zu werden. Wenn Sie sich nicht sicher sind, ob der Zyklus beendet ist, sollten Sie warten, bis das Kind Ihnen entsprechende Signale gibt (ein tiefer, entspannter Atemzug, das Nachlassen des Weinens oder Zitterns, ein Sichstrecken, ein Lächeln, das Herstellen oder Unterbrechen des Blickkontakts). Der Abschluß eines solchen Zyklus bedeutet nicht unbedingt, daß der Erholungsprozeß zu Ende ist; es kann auch ein weiterer Zyklus folgen. Versuchen Sie, die Aufmerksamkeit des Kindes noch ein paar Minuten lang auf die Empfindungen zu lenken, um sicherzugehen, daß der Prozeß wirklich abgeschlossen ist.

Beginnen Sie kein Gespräch über den Unfall. Später werden Sie noch ausreichend Gelegenheit haben, Geschichten zu erzählen, das Geschehene noch einmal durchzuspielen oder Bilder davon zu zeichnen. Im Augenblick ist es wichtiger, das Kind bei der Auflösung der aktivierten Energie zu unterstützen und ihm zu helfen, sich zu beruhigen.

Bestätigen Sie die physischen Reaktionen des Kindes während dieser Zeit. Wenn Kinder einen Schockzustand überwinden, fangen sie oft an zu weinen oder zu zittern. Falls Sie den Drang verspüren sollten, diesen natürlichen Prozeß zu unterbinden, *widerstehen Sie ihm!* Der physische Ausdruck der erlebten Belastung muß so lange fortgesetzt werden, bis er von selbst endet oder abnimmt. Es dauert gewöhnlich ein paar Minuten, bis dieser Prozeß abgeschlossen ist. Aus Untersuchungen geht hervor, daß Kinder, die diese Gelegenheit nach einem Unfall erhalten und nutzen, weniger Schwierigkeiten haben, sich zu erholen.

Ihre Aufgabe ist es, dem Kind zu vermitteln, daß Weinen und Zittern normale, gesunde Reaktionen sind. Eine beruhigende Hand auf dem Rücken oder auf der Schulter in Verbindung mit ein paar sanft gesprochenen Worten wie »Das ist in Ordnung« oder »Das ist gut, das ganze schreckliche Zeug muß aus dir rausgeschüttelt werden« kann ungeheuer hilfreich sein. Ihre wichtigste Aufgabe besteht darin, dem Kind die Sicherheit zu vermitteln, in der es seine natürlichen Reaktionen auf die erlittene Verletzung zum Abschluß kommen lassen kann. Vertrauen Sie auf die angeborene Heilfähigkeit des Kindes, lassen Sie es geschehen. Um diesen Prozeß nicht unabsichtlich zu stören, sollten Sie die Position des Kindes nicht verändern, seine Aufmerksamkeit nicht ablenken, es nicht zu fest im Arm halten und ihm weder zu nahe noch zu fern sein, weil beides Unbehagen verursachen kann. Achten Sie darauf, wann das Kind beginnt, sich wieder an der äußeren Welt zu orientieren. Die Orientierungsreaktion ist ein Zeichen dafür, daß der Prozeß zum Abschluß gekommen ist.

Kümmern Sie sich zum Schluß auch um die emotionalen Reaktionen des Kindes. Sobald das Kind sich beruhigt zu haben und sich sicher zu fühlen scheint (nicht vorher – später ist in Ordnung), sollten Sie sich Zeit zum Geschichtenerzählen oder zur Wiederholung des Vorfalls in Form eines Rollenspiels nehmen. Fragen Sie das Kind zunächst, was passiert ist. Es könnte Wut, Angst, Traurigkeit, Verwirrung, Scham oder Schuldgefühle verspürt haben. Erzählen Sie dem Kind von einer Situation, in der Sie selbst (oder jemand anders) sich genauso gefühlt oder einen ähnlichen Unfall gehabt haben. Dadurch rückt das, was das Kind empfindet, der »Normalität« näher. Geben Sie dem Kind zu verstehen, daß das, was es empfindet, in Ordnung ist und wert, sich damit zu beschäftigen. Seien Sie zuversichtlich bei der Anwendung dieser Erste-Hilfe-Maßnahmen. Denken Sie nicht zuviel darüber nach, ob Sie alles »richtig machen«.

Traumata lassen sich nicht immer verhindern. Sie zählen zu den Tatsachen des Lebens. Aber ein Trauma kann geheilt werden. Ein Trauma ist ein unterbrochener Prozeß, dem das natürliche Bestreben innewohnt, zum Abschluß zu gelangen. Wenn Sie Ihrem Kind die Möglichkeit dazu geben, wird es diesen Prozeß abschließen und dadurch die beeinträchtigenden Auswirkungen des Traumas vermeiden.

Auflösung einer traumatischen Reaktion

Eine Heilungsmöglichkeit zu schaffen ähnelt dem Erlernen der Sitten und Gebräuche eines Landes, das wir noch nicht kennen. Sie zu erlernen ist eigentlich nicht schwer – es ist nur anders als das, was wir kennen. Um eine Heilung zu ermöglichen, müssen Sie selbst und Ihr Kind vom Reich des Denkens oder der Emotionen in den grundlegenderen Bereich der physischen Empfindungen überwechseln. Achten Sie darauf, wie sich Dinge anfühlen und wie der Körper auf sie reagiert. Kurz gesagt hängt das Wahrnehmen von Möglichkeiten eng mit dem Wahrnehmen von Empfindungen zusammen.

Ein traumatisiertes Kind, das mit seinen inneren Empfindungen Kontakt hat, achtet auf die Impulse aus dem Reptilienhirn. Dadurch nimmt es subtile Veränderungen und Reaktionen wahr, die alle zur Neutralisierung der unbenutzten aktivierten Energie sowie zum Abschluß zuvor blockierter Reaktionen und zur Auflösung der mit ihnen verbundenen Gefühle beitragen.

Die Veränderungen können sehr subtil sein. Beispielsweise kann etwas, das sich innerlich wie ein Fels anfühlt, plötzlich schmelzen und zu einer warmen Flüssigkeit werden. Solche Veränderungen entfalten die positivste Wirkung, wenn sie einfach beobachtet, also nicht interpretiert werden. Wird ihnen zu diesem Zeitpunkt ein bestimmter Sinn zugeschrieben oder eine Geschichte über sie erzählt, können die Wahrnehmungen des Kindes in einen höher entwickelten Teil seines Gehirns verlagert werden, und die direkte Verbindung zum Reptilienhirn kann abreißen.

Zu den Körperreaktionen, die zusammen mit Empfindungen auftauchen, zählen unwillkürliches Zittern, Schütteln und Weinen. Vielleicht möchte sich der Körper auch auf eine bestimmte Weise langsam bewegen. Werden diese Bedürfnisse durch Überzeugungen, daß das Kind stark („erwachsen«, mutig) sein, sich »normal« verhalten oder bei vertrauten Gefühlen bleiben muß, unterdrückt oder unterbrochen, können diese Reaktionen die aufgestaute Energie nicht auf effektive Weise entladen.

Ein anderes Merkmal auf der Ebene des Reptilienhirns sind die Bedeutung von Rhythmus und das Erkennen des richtigen Zeitpunkts für eine Aktivität. In der freien Natur unterliegt alles Geschehen bestimmten Zyklen. Die Jahreszeiten wechseln in einem bestimmten Rhythmus, der Mond nimmt zu und ab, Ebbe und Flut lösen sich ab, die Sonne geht auf und wieder unter. Tiere folgen diesen Rhythmen der Natur. Sie paaren sich, gebären, nehmen Nahrung auf, jagen, schlafen und machen eine Winterpause – im Pendelschlag der Natur. Ebenso verhält es sich mit den Prozessen, die Traumareaktionen zur natürlichen Auflösung bringen.

Für Menschen stellen diese Rhythmen eine zweifache Herausforderung dar. Erstens verlaufen sie in einem wesentlich langsameren Tempo, als wir es gewöhnt sind. Zweitens entziehen sie sich völlig unserer Kontrolle. Wir können uns den natürlichen Heilungszyklen nur öffnen, sie beobachten und berücksichtigen; hingegen können wir sie nicht bewerten, manipulieren, beschleunigen oder verändern. Wenn wir ihnen die nötige Zeit und Aufmerksamkeit gönnen, erfüllen sie ihre Aufgabe und heilen.

Ist Ihr Kind in das Reich der instinktiven Reaktionen eingetaucht, wird es zumindest einen solchen Zyklus durchlaufen. Woran können Sie erkennen, ob dieser Zyklus abgeschlossen ist? Versuchen Sie, sich auf Ihr Kind einzustimmen. Wenn traumatisierte Kinder in den Empfindungsmodus wechseln und ihre Denkprozesse ausschalten, erleben sie eine Befreiung und Öffnung; anschließend wendet sich ihre Aufmerksamkeit wieder der Außenwelt zu. Sie werden diese Veränderung bei Ihrem Kind sicherlich spüren und daran erkennen, daß eine Heilung stattgefunden hat.

Durch die Auflösung einer traumatischen Reaktion wird nicht nur verhindert, daß die betreffende Person später in ihrem Leben von Nachwirkungen geplagt wird. Durch die Heilung wird auch die Fähigkeit gestärkt, bedrohliche Situationen mit größerer Leichtigkeit zu bewältigen. Sie erhöht die natürliche Widerstandsfähigkeit gegen Streß. Ein Nervensystem, das in der Lage ist, sich nach Streßerfahrungen wieder davon zu befreien, ist gesünder als ein Nervensystem, das durch permanenten oder gar zunehmenden Streß belastet wird. Kinder, die auf ihre instinktiven Reaktionen achten, werden mit lebenslanger Gesundheit und Kraft belohnt.

Woran erkenne ich, ob mein Kind ein Trauma erlitten hat?

Jedes ungewöhnliche Verhalten, das kurz nach einer sehr beängstigenden Episode oder medizinischen Behandlung einsetzt, insbesondere nach einer Narkose, kann ein Anzeichen dafür sein, daß Ihr Kind traumatisiert worden ist. Zwanghafte, repetitive Manierismen (beispielsweise wiederholtes Schlagen einer Puppe mit einem Spielzeugauto) sind fast sichere Anzeichen für eine unaufgelöste Reaktion auf ein traumatisches Ereignis. Die betreffende Aktivität kann als exakte Wiederholung des Traumas ablaufen, muß es aber nicht sein. Andere Anzeichen für traumatischen Streß sind:

- hartnäckige Kontrolle von Vorgängen;
- Rückfall in Verhaltensmuster aus früheren Lebensphasen, beispielsweise Daumenlutschen;
- unkontrollierbare Wutanfälle;
- Hyperaktivität;
- Schreckhaftigkeit;

- wiederholtes nächtliches Aufschrecken oder wiederholte Alpträume, Umsichschlagen im Schlaf, Bettnässen;
- Konzentrationsunfähigkeit in der Schule, Vergeßlichkeit;
- Streitsucht oder Scheu, Zurückgezogenheit oder Ängstlichkeit;
- starke Anhänglichkeit;
- Magenschmerzen, Kopfschmerzen oder andere Beschwerden unbekannten Ursprungs.

Um herauszufinden, ob ein ungewöhnliches Verhalten tatsächlich eine traumatische Reaktion ist, können Sie versuchen, die beängstigende Episode zu erwähnen, und dabei das Verhalten Ihres Kindes beobachten. Ein traumatisiertes Kind zeigt bei Erwähnung des ursächlichen Ereignisses entweder eine starke Abneigung, oder es wird sehr erregt oder ängstlich und redet ununterbrochen darüber.

Erinnerungen können auch zu einem wesentlich späteren Zeitpunkt vielsagend sein. Bei Kindern, die aus ungewöhnlichen Verhaltensmustern »herausgewachsen« sind, muß nicht unbedingt die Energie neutralisiert worden sein, durch die jene Verhaltensmuster einst entstanden sind. Traumatische Reaktionen können sich deshalb jahrelang verbergen, weil das reifer werdende Nervensystem die überschüssige Energie unter Kontrolle zu halten vermag. Indem Sie Ihr Kind an ein beängstigendes Erlebnis erinnern, können Sie durchaus Traumarückstände aktivieren.

Die Reaktivierung eines Traumasymptoms braucht kein Grund zur Sorge zu sein. Die damit verbundenen physiologischen Prozesse reagieren trotz ihrer Primitivität gut auf Interventionen, die die Betroffenen bestärken, die natürlichen Heilungsprozesse nicht zu behindern. Kinder sind für den Heilungsaspekt einer traumatischen Reaktion äußerst empfänglich. Ihre Aufgabe besteht einfach darin, eine Situation zu schaffen, in der dies geschehen kann.

Sammy

Die folgende Geschichte veranschaulicht, was passieren kann, wenn bei einem relativ normalen Vorfall etwas schiefgeht.

Sammy hatte das Wochenende mit seiner Großmutter und seinem Stiefgroßvater verbracht, und ich bin ihr Gast. Sammy ist ein unsäglicher Tyrann, der aggressiv und unbarmherzig versucht, das Geschehen in seiner Umgebung nach seinen Wünschen zu bestimmen. Er ist mit nichts zufrieden und ständig schlecht gelaunt. Wenn er schläft, wirft und dreht er sich unablässig im Bett herum, als ob er mit dem Bettzeug einen Ringkampf austragen würde. Ein solches Verhalten ist bei einem Zweieinhalbjährigen, dessen Eltern über das Wochenende verreist sind, nicht völlig ungewöhnlich; Kinder, die unter Trennungsangst leiden, agieren diese häufig aus. Doch da Sammy seine Großeltern immer gern besucht hatte, erschien ihnen sein Verhalten als äußerst ungewöhnlich.

Die Großeltern erzählten, Sammy sei sechs Monate zuvor von seinem hohen Kinderstuhl gefallen und habe sich bei diesem Sturz das Kinn verletzt. Er hatte stark geblutet und war zum nächsten Krankenhaus gebracht worden. Als eine Krankenschwester bei ihm Temperatur und Blutdruck messen wollte, reagierte er so verängstigt, daß sie diese wichtigen Messungen nicht vornehmen konnte. Daraufhin wurde das zweijährige Kind auf einer Krankenbahre speziell für Kinder festgebunden, so daß er weder Rumpf noch Gliedmaßen bewegen konnte. Die einzigen noch beweglichen Körperteile waren Kopf und Hals – und die bewegte er natürlich so kräftig, wie er nur konnte. Daraufhin banden die Ärzte das Kind noch fester, um sein Kinn nähen zu können.

Nach dieser schrecklichen Erfahrung spendierten die Eltern Sammy einen Hamburger und gingen mit ihm auf einen Spielplatz. Die Mutter verhielt sich dem Jungen gegenüber sehr aufmerksam und nahm seine Erfahrung, verletzt worden zu sein und Angst zu haben, sehr ernst. Nach einer Weile schien Sammy das Erlebnis vergessen zu haben. Doch bald darauf setzte das tyrannische Verhalten des Jungen ein. Konnte Sammys starkes

Kontrollbedürfnis mit dem Gefühl der Hilflosigkeit zusammenhängen, das er während jener traumatischen Situation in der Ambulanz erlebt hatte?

Ich fand heraus, daß Sammy mehrmals wegen Verletzungen in jenem Krankenhaus gewesen war, aber bei diesen Anlässen nie in eine vergleichbare Angst oder Panik verfallen war. Als seine Eltern von dem Wochenendurlaub zurückkamen, beschlossen wir zu untersuchen, ob mit dieser kürzlichen Erfahrung noch eine traumatische Energieakkumulation verbunden war. Dabei sollte Sammy weder über seinen Sturz noch über sein Erlebnis in der Unfallstation berichten müssen.

Wir trafen uns in meinem Haus, und die Eltern, Großeltern und Sammy schauten zu, wie ich Sammys Bär bewußt unvorsichtig auf einen Stuhl setzte. Das Stofftier fiel sofort auf den Boden und »mußte in das Krankenhaus gebracht werden«. Sammy kreischte auf, sauste zur Tür und lief einen schmalen Pfad hinab zum Bach. Unser Verdacht hatte sich bestätigt. Sein letzter Aufenthalt im Krankenhaus war weder folgenlos geblieben, noch hatte er ihn vergessen. Sammys Verhalten deutete darauf hin, daß dieses Spiel irgend etwas in ihm weckte, wovor er ungeheure Angst hatte.

Sammys Eltern holten den Jungen vom Bach zurück. Er klebte förmlich an seiner Mutter. Als wir uns auf ein weiteres Spiel vorbereiteten, versicherten wir ihm, daß wir alle dabei mithelfen würden, seinen Bären zu schützen. Er lief erneut aus dem Raum, diesmal allerdings in mein Schlafzimmer. Wir folgten ihm und sahen, wie er zum Bett ging und mit beiden Armen daraufschlug, wobei er mich erwartungsvoll anschaute. Ich interpretierte dies als Zeichen, daß ich weitermachen sollte, steckte daraufhin den Bären unter eine Decke und legte Sammy daneben.

»Komm, Sammy, wir müssen Puh helfen.«

Ich hielt den Stoffbären unter der Decke fest und bat alle, dabei mitzuhelfen. Sammy schaute interessiert zu, doch kurz darauf stand er auf, lief zu seiner Mutter, hielt sich an ihr fest und sagte: »Mami, ich habe Angst.« Wir warteten, bis Sammy aus eigenem Antrieb bereit war, das Spiel zu wiederholen. Diesmal wurden Großmutter und Bär zusammen festgehalten, und Sammy nahm aktiv an ihrer Rettung teil. Nachdem der Bär befreit worden war, lief Sammy zu seiner Mutter und klammerte sich noch fester an sie, offensichtlich mit einem stärker werdenden Gefühl der Erregung, des Triumphs und des Stolzes, wobei er selbstbewußt seine Brust herausstreckte. Bei der nächsten Wiederholung klammerte er sich nicht mehr so fest an seine Mutter und fing an, in freudiger Erregung hochzuspringen. Wir warteten, bis er zu einer weiteren Spielwiederholung bereit war. So wurden nacheinander alle Anwesenden außer Sammy zusammen mit Puh gerettet. Bei jeder erneuten Rettung zog Sammy die Decke mit mehr Kraft weg.

Als Sammy an der Reihe war, zusammen mit Puh unter der Decke festgehalten zu werden, wurde er sehr aufgeregt und ängstlich, lief mehrmals zu seiner Mutter und klammerte sich an sie, bevor er sich dieser letzten und wichtigsten Herausforderung stellte. Tapfer legte er sich mit Puh unter die Decke, während ich dieselbe mit nicht zu großer Kraft festhielt. Ich sah, wie seine Augen sich vor Angst weiteten – jedoch nur einen Augenblick lang. Dann packte er Puh, schob die Decke zur Seite und warf sich seiner Mutter in die Arme. Schluchzend und zitternd brüllte er: »Mami, bring mich hier raus! Mami, hol dieses Ding aus mir raus!« Sein verblüffter Vater erzählte mir, genau dies habe Sammy im Krankenhaus gebrüllt, als er auf der Liege festgebunden war. Der Vater konnte sich daran noch genau erinnern, weil er überrascht gewesen war, daß sein Sohn mit zweieinhalb Jahren schon eine so direkte und präzise Forderung formulieren konnte.

Wir spielten die Flucht noch einige Male durch, und bei jeder Wiederholung reagierte der Junge mit mehr Kraft, und sein Triumphgefühl wurde stärker. Statt ängstlich zu seiner Mutter zu laufen, sprang er vor Freude im Zimmer umher. Nach jeder erfolgreichen Flucht klatschten und tanzten wir alle und feuerten ihn an: »Bravo! Sammy hat Puh gerettet!« Der Zweieinhalbjährige hatte nun das Erlebnis gemeistert, das ihn ein paar Monate zuvor völlig zerbrochen hatte.

Was hätte passieren können, wenn wir diese Intervention nicht durchgeführt hätten? Wäre Sammy noch ängstlicher, hyperaktiver und herrschsüchtiger geworden? Hätte das Trauma später zu einschränkenden und dysfunktionalen Verhaltensweisen führen können? Hätte er das Ereignis Jahrzehnte später in irgendeiner Form wiederholen müssen, oder hätten sich bei ihm unerklärliche Symptome entwickeln können (z. B. Bauchschmerzen, Migräne, Angstanfälle), ohne daß er gewußt hätte, warum? Solche Möglichkeiten hätten durchaus eintreten können, aber es ist unmöglich, ihr Eintreten mit Sicherheit vorauszusagen. Wir können nicht wissen, wie, wann oder auch nur ob die traumatische Erfahrung eines Kindes sein weiteres Leben in irgendeiner Form beeinträchtigen wird. Doch sind wir in der Lage, unsere Kinder durch Präventivmaßnahmen vor potentiellen Beeinträchtigung zu schützen. Wir können ihnen auch helfen, sich zu selbstsicheren und spontanen Erwachsenen zu entwickeln.

Traumatisches Spiel, Traumawiederholung und Traumatransformation

Es ist wichtig, sich des Unterschieds zwischen traumatischem Spiel, Traumawiederholung und der Bearbeitung eines Traumas (Traumatransformation), so wie sie bei Sammy erfolgte, bewußt zu werden. Traumatisierte Erwachsene wiederholen häufig Ereignisse, die in irgendeiner Hinsicht – zumindest in ihrem Unbewußten – das ursprüngliche Trauma repräsentieren. Ähnlich lassen auch Kinder traumatische Erlebnisse in ihrem Spiel wiederaufleben. Obgleich sie sich der Bedeutung ihres Verhaltens nicht bewußt sind, werden sie von den mit dem ursprünglichen traumatischen Erlebnis assoziierten Gefühlen dazu angetrieben, dieselben zu reaktivieren. Selbst wenn Kinder nicht über ein erlittenes Trauma reden, können sie ihre Sicht des Ereignisses durch traumatisches Spiel zum Ausdruck bringen.

In dem Buch *Too Scared to Cry*[13] beschreibt Lenore Terr die Reaktionen der dreieinhalbjährigen Lauren beim Spiel mit ihren Spielzeugautos. »Die Autos gehen auf die Leute«, sagte Lauren, während sie zwei Rennautos auf zwei Fingerpuppen zufahren läßt. »Sie zielen mit ihren spitzen Teilen auf die Leute. Die Leute haben Angst. Ein spitzer Teil kommt auf ihren Bauch und in ihren Mund und auf ihr ... [Sie deutet auf ihren Rock]. Mein Bauch tut weh. Ich will jetzt nicht mehr spielen.« Als plötzlich dieses körperliche Symptom der Angst auftaucht, unterbricht Lauren ihr Spiel. Dies ist eine typische Reaktion. Möglicherweise wird sie immer wieder zum gleichen

Spiel zurückkehren und es jedesmal unterbrechen, wenn die Angst in Form des Bauchwehs auftaucht. Einige Psychologen würden sagen, Lauren benutze ihr Spiel, um eine gewisse Kontrolle über die traumatisierende Situation zu erlangen. Ihr Spiel erinnert an die sogenannte »Expositionsbehandlung«, die heute vielfach benutzt wird, um Erwachsenen bei der Überwindung bestimmter Phobien zu helfen. Lenore Terr weist jedoch darauf hin, daß ein solches Spiel die Belastung des Kindes nur langsam verringert – wenn überhaupt. Meist wird ein solches Spiel einfach nur zwanghaft wiederholt, ohne daß irgendeine Besserung der Situation eintritt. Und in diesem Fall kann das traumatische Spiel die Traumasymptome bei Kindern ebenso verstärken, wie die Traumawiederholung und das bewußt provozierte kathartische Wiedererleben traumatischer Erfahrungen die Traumata bei Erwachsenen verstärken kann.

Das Bearbeiten einer traumatischen Erfahrung oder die Traumatransformation, wie sie mit Sammy demonstriert wurde, ist ein Prozeß, der sich vom traumatischen Spiel und von der mehr oder weniger unbewußten Wiederholung des traumatischen Geschehens grundlegend unterscheidet. Wenn Kinder sich selbst überlassen bleiben, versuchen sie meist, die traumatischen Gefühle zu vermeiden, die ihre spielerische Wiederholung des Traumas aktiviert. Unter Anleitung war Sammy in der Lage, »seine Gefühle zu durchleben«, indem er allmählich seine Angst meisterte. Bei einer solchen schrittweisen Transformation des traumatischen Erlebnisses und mit der Unterstützung von Puh, seinem Stoffbären, wurde Sammy schließlich zum Sieger und Helden. Gefühle des Triumphs und des Stolzes zeigen fast immer den erfolgreichen Abschluß einer Traumatransformation an.

Grundprinzipien der Traumatransformation bei Kindern

Ich werde im folgenden die Grundprinzipien der Traumatransformation anhand von Sammys Beispiel veranschaulichen.

1. Lassen Sie das Kind über die Geschwindigkeit des Spiels entscheiden. Indem Sammy aus dem Raum rannte, als sein Bär Puh vom Stuhl fiel, machte er uns deutlich, daß er noch nicht bereit war, dieses neue Spiel zu spielen. Sammy mußte von seinen Eltern »gerettet«, getröstet und wieder in den Raum zurückgebracht werden, bevor wir fortfahren konnten. Wir alle mußten Sammy versichern, daß wir Puh helfen würden. Indem wir diese Unterstützung und Hilfe anboten, halfen wir Sammy, sich allmählich mit dem Spiel vertraut zu machen.

Als Sammy beim zweiten Mal ins Schlafzimmer statt aus dem Haus lief, gab er uns zu verstehen, daß er sich nicht mehr so stark bedroht fühlte und auf unsere Unterstützung vertraute. Kinder drücken manchmal nicht mit Worten aus, daß sie mit einem Prozeß fortfahren wollen. Deshalb ist es wichtig, die Hinweise, die sie uns durch ihr Verhalten geben, zu erkennen und richtig zu deuten. Respektieren Sie ihre Wünsche und die Art, wie sie kommunizieren möchten. Kinder sollten nie gezwungen werden, mehr zu tun, als sie zu tun bereit und in der Lage sind. Verlangsamen Sie den Prozeß, wenn Sie Anzeichen für Angst, Einschränkung der Atmung, Steifwerden oder einen Ausdruck der Benommenheit (Desorientiertheit) bemerken. Diese Reaktionen verschwinden wieder, wenn Sie geduldig warten und dem Kind versichern, daß es weiterhin auf Sie zählen kann. Gewöhnlich können Sie an den Augen und an der Atmung des Kindes erkennen, wann es bereit ist, mit der Arbeit fortzufahren. Lesen Sie Sammys Geschichte noch einmal, und achten Sie besonders auf die Stellen, an denen sich der Junge entschlossen hat, das Spiel fortzusetzen. Außer der obenerwähnten Situation gibt es im Laufe des Prozesses noch drei weitere Stellen, an denen dies deutlich wird.

2. Erkennen Sie den Unterschied zwischen Angst, Schrecken und (positiver) Erregung. Wenn das Kind während des traumatischen Spiels länger als einen Moment Angst oder Schrecken erlebt, ist dies der Bewältigung des Traumas nicht förderlich. Die meisten Kinder versuchen, diese Situation zu vermeiden. Überprüfen Sie, ob Sie den Unterschied zwischen einem Vermeiden und einer Flucht zu erkennen vermögen. Sammys Flucht aus dem Haus zum Bach war Vermeidungsverhalten. Um seine traumatische Reaktion auflösen zu können, mußte er sich vergewissern, daß er die Kontrolle über seine Handlungen hatte, also nicht von seinen Emotionen zum Handeln getrieben wurde. Vermeidungsverhalten taucht auf, wenn ein

Kind befürchtet, durch Angst und Schrecken überwältigt zu werden. Dieses Verhalten wird gewöhnlich von einem Zeichen für emotionale Belastung begleitet (Weinen, ein angstvoller Blick, Brüllen). Aktive Flucht hingegen wirkt positiv anregend. Kinder sind begeistert über ihre kleinen Siege, und oft zeigen sie ihre Freude durch strahlendes Grinsen, Händeklatschen oder herzhaftes Lachen. Ihre gesamte Reaktion unterscheidet sich stark von Vermeidungsverhalten.

Freudige Erregung zeigt an, daß es dem Kind gelungen ist, die mit dem ursprünglichen traumatischen Ereignis verbundenen Emotionen aufzulösen. Dies ist positiv, erstrebenswert und notwendig. Das Trauma wird transformiert, indem die mit ihm verbundenen unerträglichen Gefühle und Empfindungen in angenehme verwandelt werden. Das kann nur geschehen, wenn der Aktivierungsgrad in der betreffenden Situation demjenigen ähnelt, der bei der Entstehung des Traumas bestand. Wenn Sie den Eindruck haben, daß sich das Kind in einem Zustand freudiger Erregung befindet, können Sie es ermutigen und sich ihm gegenüber so verhalten, wie wir es bei Sammy durch Klatschen und Tanzen gemacht haben. Wirkt das Kind hingegen verängstigt und eingeschüchtert, schenken Sie ihm Ihre volle Aufmerksamkeit und Unterstützung, vermitteln ihm Sicherheit und warten geduldig auf das Abklingen der Angst.

3. Gehen Sie in kleinen Schritten vor. Bei der Traumatransformation können Sie gar nicht zu langsam vorgehen. Traumatisches Spiel ist *per definitionem* repetitiv. Machen Sie sich diesen zyklischen Charakter zunutze. Der wichtigste Unterschied zwischen Traumatransformation und traumatischem Spiel ist, daß bei der Traumatransformation allmählich kleine Reaktions- und Verhaltensveränderungen eintreten. Sammys zweite Flucht ins Schlafzimmer war ein neues Verhalten und damit ein Zeichen für einen Fortschritt. Wenn das Kind sich auch nur ein wenig anders verhält – mehr Freude zum Ausdruck bringt, angeregter spricht oder spontane Bewegungen vollführt –, ist die Traumaverarbeitung noch im Gange. Ist an den Reaktionen des Kindes eher eine Einschränkung oder Wiederholung der Verhaltensweisen zu erkennen, so empfindet Ihr Kind das Szenario möglicherweise als belastend und hat das Gefühl, daß ihm zu schnell zu große

Fortschritte abverlangt werden. Wählen Sie für den Prozeß eine behutsame Geschwindigkeit. Wenn auch dies ergebnislos bleibt, sollten Sie dieses Kapitel erneut lesen und sich einmal genauer mit Ihrer eigenen Rolle beschäftigen. Unter Umständen haben Sie wichtige Signale des Kindes übersehen.

Wir haben das Spiel mit dem Bären Puh und Sammy mindestens zehnmal ausgeführt. Sammy gelang die Transformation seiner traumatischen Reaktionen ziemlich schnell. Bei anderen Kindern könnte dies mehr Zeit erfordern. Machen Sie sich keine Gedanken darüber, wie oft Sie die in Ihren Augen immer gleiche alte Geschichte durcharbeiten müssen. Wenn das Kind auf die Arbeit anspricht, sollten Sie Ihre Bedenken vergessen und das Spiel genießen.

4. Seien Sie geduldig. Denken Sie daran, daß die Natur auf Ihrer Seite ist. Für einen Erwachsenen ist das Schwierigste und Wichtigste bei der Arbeit mit einem Kind, selbst nicht den Glauben daran zu verlieren, daß der Prozeß zu einem guten Abschluß kommen wird. Ihr Kind spürt, ob Sie Vertrauen haben. Es umgibt das Kind mit einem Schutzwall. Dies kann allerdings schwierig werden, wenn das Kind Ihren Versuchen, das Trauma zu modifizieren, Widerstand entgegensetzt. Bleiben Sie unbedingt geduldig und verständnisvoll. Sicher überwiegt in Ihrem Kind das Bedürfnis, diese Erfahrung durchzuarbeiten, und Sie brauchen nur darauf zu warten, daß dieser Teil sich durchsetzt. Wenn Sie sich übermäßig sorgen, ob Sie Erfolg haben werden, können Sie unbewußt eine widersprüchliche Botschaft an Ihr Kind übermitteln. Erwachsene, die selbst unter unaufgelösten Traumata leiden, können besonders leicht in diese Falle geraten. Lassen Sie nicht zu, daß Ihr Kind unter Ihren eigenen unaufgelösten traumatischen Erfahrungen leidet. Bitten Sie in solchen Fällen jemand anderen, dem Kind und Ihnen selbst zu helfen.

5. Wenn Sie das Gefühl haben, daß Ihr Kind von dem Transformationsspiel nicht profitiert, sollten Sie damit aufhören. Sammy gelang es, seine Erfahrung in nur einer Behandlungssitzung zu modifizieren. Bei manchen Kindern sind dazu mehrere Sitzungen erforderlich. Wenn das Kind nach wiederholten Versuchen weiterhin verschlossen bleibt und sich nicht deutlich einer stolzen und freudigen Grundhaltung nähert, sollten Sie den Erfolg nicht zu erzwingen versuchen. Suchen Sie in solchen Fällen Rat bei qualifizierten Experten.

Kinder von erlittenen Traumata zu befreien ist ungeheuer wichtig und eine komplexe Thematik. Deshalb arbeite ich zur Zeit an einem Buch speziell zu diesem Thema. Es wird detaillierte Informationen für Eltern, Lehrer und Therapeuten enthalten.

1 Elaine Pagels, Random House, 1979.
2 Diagnostic Statistics Manual — DSM III, überarbeitete Auflage, 1993.
3 Bessel van der Kolk, *Psychological Trauma*, American Psychiatric Press, 1987.
4 M. Eliade: *Schamanismus und archaische Ekstasetechnik*, Suhrkamp, Frankfurt/M. 1975, STW 126, S. 208 ff.
5 Ibid., S. 210.
6 Eugene Gendlin: *Focusing*, Otto Müller Verlag, Salzburg 1981.
7 Grosset-Putnam, 1996, S. 11.
8 Tim Cahill: *Jaguars Ripped My Flesh – Adventure is a Risky Business*, Bantam Books, 1987.
9 Siegmund Freud, *Lectures und Beyond the Pleasure Principle*, International Psycho-Analytic Press, 1922.
10 Brandon House, 1968.
11 Princeton University Press, 1975.
12 James Prescott: »Body, Pleasure, and the Origins of Violence«, *Futurist Magazine*, April/May, 1975 – Atomic Scientist, November, 1975.
13 Basic Books, 1984.

NACHWORT
DREI GEHIRNE – EIN GEIST

Curse the mind that mounts the clouds
in search of mythical Kings and only mystical things,
mystical things
cry for the soul that will not face
the body as an equal place
and I never learned to touch for real
down, down, down where the iguanas feel.
»Iguana Song« von JUDY MAYHAM*

Im Laufe unserer Untersuchung über das Trauma haben wir etwas von jenen ursprünglichen Energien erfahren, die innerhalb des Reptilienkerns unseres Gehirns ihren Sitz haben. Wir sind keine Reptilien, doch wenn wir keinen freien Zugang zu unserem Reptilien- und Säugetiererbe haben, können wir nicht wirklich Menschen sein. Wir werden nur dann unserem Menschsein völlig gerecht, wenn es uns gelingt, die Funktionen unseres dreieinigen Gehirns zu integrieren.

Wir haben gesehen, daß wir uns zur Auflösung von Traumata flexibel zwischen Instinkt, Emotion und rationalem Denken hin und her bewegen müssen. Wenn diese drei Bereiche sich in einem Zustand der Harmonie befinden und uns ungehindert Empfindungen, Gefühle und Erkenntnisse vermitteln, funktioniert unser Organismus so, wie es ihm aufgrund seiner Beschaffenheit bestimmt ist.

Indem wir lernen, Körperempfindungen zu erkennen und zu ihnen in Kontakt zu treten, nehmen wir die Verbindung zu unseren instinktiven

Ursprüngen im Reptilienhirn auf. Für sich genommen sind Instinkte nichts weiter als Reaktionen. Doch wenn diese Reaktionen durch unser gefühlsorientiertes Säugetierhirn und unsere typisch menschlichen kognitiven Fähigkeiten ergänzt werden, erleben wir die Fülle unseres evolutionären Erbes.

Wir müssen begreifen, daß die primitiveren Teile unseres Gehirns nicht ausschließlich dem Überlebenskampf dienen (ebenso wie unser modernes Gehirn nicht ausschließlich kognitiv orientiert ist). Vielmehr enthalten diese Bereiche wichtige Informationen darüber, wer wir sind. Unsere Instinkte signalisieren uns nicht nur, wann wir kämpfen, weglaufen oder erstarren sollen, sondern auch, daß wir hierher gehören. Das Gefühl, das uns sagt: »Ich bin ich«, gehört dem instinktiven Teil unseres Seins an. Unser Säugetierhirn erweitert diese grundlegende Identität zu »Wir sind wir« – zu der Einsicht, daß wir zusammengehören. Unser spezifisch menschliches Gehirn fügt die Fähigkeit, auch über nichtmaterielle Phänomene reflektieren und zu ihnen in Verbindung treten zu können, hinzu.

Ohne intakte Verbindung zu unseren Instinkten und Gefühlen können wir unsere Verbundenheit mit der Erde, mit unserer Familie und mit der gesamten Existenz nicht spüren.

Hierin liegen die Wurzeln des Traumas. Die Entfremdung von unserem ganzheitlichen inneren Empfinden hat zur Folge, daß unsere Emotionen in der Einsamkeit umherirren, wodurch der rationale Teil unseres Geistes Phantasien schafft, die von Abgetrenntheit statt von Verbundenheit geprägt sind. Diese Phantasien zwingen uns, miteinander in Wettstreit zu treten, Kriege zu führen, einander zu mißtrauen und den natürlichen Respekt vor dem Leben zu untergraben. Wenn wir unsere Verbundenheit mit allen Menschen und Dingen nicht spüren, haben wir weniger Hemmungen, Menschen und Dinge zu zerstören oder zu ignorieren. Menschen sind von Natur aus kooperativ und liebevoll. Es macht uns Freude zusammenzuarbeiten. Doch wenn die verschiedenen Teile unseres Gehirns nicht im Einklang stehen, sind wir uns dieses grundlegenden Strebens nach liebevoller Zusammenarbeit nicht bewußt.

Bei einer Traumaheilung integrieren wir unser dreieiniges Gehirn. Durch diese Transformation kommen wir dem näher, was uns aufgrund der Evolution vorbestimmt ist. Wir werden dann in einem tiefen, umfassenden Sinne zu menschlichen Tieren, die im Vollbesitz ihrer natürlichen Fähigkeiten sind. Wir sind leidenschaftliche Krieger, sanftmütige Versorger und alles, was zwischen diesen beiden Polen liegt.

*Übersetzung des Iguana-Songs:
»Verfluche den Geist, der auf der Suche nach mythischen Königen und mystischen Dingen zu den Wolken aufsteigt.
Mystische Dinge schreien nach einer Seele, die nicht bereit ist, den Körper als ihr gleich anzusehen.
Ich habe nie gelernt, wirklich tief, tief, tief nach unten zu gelangen, dorthin, wo die Leguane fühlen.«

Peter Levine erhielt seinen Doktor in medizinischer und biologischer Physik an der University of California in Berkeley. Er hat außerdem einen Doktorgrad im Fach Psychologie der International University. Im Laufe seiner 30jährigen Beschäftigung mit den Themen Streß und Trauma hat er in zahlreichen naturwissenschaftlichen und medizinischen Zeitschriften Beiträge veröffentlicht, unter anderem das Kapitel über Streß in *The Handbook of Psychophysiology*.

Peter Levine arbeitete während der Entwicklung des Space Shuttle als Berater für die NASA. Außerdem hat er an Krankenhäusern und Schmerzkliniken in Europa und den USA sowie am Hopi Guidance Center in Arizona gelehrt. Zur Zeit arbeitet er als Berater für das Pain-RehabilitationCenter in Boulder, Colorado.

Informationen über geplante Buchveröffentlichungen, darunter ein Trauma-»Arbeitsbuch«, ein Buch über Kindheitstraumata und eines über die Traumaarbeit für professionelle Psychotherapeuten sowie weiterführende Literatur, öffentliche Vorträge und Ausbildungsprogramme für Therapeuten erhalten Sie bei:

Foundation for Human Enrichment
eine Non-Profit-Organisation
P.O. Box 1872
Lyons, CO. 80540
Tel.: 001-303-823-9524
Fax: 001-303-823-9520
ergos@earthlink.net
www.traumahealing.com

Michael Changaris
Berührung und Kontakt
Ihre neurobiologische und therapeutische
Bedeutung für die Entwicklung, Bindung, Gesundheit und Heilung

Berührung und Kontakt sind die Grundlagen unserer sensorischen Welt. Sie sind die erste Art und Weise, wie wir mit uns selbst, mit anderen und der Umwelt in Beziehung treten. Berührung und Kontakt ermöglichen uns eine physische und emotionale Kommunikation auf einer viel tieferen Ebene, als Worte es können. Die unterstützende und heilende Berührung spielt eine wichtige Rolle in unserer Fähigkeit zur Selbstregulation. Sie hat auch Einfluss darauf, wie effektiv wir lernen, uns zu sozialisieren und aufmerksam zu sein.

- Berührung und Kontakt als Anfang des Lebens
- Berührung und kindliche Entwicklung
- Berührung und Verbundenheit im Erwachsenenalter
- Die Steuerung der Gefühle
- Die Neurobiologie von Berührung und Kontakt
- Berührung und Kontakt als Wege zur Heilung
- Die Rolle von Berührung und Kontakt bei psychischen Störungen
- Die Genetik der Berührung und Verbundenheit
- Die geistige Kraft von Berührung und Kontakt
- Berührungsbewusstsein und gesunde Kontakte für ein gutes Leben
- Ausführliche Quellen- und Literaturangaben

Dieses Buch ist ein wichtiger Beitrag zu unserem Gesundheitsverständnis. Es gehört in die Hände jedes Therapeuten, Arztes, Lehrers, Sozialarbeiters, aller Eltern und jeder Familie. Ein Grundlagenwerk für alle, die ein tieferes Verständnis für die fundamentalen Wirkungen von Berührung und Kontakt auf die Gesundheit und das Wohlbefinden gewinnen möchten.
320 Seiten, kartoniert, illustriert, ISBN 978-3-936503-00-5

Diane Poole Heller & Laurence S. Heller

Trauma-Lösungen – Grundlagen zur Trauma-Arbeit

Vermeidung und Auflösung von traumatischen Erlebnissen

Dieses Buch ist:

- für Menschen, die wissen, dass sie infolge eines Traumas unter dauerhaften Symptomen leiden, die zu lindern oder zu beseitigen ihnen bisher nicht gelungen ist.
- für Betroffene, die ein Trauma erlebt haben, möglicherweise schon vor einigen Jahren, und die sich irgendwelcher dauerhafter Auswirkungen dieses Erlebnisses nicht bewusst sind. Vielleicht hat sich ihr Appetit oder ihr Schlafmuster verändert, oder sie leiden unter Stimmungsschwankungen, Depressionen, Angstzuständen oder gar körperlichen Schmerzen. Oft werden solche Veränderungen des Verhaltens und der Stimmungslage, besonders wenn sie erst Monate nach dem Ereignis auftreten, nicht mehr unmittelbar mit dem Trauma in Zusammenhang gebracht.
- für Familien und Therapeuten einer vom Trauma betroffenen Person.
- für alle Menschen, die traumatische Erfahrungen heilen und somit Spätfolgen vermeiden wollen.

Trauma-Lösungen bietet Grundlagen zur Trauma-Arbeit, hier auch mit dem Fokus auf Lösungsstrategien bei Verkehrsunfällen.

Die Autoren erklären verständlich und anhand vieler Fallbeispiele, dass die Symptome, die traumatisierte Menschen erfahren, nicht nur wirklich existieren, sondern dass man sie auch verstehen, verhindern und heilen kann.

256 Seiten, Paperback, ISBN 978-3-9365030-9-8

Babette Rothschild

Acht Schlüssel zur sicheren Trauma-Heilung

In diesem Buch zeigt die anerkannte Autorin und Trauma-Expertin acht Schlüssel auf, die Sie allein oder zusammen mit jedem anderen Behandlungsprogramm nutzen können, um Ihr Trauma zu heilen.

Ihre Genesung selbst mit in die Hand zu nehmen wird Ihnen helfen, die Kontrolle über sich selbst, Ihre Symptome und Ihr Leben zurückzugewinnen. Auf dem Weg zu diesem Ziel soll jeder der acht Schlüssel:

- Ihren Informationsstand in Bezug auf Traumata erhöhen;
- zu Ihrer Selbsterkenntnis beitragen;
- Ihr Nervensystem beruhigen, damit Sie klarer denken und einfacher Entscheidungen treffen können.

Dieses Buch wird Ihnen das entscheidende Wissen und die Werkzeuge liefern, damit Sie von Ihrem Trauma genesen können.

192 Seiten, Paperback, ISBN 978-3-9365030-7-4

Babette Rothschild

Der Körper erinnert sich

Die Psychophysiologie des Traumas und der Traumabehandlung

Wie wirken traumatische Erlebnisse auf uns? Und wie gehen wir damit um?

In leicht verständlichen Beschreibungen von Theorien und leicht anwendbaren Techniken eröffnet die Autorin dem interessierten Laien ein umfassenderes Verständnis seiner Lebenssituation und bietet dem Therapeuten den Raum, sein Wissen mit einer soliden theoretischen Grundlage anzuwenden und neue Interventionen zu entwickeln.

256 Seiten, Paperback, ISBN 978-3-922026-27-3

Jalieh J. Milani & Alessandra Shepard

Flexing Your Soul

Bewegung mit Energie und Bewusstsein

Übungen zur Aktivierung der Lebensenergie und zur Integration von Körper, Geist und Seele

Mit Ausdruck und Bewegung die vitale Lebensenergie und damit auch das Bewusstsein erwecken: Ein sinnlich einladendes Übungsbuch, das den gesamten Körper anspricht, indem es den physischen Körper mit den energetischen Prozessen der Chakras integriert. Für alle, die in heilenden und helfenden Berufen arbeiten sowie für alle Leser, die sich lebendiger erfahren wollen.Endlich ein Buch, das den gesamten Körper anspricht, indem es den physischen Körper mit den energetischen Prozessen der Chakras integriert. Mit diesen leicht ausführbaren Energieübungen wird Ihr Körper lebendiger. Sie entwickeln Ihr Körperbewusstsein und erhalten Ihre Gesundheit.

144 S., Grossformat, durchgehend vierfarbig, ISBN 978-3-936503-06-7

Anna Halprin

Tanz, Ausdruck und Heilung

Wege zur Gesundheit durch Bewegung, Bilderleben und kreativen Umgang mit Gefühlen

Anna Halprin leitet uns mit der Erfahrung ihrer Lebensweisheit in das Verständnis von gesundheitlichen Krisen und den damit verbundenen emotionalen Prozessen. Sie gibt klare Anleitungen für die Arbeit mit diesen Einsichten, denn jeder Körper, so alt oder jung er auch sein mag, hat die Fähigkeit, sich zu bewegen.

»Ein Buch weiser und heilender Worte von einer der größten Tänzerinnen Amerikas.«

(Dr. med. Rachel Naomi Remen, Medizinische Leiterin des Commonweal Cancer Help Programms)

208 Seiten, kartoniert, illustriert, ISBN 978-3-922026-49-5

Peggy J. Jenkins

Spiritualität für Kinder und Eltern

Viele Eltern möchten das spirituelle Bewusstsein ihrer Kinder entfalten, finden aber keine praktischen Anleitungen dazu. Dieses Buch bietet eine Vielzahl von einfachen Lektionen, und jede kann man in weniger als 10 Minuten mit den Kindern ausführen.

160 S., kartoniert, ISBN 978-3-922026-86-0

David K. Reynolds

Die stillen Therapien

Japanische Wege zu persönlichem Wachstum

Die stillen Therapien stehen im Zentrum der neuen geistigen Bewegung der Sehnsucht nach Ganzheit, Reintegration, nach der unmittelbaren Erfahrung des eigenen Selbst. In diesem Buch finden Sie klare, praktikable und energievolle Wege zu sich selbst.

160 S., kartoniert, ISBN 978-3-922026-63-1

Thomas Armstrong

Ich bin Seele, Geist und Körper

Die Spiritualität des Kindes

Vorwort von Chris Griscom

Kindheit repräsentiert im weiteren Sinne den Zustand des Heilens in uns allen den Zustand der Einheit. Dennoch bewegt sich das Kind in zwei Entwicklungslinien: Zum einen wächst es auf dieser Welt, passt sich zunehmend seiner Kultur an und bindet sich in diese ein; zum anderen erinnert es sich seiner göttlichen Ursprünge.

Werden beide Bewegungen unterstützt und bleiben die Strömungen ungehindert, so formen sie das wahre Wesen des Kindes. Es gehört sowohl zum Himmel wie zur Erde, und es tritt als Brücke zwischen Licht und Dunkel, Körper und Geist, Ich und Selbst, Mensch und Gott in unser Leben.

»Es ist eines der wichtigsten Bücher auf diesem Gebiet .«
(Chris Griscom)

256 S., kart., ISBN 978-3-922026-59-4

Benjamin Hoff

Tao Te Puh

Das Buch vom Tao und von Puh, dem Bären

Was für ein Puh? Das Tao Te Puh ? in dem uns enthüllt wird, dass einer der grössten taoistischen Meister nicht etwa ein Chinese ist, auch kein altehrwürdiger Philosoph ? Puh: »Was ist denn ein Standardbuch?« Synthesis: »Nun ja, eines, das jeder unbedingt lesen will.« Puh: »Ah! Ist es über Honig?« Synthesis: »Nicht direkt, es ist über dich und mich und über die Einfachheit und Süsse des Lebens.« Puh: »Ja, das klingt gut! Das les' ich gern.«

120 S., kartoniert, illustriert, ISBN 978-3-922026-30-3

Robert St. John

METAMORPHOSE

Die pränatale Therapie

R. St. John entdeckte in bestimmten Bereichen der Füsse Verbindungen zur vorgeburtlichen Phase, in der Energiemuster unser Sein geprägt haben. Durch eine sachgemässe Behandlung des Reflexbereiches der Wirbelsäule an Füssen, Händen und Kopf werden auf natürliche Weise Sperren und Grenzen des Bewusstseins aufgehoben und die ursprünglichen Kräfte der Psyche wieder freigesetzt.

156 S., kartoniert, ISBN 978-3-922026-25-9

Allan Sachs

Gesund sein mit Grapefruitkernextrakt

Der massgebliche Ratgeber die alternative Behandlung von Erkältungen, Infektionen, Candida, Allergien und vielen anderen Beschwerden

»Ich habe damit viele Krankheiten und Beschwerden in meiner Praxis mit Grapefruitkernextrakt behandelt. Mehr als jedes andere veränderte dieses Heilmittel meinen medizinischen Ansatz. Und nicht nur ich, sondern weltweit verschreiben immer mehr Ärztinnen, Ärzte und andere Behandler Grapefruitkernextrakt und verzeichnen damit aus-gezeichnete Heilerfolge. Ich möchte mit diesem Buch meine persönlichen und beruf-lichen Erfahrungen und Forschungen weitergeben, die sowohl für den ganzheitlichen Praktiker als auch für Anwenderinnen und Anwender von Interesse sind. Es bietet viele praktische Empfehlungen für die Anwendung von Grapefruitkernextrakt bei Gesundheitsproblemen diverser Art, aber auch in Haushalt und Wirtschaft.«

Dr. Allan Sachs ist die anerkannte internationale Autorität in der Erforschung und Anwendung von Grapefruitkernextrakt.

96 S., kartoniert, ISBN 978-3-922026-87-7

JEMANDEN LIEBEN,
DAS HEISST,
IHN ZUM LEBEN
FÜHREN,
SEIN WACHSTUM
HERAUSFORDERN.

– Die Essenz unseres Verlages

Weitere Informationen zu Büchern und Seminaren erhalten Sie von:

SYNTHESIS

Synthesis@Synthesis-Verlag.com · www.Synthesis-Verlag.com